U0070078

Orange Travel

Orange Travel

香港、大阪、曼谷、關島

代購 網拍

必去的四大 購物天堂

蘇宰暎、盧昭妍／著　　譚妮如／譯

Contents

Hongkong

作者序 *004*

使用說明 *008*

行前基本資訊 *010*

購物狂的真心推薦 *014*

假期太短，跑一個地點
就能一次購足 *016*

當地購物語言現學現用 *018*

香港地鐵圖 *022*

到香港可以買什麼？ *024*

何時去香港最好玩？ *026*

旅遊購物行前須知 *030*

行前確認清單 *033*

美食、購物一日行程推薦 *034*

香港購物懶人包 *038*

香港購物Q&A *042*

香港私房血拼地點特搜 *044*

Osaka

大阪地鐵圖 *090*

到大阪可以買什麼？ *092*

何時去大阪最好玩？ *094*

旅遊購物行前須知 *096*

藥妝店購物TIPS *098*

行前確認清單 *099*

美食、購物一日行程推薦 *100*

大阪購物懶人包 *104*

大阪購物Q&A *106*

大阪私房血拼地點特搜 *108*

曼谷地鐵圖　170

到曼谷可以買什麼？　172

何時去曼谷最好玩？　174

旅遊購物行前須知　178

行前確認清單　181

美食、購物一日行程推薦　182

曼谷購物懶人包　186

曼谷購物Q&A　188

曼谷私房血拼地點特搜　190

到關島可以買什麼？　242

何時去關島最好玩？　244

旅遊購物行前須知　246

行前確認清單　252

美食、購物一日行程推薦　253

關島購物懶人包　254

關島購物Q&A　256

關島私房血拼地點特搜　258

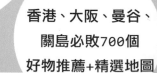

別冊

香港、大阪、曼谷、
關島必敗700個
好物推薦+精選地圖

曾任職於美國航空，之後轉到阿聯酋航空任職。常利用工作休息空檔，到許多城市去旅行。熱愛旅行，不僅可與不同的人、事、物相遇，更可與來自世界各地的朋友們交換想法，真是人生最大樂事。

最近大家開始將觀光和智慧結合在一起，創造出了「智慧觀光（Smart Tourist）」這一新概念，且日漸普及化。行前以蒐集與旅行地相關的資料和知識為基礎的智慧觀光型態，近年來已蔚為風潮。我認為觀光的三大要素為參觀（Seeing）、美食（Dining）、購物（Shopping）。本書的撰寫核心則是為旅行者帶來絕對快樂的要素之一－購物（Shopping）。觀光記憶會從腦海中慢慢褪去，美食也會從肚子裡消化殆盡，但購物會和旅行者一起回到現實生活中，並給予持續性的歡樂。

我分享二十多年來海外旅行中得到的購物觀光經驗，希望為讀者帶來更有效率的旅行，本書裡誠心分享我的旅遊精華，推薦你也來一趟智慧觀光之旅。

為什麼推薦大阪、關島？

為什麼不推薦日本首都東京，而推薦大阪呢？第一個理由是從台灣到大阪的飛行距離只要兩個小時三十分左右，甚至只要利

Prologue

用周休二日，就可以輕鬆往返。第二個理由是較容易集中參觀，東京的土地面積太大了，以資淺的自由行旅者來說很難做抉擇，但大阪的面積大小適中，基礎交通建設發達，有利於觀光客在有限時間大血拼，又有令人垂涎三尺的美食，更是為行程中增添無價的回憶。

對於觀光客而言，如果渡假能和購物做一個完美結合的話，這才是一個理想的渡假模式，而關島則就是最佳的選擇。遠離都市塵囂，在泛著綠寶石般閃亮的無垠海邊，盡情享受著海風的輕拂，或是在免稅店採購美國知名時尚精品。

大阪和關島是只要利用週末即可輕鬆往返的最佳購物天堂，只要請個一兩天假，觀光、渡假、購物一次到位。最近隨著廉價航空班機的增加，節省機票費用已不是奢求。走吧～這個週末我們就出發到大阪或關島去旅行！

在此，對於接受採訪的金慶惠、金慶模，積極幫助我採訪大阪行的Junko hara、Kaori Ishihara、Taeko Otusbo，以及提供照片的大阪觀光廳和關島觀光局，獻上誠摯謝意。

蘇宰暎

Prologue

　　旅行經歷超過25年，去了50多個國家、無數個都市。在旅途中可以與陌生人結緣，增長各種見聞。曾多次到歐洲旅行，也因此對於自助旅行上了癮，酷愛跨越國界的感覺，於是搭乘火車橫越俄羅斯、蒙古，也曾搭乘飛機或陸上交通工具，穿越泰國、柬埔寨、越南、寮國、馬來西亞、新加坡等國，也喜歡隨手將這樣的經歷與旅行中的感受記錄下來 。就這樣，我獲得了旅行作家的頭銜，雖然現在對這個稱呼仍不是很習慣，但還是很樂意繼續將所見所聞與旅行的同好分享，更歡迎大家與我交換心得。

　　大家都問我哪一個地方是最佳的觀光景點？至今我仍然很難回答哪一個國家或哪一座城市最棒。但我認為只要有美景、美食、舒適的旅館等，就可以滿足觀光客的需求，若又加上可以輕鬆購物，那就是個滿分的觀光勝地。隨著觀光客個人的喜好和旅行目的不同，所感受到的觀光地魅力亦隨之不同。是不是個令人滿意的觀光地，需親自去一趟才會有答案。只要有機會，就來個充滿回憶的旅行吧！

那為什麼是香港或曼谷呢？

　　一提到購物，腦海裡最先浮現的是香港。許多人幾乎第一次

出國旅行的地點就是香港，包括我自己，以前常是前往歐洲的轉機途中，短暫停留幾天的地方。香港的優點在於可以利用周末輕鬆直飛往返，飛行距離近，加上最近有很多廉價航空促銷，使香港旅遊更具有魅力。香港吸引購物者目光的要素，包括商店街、世界知名品牌等，觀光客可以感受各種景觀的香港，離塵卻不離囂，也有令人垂涎三尺的美食，以及滿滿的購物中心，是我心中最佳的觀光地點。

　　另一個可以與香港並駕齊驅的觀光景點就是曼谷。曼谷物廉價美，美食、購物商場多，還可以享受平價按摩，是個適合慢活休憩的城市。雖然具備最佳旅行條件的城市是香港，但曼谷也擁有許多迷人的觀光景點，百貨公司豪華的程度令人咋舌，再加上道地美味的泰式餐館。這就是香港、曼谷有很多遊客喜歡前往旅行的原因所在。

　　真心感謝提供照片的香港觀光發展局、泰國觀光局、以及採訪中不吝給予各種協助的洪錫天、裴恩珠。

盧昭妍

各個城市的第一頁附上交通路線圖,並標示出當地的主要購物中心,書裡也有附上重要景點地圖。

在旅行行程中,推薦的觀光景點可以和購物景點緊密的結合。移動到各個地點的時間,需視當地交通狀況做彈性調整。

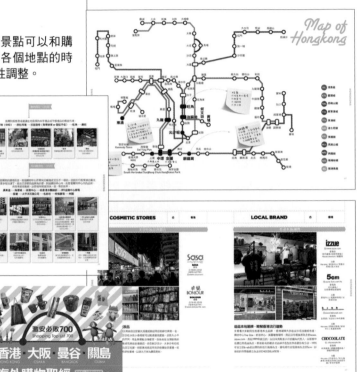

因應本書資料蒐集是自2016年1月起開始進行的,因商品及商店資訊彈性,隨時都會有變動,無法提供即時性更新,請各位讀者旅行前記得進入相關網站確認最新資訊。

私房血拚地點中提供了關於各個城市必去的購物區特色、地址、電話、營業時間、網址等相關資訊。但出發前需再確認商店休假日期、營業時間等狀況。

購物前的基本須知，以一目了然的方式將與台灣
購物的不同、注意事項等列出。

最佳購物商品目錄在最後面的別冊，提供
了各個城市建議採購的商品，並以平均價
格作為標價。但隨著物價的變動，商品價
格會出現些微的調整，而有些購物地點大
多未標示出定價，所以標價可能會與實際
價格有些微差異。

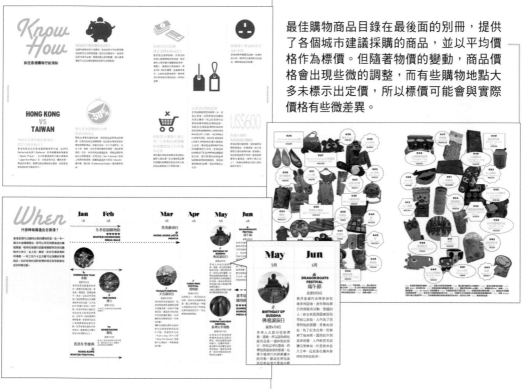

標示出一年中各國家的節慶及特價期間，選擇最
適合的時間前往，除了能買的更划算，同時也不
會錯過當地的重要節慶。

ICON

📍 住址　☎ 電話　🕐 營業時間　🚌 交通　🌐 網址

行前基本資訊

啟程前需事先研究要前往的城市，並規劃各個城市的採購資訊。

Hongkong 香港

無論是饕客、觀光客或購物狂都愛的完美都市

1　香港基本資訊

- **語言** 粵語
- **貨幣** 港幣HK$
- **匯率** 1HK$= 4.17 台幣（以2016年12月的匯率為基準）
- **時差** 和台灣零時差。
- **簽證** 台灣民眾持台胞證到香港，不用申請任何簽證，停留期限由7天延長至30天。沒有台胞證，也可自行上網免費辦理赴港簽證，不需再透過代理航空公司或旅遊業者，不但省時也可省下代辦費用。
- **飛行時間** 從台灣直飛香港的飛行時間約1小時30分鐘。
- **免稅** 全境免稅，離境時無需辦理退稅手續。

2　從機場到市區

- **機場巴士** 到市區的最省錢方式。
- **香港機場快線（AEL）** 從機場到九龍站、香港站等，最快速交通工具。
  搭乘機場快線到市區後，再轉搭各個飯店的免費接駁車。

3　直飛香港的航空公司

- 中華航空(CI)，長榮航空(BR)，國泰航空(CX)，華信航空(AE)，港龍航空(KA) 香港航空(HK)……等。

4　乘車券使用方法

- **八達通卡使用方法**
  香港交通卡的使用方法和台灣的悠遊卡差不多，使用起來很方便。
  八達通卡可以在香港國際機場購買到，旅行最後也會退還扣除手續費後所剩的餘額。

5　香港的交通工具

- **地鐵** 可以從機場到香港島、九龍、大嶼山，地鐵是最方便、快速的交通工具。
- **公車** 淺水灣、赤柱等地鐵未到達的地區，可以搭乘雙層巴士和一般巴士。
- **天星小輪** 往返九龍和香港的客輪。
- **計程車** 可以到達任何一個地方的便利交通工具，有行李箱時，需依照數量額外支付費用，若經過隧道時，也需額外支付費用。

Osaka 大阪

觀光客、饕客、購物狂以及藥妝店粉絲的採購天堂

1 大阪基本資訊

- **語言** 日語
- **貨幣** 日幣 JYP¥
- **匯率** 100¥=約27元台幣（以2016年12月的匯率為基準）
- **時差** 比台北快一個小時
- **簽證** 台灣國籍者行前無需事先取得簽證，入境時會在護照上蓋上可以停留90天的入境章。
- **飛行時間** 從台灣桃園機場直飛大阪的飛行時間為2個小時40分鐘
- **免稅** 非免稅區，可以在辦理退稅手續的商店退還消費稅。

2 從機場到市區

- **南海電鐵** 這是從機場到市區時最常搭乘的電鐵，速度最快、票價低廉，終點為難波站。
- **JR電車** 行駛至JR難波站、大阪站、京都站的電車。區分成普通列車和特級列車。
- **利木津巴士** 從機場到飯店或主要地鐵站的交通工具。

3 直飛大阪的航空公司

日本航空JL，樂桃航空MM，國泰航空CX，菲律賓航空PR，香草航空JW，中華航空CI，捷星航空3K，酷航TZ，長榮航空BR，台灣虎航IT……等。

4 關西周遊卡

- 可以搭乘關西一帶的地鐵、私鐵及公車。該卡還能用於大阪、神戶、京都、奈良及和歌山、高野山等地觀光旅遊。

  有二日券、三日券，憑本卡可以享有主要觀光景點入場券優惠價格。使用關西周遊卡使您的旅遊更經濟實惠。票券可在有效期間內不連續使用（例如三日券可以在週一、三、五，三天使用），JR地鐵以外的市營地鐵、巴士。

- **大阪周遊卡**

  有一日券(2500¥)、二日券(3300¥)兩種。對於常搭乘交通工具、需要購買很多博物館入場券的遊客而言，這張票不僅可以減少交通費，也可以憑卡享有38個觀光設施免費入場一次。也可以在合作的商店、飯店、餐廳等享有優惠價格。

5 大阪交通工具

- **地鐵** 大阪最常搭乘的交通工具，共有9條線，觀光客常去的難波、心齋橋、梅田等都可以到達。票價依距離遠近計算，若要無限次搭乘，可以購買一日券、二日券。
- **JR** 大阪環狀線。可以到達以大阪站為中心的其他觀光景點。
- **市區公車** 有數條路線，只要了解大阪市地理環境和行車路線，就能輕鬆搭乘到想要去的地方。
- **計程車** 可以到達任何一個地方，最方便的交通工具。基本費是從680日圓開始起跳，費用較高。

Bangkok 曼谷

物價較低，有很多設施新穎的飯店，是喜愛享受飯店設施及購物血拼的遊客天堂。

1 曼谷基本資訊

- **語言** 泰語
- **貨幣** 泰銖THB
- **匯率** 1THB=約1.06台幣（以2016年12月的匯率為基準）
- **時差** 泰國時間比台灣時間慢一個小時
- **簽證** 國人赴泰宜先辦妥簽證，倘需辦理落地簽證，請向「泰國駐台貿易經濟辦事處」辦理，簽證效期自抵泰日起算不超過15天
- **飛行時間** 從台灣直飛曼谷的飛行時間為3.5個小時
- **免稅** 非免稅地區，先在商店申請退稅，離境時在機場辦理退稅手續。

2 從機場到市區

- **機場捷運** 是從機場最快速度到達市區的交通工具，票價低廉。
- **計程車** 最常搭乘的交通工具。在機場的計程車候車區搭乘，就可以到達目的地。
  在機場計程車候車區乘車時，需額外支付50THB服務費。
- **巴士** 票價最便宜的交通工具，可是需花費較多的時間，初次來到曼谷的觀光客可能會覺得不方便。

3 直飛曼谷的航空公司

泰國國際航空 TG，中華航空 CI，長榮航空 BR，國泰航空 CX，馬來西亞航空，新加坡航空 SG，菲律賓航空 PR……等。

4 乘車券使用方法

- **一日交通卡** BTS、MRT、水上巴士等各有發行一日無限次的乘車券。但沒有不同交通工具可以一起搭乘的乘車券，依照個人所需購買乘車券。若無打算多次搭乘時，一日乘車券反而是一種浪費，所以每當要搭乘交通工具時再購票，較經濟實惠。

5 曼谷的交通工具

- **BTS** 空中捷運分成蘇坤威線（Sukhumvit Line）和席隆線（Silom Line）。這是穿梭在嚴重塞車的曼谷市區最佳交通工具。
- **MRT** 地鐵建在非輕軌行駛的區間，速度快、票價低廉、舒適。在恰圖恰、蘇坤威可以改搭乘輕軌。但地鐵和輕軌轉乘時，不會有折扣。
- **計程車** 這是可以到達任何一個地方的最便利交通工具。曼谷有很多計程車，搭乘極為方便。
- **水上巴士（船）** 這是穿梭在湄南河上的曼谷市民代步工具，可以在湄南岸邊的碼頭搭乘。票價低廉、速度快。
- **巴士** 有一般巴士和冷氣巴士。有幾條路線觀光客可搭乘，可透過泰國公車官網查詢路線。晚上10點過後加收1.5泰銖。
- **運河船** 快速穿梭在運河裡的運河船和水上巴士的路線不同。18公里長的路線，可以到達啪嘟南市場（Pratunam）和欄杆閣大學（Ramkhamhaeng）。

Guam 關島

渡假型觀光客、購物狂的觀光地，關島是隸屬美國最近的觀光地點。
如要採購美國商品，關島則是最佳購物天堂。

1 關島的基本資訊

- **語言** 英語
- **貨幣** US$
- **匯率** 1US$=約32台幣（以2016年12月的匯率為標準）
- **時差** 關島比台灣快2小時，台灣中午12點為關島下午2點。
- **簽證** 持中華民國護照，自台灣境內搭乘台北直飛關島班機者，可免簽證入境關島停留45天 。
- **飛行距離** 約為3.5個小時
- **免稅** 因為是免稅區，無需退稅

2 從機場到市區

- 可以租車或搭乘計程車。租車時，可以在機場直接租借，直接開車進市區或到飯店。若不租車，搭乘計程車到杜夢海邊（Tumon Beach）約15美元（每段距離不同）。一件行李，多加1美元的價錢。事先預約好機加酒或其他套裝行程商品，需確認是否有包括接機、送機。

3 直飛關島的航空公司

中華航空CI，長榮航空BR……等。

4 交通卡使用方法

- 在關島一般不使用交通卡，可以搭乘接駁車或購買連結主要觀光地的接駁車車票，有一次券和不限搭乘次數的一日券車票。
- **租車方法** 到達關島再租車時，請記得攜帶國際駕照。
- **計程車** 在機場、購物中心、飯店前等車，是最佳交通工具。

5 關島的交通工具

接駁車 主要購物中心、飯店、觀光景點之間有接駁車，依照時刻表和行駛路線搭乘十分方便。在不租車的情況下，是遊客最常搭乘的交通工具。

租賃車 到關島旅遊的觀光客最常選用的交通工具就是租車。若在台灣人經營的租車公司租車時，僅需出示台灣駕照，即可辦理租車手續，惟發生交通意外時，有可能還是要攜帶國際駕照為宜。

計程車 在機場、購物中心、飯店前都有計程車可搭乘。這是任何時刻到任何地點的最便利交通工具。

購物狂的真心推薦

Hongkong 香港

裴恩珠／室內設計師

1. 第一次是什麼時候去的？第一印象如何？

第一次去香港是在2008年，最初只因為交通方便、輕鬆逛街、購物方便。第一印象是個自由的城市！一到達機場，就感受到空氣變得不一樣了。

2. 到目前為止去過香港幾次？

幾乎每年去一次。但因工作忙碌，只能利用假期去。無需費心思就可以盡情地玩，這是我經常選擇到香港的原因。約去過十多次，明年也要去。

3. 請告訴我們去香港購物的理由。

可以購買的種類和品牌很廣泛。我休假期間正好是打折的八月，所以荷包大失血。天氣雖然熱，但是可盡情的徜徉在購物這個巨大海洋中。

皮包、化妝品、鞋子等應有盡有，購物中心隨時都會有新的款式上市。

4. 請告訴我們主要採購的商品及最近買的商品。

只要是喜歡的，不管是手提包或飾品都會買。第一次去的時候，買了很多FOLLI FOLLIE的商品。價格便宜、款式多，去年以台灣售價的一半採購到PROENZA SCHOULER包。還買過CELINE手鐲與ALEXANDER WANG涼鞋。海港城、圓方廣場等購物中心，是讓人逛一整天都不會覺得累的地方。

5. 請告訴讀者們一定要買的商品，或值得推薦的商品。

莎莎的潤白珍珠面膜，一定會去的地方是莎莎和卓悅美妝店。

Osaka 大阪

金慶惠／航空公司理事

1. 第一次是什麼時候去的？第一印象如何？

1996年。乾淨、有趣、美食種類多、可參觀的景點多。和台灣的感覺很類似，可以感受到這個城市的魅力。

2. 到目前為止去過大阪幾次？

過去因為距離很近所以常去，但最近太忙碌了，所以最近的一次是在2016年9月。

3. 請告訴我們去大阪購物的理由。

大阪有很多貓咪造型商品，所以可以把很多可愛貓咪帶回家。此外，還可以購買到許多飾品、料理用的醬汁。也常去逛大型連鎖商店，逛超市也是饕客的我必備選項。

4. 請告訴我們主要購買的商品及最近買的商品。

招財貓以及與貓有關的商品。最近採購貓曆、手冊、便利貼、餅乾、送禮用馬車糖等，多到數不清。

5. 請告訴讀者們一定要買的商品，或值得推薦的商品。

納豆、日本梅子、小雞蛋糕都是一定會買的商品。唐吉訶德（DON QUIXOTE）商店販售的商品也很平價，一定會大肆採購。若只能在大阪停留短暫期間時，一定會造訪物廉價美的唐吉訶德商店。

一年至少去那個城市一次的人就在這裡。
迷上香港、曼谷、大阪、關島魅力的購物狂！他們認為這四個城市的魅力在哪裡？
來聽聽看他們極力推薦去觀光的優點及必敗好物。

Bangkok 曼谷

洪錫天／韓國藝人兼餐廳老闆

1. 第一次是什麼時候去的？第一印象如何？

1998年結下初次的姻緣。因參與韓國「挑戰地球探險隊」節目拍攝，而到當地取景。曼谷真的是一個很有魅力的地方，一踏上這個熱情的國度，就有一種奇妙預感一定會再度重遊此地，泰國真是個討人喜歡的國家。

2. 到目前為止去過曼谷幾次？

沒數過，確切數字不太清楚。但一年至少去個兩三次，有時甚至更多次。最近節目通告太多，不能常去，覺得很可惜。不只去曼谷，也去華新、普吉島、PP島（PHI PHI ISLANDS）等地。

3. 請告訴我們去曼谷購物的理由。

曼谷不僅適合血拼，還有很多景點可以參觀。因為在曼谷有很多朋友，也會和朋友一起到氣氛好的酒吧聊天小酌。再加上自己是經營泰國餐廳，也會去拜訪一些擁有好廚藝的廚師，並考察美食餐廳。泰國的商品大多物廉價美，有些人會帶著泰國是貧窮國家的成見來到這裡，但事實上，泰國有非常多高雅的地方、奢華的商品。過去曾看到喜愛的古董，卻因價格太高，沒能買下。

4. 請告訴我們主要購買的商品及最近買的商品。

採購了一些裝飾餐廳的畫作和時尚、品質佳及特殊的飾品。

Guam 關島

金慶模／外商公司上班族

1. 第一次是什麼時候去的？第一印象如何？

好像是2001年，從未到過關島的我，南太平洋的海洋令我印象深刻。每當去關島時，身心靈都會得到徹底釋放。

2. 到目前為止去過關島幾次？

自從2001年開始，每年都我去。身邊的人都我說太迷關島了，但我還是要去，至今已經去了13次了。生完小孩後，還是一直去，那裡安全、寧靜又悠閒，且租車方便，是家人的最佳渡假勝地。也可以在渡假村裡休息，每個角落都是放鬆和購物的最佳地點。

3. 請告訴我們去關島購物的理由。

可以說是到美國採購前的試水溫之旅，在那裡可以用親民價格購買到美國貨，尤其喜歡到ROSS去尋找寶物。

在JP商店街裡有非常多的歐洲時尚小店舖，有各種品牌商品任君挑選。偶爾會有減價60~80%的商品，非常適合我。不管去哪一間餐廳，都有豐富又美味的美式料理。美國很遠，但關島卻很近。

4. 請告訴我們主要採購的商品及最近買的商品。

若一定要我列出必買名單，那就是成衣和兒童服裝。寢具類（TOMMY HILFIGER、POLO）、醫藥品（頭痛藥、善存、兒童肌膚藥膏）、保養用品、聖誕節飾品、廚具等。這麼好買的地方，要小心返程的行李會超重。

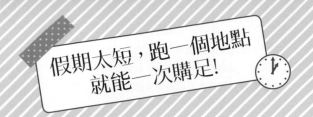

假期太短，跑一個地點
就能一次購足！

Hongkong 香港

HARBOUR CITY
海港城

位於香港尖沙咀的購物商場，公共設施完善，有各國知名品牌，來這裡可以找到任何你想買的品牌。

Osaka 大阪

SHINSAIBASI
心齋橋

大阪的最佳購物區。百貨公司、國際品牌、本土品牌、時尚品牌、藥妝店、紀念品商店等，
皆集中在這個地區，一次就能完成採購。

想血拚時，卻因時間不多？就把重心放在這些地方吧！

針對時間不多的遊客，介紹各個都市裡可以採購到各國精品或當地必買好物的最佳購物地點。

拒當無頭蒼蠅，以作者推薦的地點為中心來安排行程吧！

Bangkok 曼谷

SIAM
暹羅

有暹羅百麗宮百貨（SIAM PARAGON）、暹羅潮流中心百貨（SIAM CENTER）、暹羅探索百貨（SIAM DISCOVERY）、暹羅廣場（SIAM SQUARE），大多數的品牌、精品、中低價位、便宜特價品，都集中在暹羅。

Guam 關島

TUMON
杜夢灣

以T廣場（T GALLERIA GUAM）為中心，旁邊有廣場購物中心（THE PLAZA）、JP商場（JP SUPERSTORE）等，知名國際品牌商品、關島紀念品一次完成採購。在ABC商場（ABC STORE）裡可以一次採購到生活雜貨、健康食品、美食等。

當地購物語言現學現用

	Osaka 日本(日語)
多少錢？	いくらですか? [依庫拉得斯尬]
有ＸＸ號的嗎？	XX サイズがありますか? [ＸＸ 薩依斯尬 阿里媽斯尬]
有大一號的嗎？	もう少し大きいサイズがありますか? [默無 斯寇西 喔喔七依 薩依斯卡 阿里媽斯尬]
有小一號的嗎？	少し小さいサイズがありますか? [斯寇西 七依薩依薩依斯卡 阿里媽斯尬]
有其他顏色嗎？	他の色はありませんか? [厚卡鎒 依諾哇 阿里媽先尬]
現在有打折嗎？	今セール中ですか? [依媽誰-如 秋無得斯尬]
有免稅嗎？	免税ですか? [免誰依得斯尬]
請分袋包裝？	別に包装してください [貝茲貝茲尼 好無所無西泰 庫達薩依]
這個東西在哪裡？	これはどこにありますか? [庫雷哇 多扣尼 阿里媽斯尬]
附近有其他分店嗎？	この近くに他の店舗はないですか? [扣鎒 七卡庫尼 厚卡鎒 填鋪尬 阿里媽斯尬]
有效期限到什麼時候？	賞味期限はいつまでですか? [秀米卡肯哇 依茲媽得得斯尬]
有會說中文的店員嗎？	中国語を話せる店員さんがいますか? [秋無扣庫喔 哈那誰如 填銀尚哇 媽斯尬]
有打折嗎？請算便宜一點？	割引はできますか。もう少し安くしてください [哇里比七哇 得七媽斯尬？摩無 斯扣西亞庫西鐵 庫大薩依]
幾點關門？	営業時間は何時までですか? [耶依購基刊哇 難極媽得 得斯尬]
可以退貨嗎？	交換や払い戻しはできますか? [扣無看呀 哈拉依魔豆西哇 得七媽斯尬]

雖然只要用英語和肢體語言，即可行遍天下，但學一句當地語言，讓購物更輕鬆愉快。

在這裡教大家在大阪、曼谷、關島購物時，可以派上用場的會話。

若覺得發音很困難，那就打開本頁，指給店員看即可。（香港講中文就會通囉！）

Bangkok 曼谷(泰語)	*Guam* 關島(英語)
ราคาเท่าไหร่ (คะ/ครับ) ? ［拉卡 提無拉依（卡／卡吧）］	HOW MUCH IS IT? ［好罵區-意斯-意斥？］
มีไซส์ XX มั้ย(คะ/ครับ)? ［咪 薩依ＸＸ 媽依（卡／卡吧）］	DO YOU HAVE XX? ［嘟瘀-黑膚ＸＸ？］
มีไซส์ใหญ่กว่านี้มั้ย (คะ/ครับ)? ［咪 薩依 呀依 咕哇 尼 媽依（卡／卡吧）］	DO YOU HAVE BIGGER SIZE? ［嘟瘀-黑膚-逼格-賽斯？］
มีไซส์เล็กกว่านี้มั้ย (คะ/ครับ)? ［咪 薩依 烈 咕哇 尼 媽依（卡／卡吧）］	DO YOU HAVE SMALLER SIZE? ［嘟瘀-黑膚-斯磨了-賽斯？］
ไม่มีสีอื่นเหรอ (คะ/คับ)? ［媽依咪 細 恩 囉（卡／卡吧）］	DO YOU HAVE ANOTHER COLOR? ［嘟瘀-黑膚-安納德-卡樂？］
ตอนนี้กำลังเซลเหรอ (คะ/คับ)? ［頓尼 干 郎 誰日 囉（卡／卡吧）］	IS THIS ON SALE NOW? ［以斯利斯-盎- 曬喔-鬧］
ยกเว้นภาษีมั้ย(คะ/ครับ)? ［誘 溫 波西 媽依（卡／卡吧）］	CAN I GET TAX FREE FOR THIS ITEM? ［堪哀-各特-特斯夫利-佛-利絲-唉趙］
แยกถุงกัน (ค่ะ/ครับ) ［欸 通 肯（卡／卡吧）］	WOULD YOU PLEASE DO SEPARATED PACKING? ［屋瘀-ㄆ荔枝- 嘟-賽ㄆ瑞-呸肯？］
อันนี้อยู่ตรงไหน (คะ/ครับ)? ［安尼 油 敦 那依（卡／卡吧）］	WHERE CAN I FIND THIS? ［灰兒- 肯-愛-翻-利絲？］
แถวนี้มีร้านอื่นมั้ย (คะ/ครับ)? ［台無尼 （拉味 尼） 蘭 恩 媽依（卡／卡吧）］	IS THERE ANOTHER XX STORE NEARBY? ［伊斯-累兒-納德-ＸＸ-思多-泥兒掰?］
เก็บได้ถึงเมื่อไหร่(คะ/ครับ)? ［尬吧依 通 摸啊 拉依（卡／卡吧）］	WHEN IS THE EXPIRATION DATE OF THIS ITEM? ［灰-伊斯-累兒-依斯掰瑞炫 袋特-歐膚-利斯-唉趙？］
มีพนักงานพูดภาษาเกาหลีได้มั้ย(คะ/ครับ)? ［咪 怕納 兒 安 普 怕薩 卡無里 迪依 媽依］	DO YOU HAVE CHINESE SPEAKING STAFF HERE? ［嘟U-黑膚-洽逆斯-斯逼柯-斯大夫-汐兒？］
ลดหน่อยได้มั้ย (คะ/ครับ)? ลดหน่อยนะ (คะ/ครับ) ［羅 挪依 大依 媽依（卡／卡吧）囉兒 挪兒 那（卡／卡吧）］	CAN I GET ADDITIONAL DISCOUNT? ［堪唉-尬特-兒低炫諾-堤斯抗特?］
เปิดกี่โมงถึงกี่โมง(คะ/ครับ)? ［博歐 幾 夢 通 幾 夢（卡／卡吧）］	HOW LATE ARE YOU OPEN? ［好-類特-阿-瘀- 歐噴？］
เปลี่ยนหรือคืนได้มั้ย(คะ/ครับ)? ［波里安 勒 肯 迪阿 媽依（卡／卡吧）］	CAN I GET CHANGE OR REFUND? ［堪唉-各特-圈去-歐兒-瑞放？］

Hongkong

週五下班後，
就飛到香港購物去！

當你想大血拚時，第一個要去的觀光地就是香港。香港有各類型的購物中心，並設有世界知名品牌專櫃，是引領亞洲潮流的城市，以及世界各地國際財團與金融產業駐足的商業中心，更是最佳的購物場所。依據CNN Travel的報導，2013年最想去的世界購物城市排名中，香港位居亞洲第三，僅次於日本東京、馬來西亞吉隆坡。最近隨著直飛香港的廉價航空班次增加，機票變便宜。從台灣桃園機場至香港的飛行時間約為1個小時30分鐘，星期五下班後，就可以隨時整裝前往享受購物樂趣。

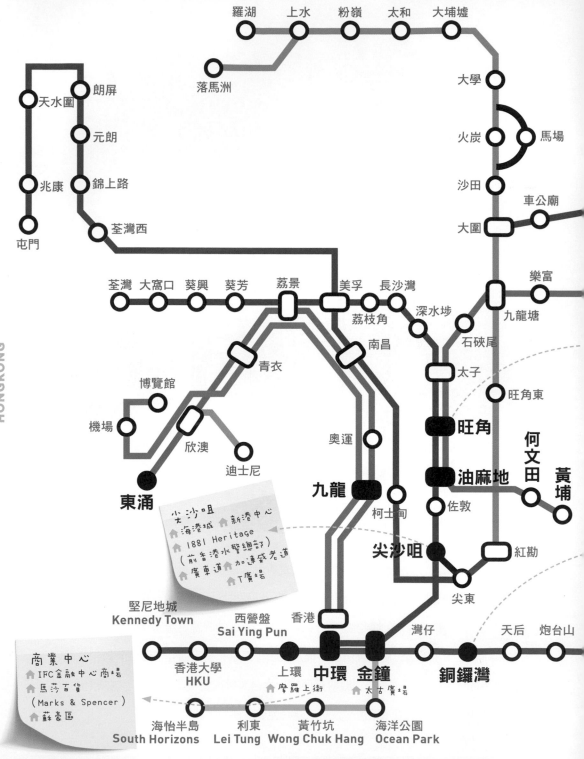

羅湖　上水　粉嶺　太和　大埔墟

落馬洲

大學

馬場

火炭

沙田

車公廟

大圍

樂富

朗屏

天水圍

元朗

兆康　錦上路

荃灣西

屯門

荃灣　大窩口　葵興　葵芳　荔景　美孚　長沙灣

深水埗

荔枝角

南昌

石硤尾

九龍塘

太子

博覽館

青衣

旺角東

機場

奧運

旺角

何文田

欣澳

油麻地　黃埔

迪士尼

九龍

柯士甸　佐敦

東涌

尖沙咀

紅勘

尖東

堅尼地城
Kennedy Town

香港

灣仔　天后　炮台山

西營盤
Sai Ying Pun

上環　中環　金鐘　銅鑼灣

香港大學
HKU

海怡半島
South Horizons　利東
Lei Tung　黃竹坑
Wong Chuk Hang　海洋公園
Ocean Park

尖沙咀
🏠海港城　🏠新港中心
1881 Heritage
（前香港水警總部）
🏠廣東道　加連威老道
🏠T廣場

商業中心
🏠IFC金融中心商場
🏠馬莎百貨
（Marks & Spencer）
🏠蘇豪區

🏠摩羅上街　🏠太古廣場

Map of Hongkong

大水坑　恆安　馬鞍山
石門
烏溪沙
第一城
沙田圍

黃大仙　鑽石山　彩虹
九龍灣
寶琳
牛頭角
觀塘
坑口
藍田
將軍澳
油塘　調景嶺
康城

旺角
旺角中心商場
朗豪坊
波鞋街
女人街

銅鑼灣
希慎廣場
利園
太平洋百貨公司
宜居家居
銅鑼灣皇冠
假日酒店
東角

北角　鰂魚涌　太古　西灣河
筲箕灣
杏花邨
柴灣

ISL	港島線
KTL	觀塘線
TWL	馬鞍山線
TKL	將軍澳線
TCL	東涌線
DRL	迪士尼線
ERL	東鐵線
MOL	馬鞍山線
WRL	西鐵線
AEL	機場快線
SIL	南港島線

What

到香港可以買什麼？

無論是國際知名品牌或是國民平價品牌多到不可勝數。花園街擁有五花八門的平價商品，女人街等本地市場常門庭若市，充滿了濃濃的人情味。尖沙咀的海港城商場肯定是要列入觀光行程，海港城就像是一個綜合國際購物中心。需事先計劃好想逛的品牌，才可以在寬敞的購物中心裡購買到想要的商品，同時也可享受輕鬆的櫥窗購物樂趣。有的品牌也會發行香港限量版商品，建議讀者可以在拍賣季或像聖誕節等特別日子去大採購。在一年365天都擠滿人潮的旺角周邊，可以逛逛充滿生命力的傳統市場、巷弄裡的連鎖美妝店、藥妝店，在這裡可以享受到物美價廉的購物樂趣。

1

LUXURY BRAND
名牌採購
♥♥♥♥♥

great!

香港當然是血拼族的最佳首選城市。也因為它是免稅區，可以悠閒的在購物中心以免稅價大肆採購。國情與各地消費喜好差異，香港免稅店所販售的商品款式也會些微的差異。香奈兒、路易威登（LOUIS VUITTON）、Prada等的售價都不便宜。價格隨著款式略有差別，所以行前最好到台灣免稅店或百貨公司查詢一下商品價格。

香港購物樂趣評分

♥♥♥♥♥

great!

可以帶著輕鬆的心情購買到高價位的知名品牌商品，香港限量商品。最好選在拍賣季或像聖誕節等特別日子去採購。若到一年365天天天都人滿為患的旺角周邊平價市場，可以用低廉價格買到超值好物！

香港物價評分
♥♥♥

so so-

物價和台灣差不多。去香港前，一定需事先查詢一下匯率，一般為1港幣兌3.8台幣，這樣的匯率價格最適合去大血拼、享受美食，物價指數恰到好處。當匯率愈遽上升時，就需要精打細算一下匯差。

3

LOCAL MARKET
傳統市場採購
♥♥♥

so so~ 傳統市場是一個很費腳力，但卻可以發現寶物的地方。香港著名的女人街、廟街等都有很多觀光客造訪，旺角女人街裡，充滿著精品服飾和手錶等仿冒品的商店、販賣紀念品的商店。女人街的人潮以觀光客為主，花園街的主要顧客群是當地居民，商品更平價。

4

DRUGSTORE
藥妝店採購
♥♥♥

so so~ 香港有萬寧、屈臣氏等藥妝連鎖店。大多數的藥妝店販售女性朋友們喜愛的美妝、食品等雜貨，但萬寧和屈臣氏除了販售上述這些商品外，還販售藥品。屈臣氏已在台灣設有多家分店。

5

COSMETIC
化妝品採購
♥♥♥

so so~ 香港最大的美妝店連鎖品牌莎莎（SASA）、卓悅（BONJOUR）。莎莎、卓悅也販售各種雜貨、食品，所以會覺得和藥妝店有點像。不同地點的店面規模不同，商品種類也有些微的差異，但化妝品種類較藥妝店多，所以這裡是去香港購物時，不可錯過的商店。最好採購台灣未販售的產品為主。販售的商品種類繁多，同樣的商品在莎莎和卓悅的售價可能會不同，可以貨比三家後再購買。

2

SUPER MARKET
超級市場採購
♥♥♥♥♥

Good! 香港是國際都市，也有許多從世界各地派駐人員居住，很少有當地製作的產品，所以有很多舶來品，販售進口食材、各國人所需的生活必需品。香港連鎖百佳超級市場，（ParknShop）不同分店的賣場規模略不同，遍布香港各個行政區。高級百貨公司或購物中心裡有Citysuper、ThreeSixty等高級超級市場，所以回飯店休息前可逛一下。

When

何時去香港最好玩？

香港是個可以隨時出發的購物天堂，在一年一兩次大減價期間去，即可以享受到最省錢的購物樂趣。城市的每個行政區域裡都有很多的購物中心林立，女人街、廟街、赤柱市場等傳統市場裡，一年365天都可以採購到平價商品。位於旺角的波鞋街裡的商店常常都會有很多特惠活動。

Jan	**Feb**
1月	2月

冬季促銷購物節
♥♥♥♥♥
WINTER HONGKONG MEGA SALE

CHINESE NEW YEAR
春節

農曆1月1日
春節是香港最重要的節日，會舉行各種活動。香港有一種習俗，互相送橘子、桃花，以祈求平安幸福。這段期間是位於銅鑼灣維多利亞公園、太子站的花市最忙碌的一段時間。習俗是在家中將放入錢的紅包送給家人和朋友，以祈求一年的健康和榮華富貴。春節當天在尖沙咀周圍舉辦煙火活動，世界各國也會有代表來參加。觀賞煙火的觀光客至少有30萬以上。

FIRE WORKS
煙火

農曆1月2日
大年初二在維多利亞港施放華麗的煙火。

HORSE RACING
賽馬

農曆1月3日
香港人喜歡充滿緊張感的賽馬，觀光客也可以入境隨俗一起到跑馬地馬場觀賞。

香港冬季慶典
✳
HONG KONG WINTER FESTIVAL

Mar
3月

Apr
4月

May
5月

Jun
6月

香港藝術月
HONG KONG ARTS MONTH

• • • • • • • • • ▶

TIN HAU'S FESTIVAL
天后誕辰日

農曆3月23日

海洋女神天后誕辰日，在香港70多個天后廟同時舉行各種活動。向海洋守護神天后－媽祖祈求漁夫的平安和魚穫的豐收，大多數的市民都會在這一天參與活動。

TIP：香港歷史最悠久的西貢天后廟會舉辦漁船遊行活動，香港新界元朗（Yuen Long）的十八鄉（Shap Pat Heung）也會舉行花車遊行、舞龍舞獅等活動。

CHING MING FESTIVAL
清明節

農曆4月5日

24節氣之一，祭祀祖先的日期。到祖先的墳墓前掃墓，擺上祭祀貢品。中國人掃墓是在於為了死者能在冥界能過好日子，而有燃燒紙錢的習俗。

BIRTHDAY OF BUDDHA
佛祖誕辰日

農曆4月8日

香港人大部分信仰佛教、道教。所以認為佛祖誕辰日是一個神聖的節日。具有以淨化靈魂、向佛祖表達敬意的意義，在佛寺裡舉行向佛像灑水的活動。據說在佛祖誕辰日會出現九隻金龍向釋迦摩尼灑水。
大嶼山寶蓮寺所舉行的慶典活動堪稱香港之最。

CHEUNG CHAU BUN FESTIVAL
長洲太平清醮

農曆4月5~9日

在香港太平島因舉辦將麵包堆高的活動而聞名。過去這裡是海賊的巢穴，在慶典期間，會有數千名的觀光客和居民造訪。擁有百年傳統，被時代雜誌評選為特殊的地方慶典。

DRAGON BOATS FESTIVAL
端午節

農曆5月5日

世界各國代表隊參加在維多利亞港、赤柱等地舉行的划龍舟活動。楚國詩人、政治家屈原因被誣陷而投江自殺，人們為了找尋到他的屍體，勇敢地划船，為了紀念此舉，而舉辦了龍舟祭。因為找不到屈原屍體，人們希望其屍體完整無缺，於是將米投入江中，這就是在龍舟祭時吃肉粽的起源。

◀ ━ ━ ━ ━ ━ ━ ━

夏季促銷購物節
♥ ♥ ♥ ♥ ♥
SUMMER HONGKONG MEGA SALE

Jul
7月

Aug
8月

Sep
9月

Oct
10月

♥♥♥♥♥
SUMMER HONGKONG MEGA SALE
夏季大減價

6月底~8月底
為香港大減價期間。香港夏季是炎熱的雨季。但對於血拚族反而是旺季,雖然比冬季減價期間的折扣幅度小,仍然吸引許多遊客搶購。到了8月底,打折的幅度增大,但尺寸可能就沒那麼齊全。

THE HUNGRY GHOST FESTIVAL
中元節

農曆7月15日
中元節有中國的萬聖節之稱,是超過百年歷史的中國傳統慶典,被列入中國無形文化遺產。中國人相信每年農曆7月15日祖先會降臨到人世,並在這一天為祖先備好貢桌、安慰靈魂。並在街道上燒紙錢作為往生者在冥界的生活費,燃燒貢物作為冥界日用品。慶典活動中以中國傳統京劇表演為最高潮。

●
MID-AUTUMN FESTIVAL
中秋節

農曆8月15日
仲秋是指晚秋的意思,每年農曆8月15日可以看到最明亮的月亮。對於在經一年的努力為收割穀物,並向蒼天表達感謝之情,故出現了送月餅給親戚朋友的習俗,表示和諧與團結的意思,香港中秋節最值得觀賞的景觀,就是華麗的造型花燈遊行。

HONG KONG WINE & DINE FESTIVAL
香港美酒佳餚巡禮

10月30日~11月30日
這是一個品嚐香港各種佳餚和高級紅酒的機會。從2009年起才興起,節慶的歷史不算長,這是最受美食家和紅酒愛好者歡迎的新慶典。2013年有14萬名香港人和世界各國的觀光客參與。可以參加與紅酒有約、料理試吃、其他多采多姿的活動等。
TIP:紅酒品嚐並非免費的,入場前購買可以品嚐紅酒的品酒證,有各種價位的紅酒享用。慶典的日期和地點可以參考香港觀光旅遊發展局(www.discoverhongkong.com/kr)。

HALLOWEEN
萬聖節

農曆10月31日
西方在10月最後一天舉行驅鬼儀式,兒童們把自己裝扮成鬼神、怪物等參加化妝晚會。在這一天不論大人或小孩都會穿上特殊服裝,走到街上去。過去只認為是西方慶典,現在每年的萬聖節,香港都會舉行許多有趣的慶典活動。
TIP:萬聖節活動地點──蘭桂坊、狄斯耐樂園、海洋公園、杜莎夫人蠟像館參考:www.discoverhongkong.com

★
CHRISTMAS
聖誕節

12月25日

耶穌誕辰日。聖誕節已不再只是基督教信徒的節日,已成為全球的重要慶典,而香港到處掛滿了華麗的裝飾。在聖誕節前後,購物中心、街道、建築物上,都會因美麗的燈光和飾品而閃閃發亮,成為一年當中最浪漫的冬季慶典起點。

❄
HONG KONG
WINTER FESTIVAL
香港繽紛冬日節

11月~1月

香港冬日節是從11月開始的,這段期間包括聖誕節、新年、中滔環保香港除夕倒數等節日,舉辦各種活動。每年香港都會以不同主題概念來佈置整個城市。在街道、購物中心、飯店等地方,都可以看到華麗的雕塑和裝飾品,滿足視覺享受。大減價期間,香港簡直就是一個超級購物天堂。

❤❤❤❤❤
WINTER
HONGKONG
MEGA SALE
冬季大減價

12~2月

購物者最期待的香港大減價期間,減價折扣幅度比夏季更大。減價期間各個品牌商品折扣幅度約為30%到90%。不僅可以觀賞到聖誕節及各種年底舉行的慶祝活動,還可以大血拚,真是一石二鳥。

🔔
CHINESE NEW YEAR
COUNT DOWN
中滔環保香港除夕倒數

12月31日~1月1日

每年的這段期間在美麗的維多利亞港可以觀賞到燦爛的夜景、絢麗的煙火裝飾著香港。來自世界各地的觀光客一起送走一年的不愉快並迎接新年的興奮,是亞洲最值得一看的慶典活動。

HONGKONG

Know How

旅遊購物行前須知

累積航空哩程數的信用卡

在國外使用信用卡消費時，有些信用卡可以累積雙倍的航空公司哩程點數。航空公司聯名卡，會依照信用卡刷卡金額，累積相當比例的點數，個人建議讀者可以在出發前跟你的信用卡公司確認。

HONG KONG VS TAIWAN

究竟是香港免稅店較便宜，還是台灣免稅店？

香港免稅店位於香港國際機場和市區，由DFS Galleria改名為T Galleria，設在銅鑼灣希慎廣場（Hysan Place）、尖沙咀廣東道的力寶太陽廣場（Lippo Sun Plaza）、尖東店等分店，購物方便，商品也多樣化，售價也較台灣免稅店便宜，但是香港免稅店的折扣幅度不大。

想在香港購買到比台灣更便宜的商品

需在台灣事先做好比較，查詢知名品牌商品的售價。在香港免稅店減價期間，能以較台灣更便宜的價格購買到商品，但動作要快，尺寸才會齊全。在女人街、廟街、赤柱市場等傳統市場裡，商品琳瑯滿目。莎莎、卓悅等美妝連鎖品牌，萊雅品牌的商品比台灣更便宜，也可以在〈Get it beauty〉官網上利用特惠期間，購買到超值的卡密兒（Kamill）護手霜、瑰珀翠（Crabtree & Evelyn）護手霜等商品。

刷信用卡是以台幣
還是港幣結帳為宜？

當然是以港幣結帳。大部分的台灣人會選擇用台幣結帳，那就會掉入需多手續費的陷阱裡。事實上，選擇以台幣結帳時，需支付3～8%手續費，並換算成美元，之後再換算成台幣，最終需支付較結帳金額高出2～10%的金額。

肉乾禁止攜帶入境台
灣，在免稅店裡採購
的液體需放入行李箱
中託運。

美珍香的肉乾及新鮮水果皆禁止攜帶入境台灣。在台灣免稅店事先採購的液體類化妝品和有水氣的食品都需放入行李箱託運。

在香港必買的品牌

全球品牌進軍亞洲的第一站，就是在香港，因而榮登亞洲購物天堂之寶座。所以在香港可以看到各種未進駐台灣的品牌。瑞典女性服裝品牌MONKI和DOLCE&GABBANA LAUNCHES MAKEUP LINE、HERMES FURNITURE、KATIE GRAND LOVES HOGAN在圓方廣場設立分店，澳洲皮包品牌OROTON在銅鑼灣設立分店，皮包品牌CHARLOTTE OLYMPIA在樂園新設分店，大家對澳洲皮鞋品牌SAMBAG可能有點陌生，卻是相當受歡迎的品牌，也在中環設立分店。

購買電子產品時需注
意的事項

香港的標準電壓是220V，台灣的是110V，雖然可以使用多功能插座，請先確認後再購買。

香港入境時
免稅範圍及關稅

香港並無外匯管制，旅客攜帶各類幣別現金、有價證券、旅行支票等入境均無需申報。惟海關人員若檢查旅客行李時，發現旅客攜帶大量現金（港幣十萬元以上），則會紀錄旅客之個人資料後再予放行。

門口貼上 「優質旅遊服務」標示 的商店值得信賴

「優質旅遊服務」標示是香港觀光發展局，讓觀光客能夠輕易識別出值得信賴商店的一種制度。產品或服務需達到價格合理、資料清晰、優質服務等標準，才獲得「優質旅遊服務」標示，觀光客可以在有此標示的商店安心的進行採購。

海外刷卡注意事項

台灣使用的國際金融卡，在國外還是可以使用，但行前要跟發卡銀行確認，免得遇到不能使用的窘境，VISA、MASTER、American Express等卡都可刷卡付費，至於信用卡預借現金功能，出國前最好事先弄清楚自己信用卡的密碼。

各國的衣服、鞋子等尺寸標示法皆不同

台灣、美國、英國等國家所使用的服飾或運動鞋尺寸規格皆不同。
最好試穿後再結帳才不會買錯，下列表格供大家事先瞭解各國尺寸規格。

服飾

台灣	XS	S	M	L	XL	XXL
美國、加拿大	2	4	6	8	10	12
日本	44	55	66	77	88L	-
英國、澳洲	4-6	8-10	10-12	16-18	20-22	-
法國	34	36	38	40, 42	44, 46, 48	50, 52, 54
義大利	80	90	95	100	105	110
歐洲	34	36	38	40	42	44

鞋子

台灣		-	21	22	23	24	25	26	27	28	29
美國	男	-	-	-	5	6.5	7.5	9	10	11	12
	女	4	5	6	7.5	8.5	10	11	12	13
日本		-	21	22	23	24	25	26	27	28	29
歐洲	男	-	-	36.5	38	39	41	43	45	46
	女	34	35.5	36	37.5	38.5	40	42	43	44
英國	男	-	-	4.5	6	7	8.5	9.5	10.5	11.5
	女	2	3	4	5.5	6.5	8	9	9.5	10

CHECK LIST

行前確認清單

☒ 事先列出購物清單後，出發前與台灣販售的商品價格做比較。

☒ 基本上跟台灣一樣，在門市的購物皆採定價制。

☒ 在一般傳統市場裡可以殺價。

☒ 同一款商品，在複合式品牌商店和該品牌分店的售價可能會有些微的差異。

☒ 在波鞋街裡購買商品時，需貨比三家。

☒ 購買食品時，需仔細查看有效期限。

☒ 穿著的衣服和鞋子行前需確認好尺寸。

☒ 行前要先了解特價期間的特惠商品有哪些。

☒ 在傳統市場購買的商品不可以退貨，付款前需仔細檢查商品狀況。

How to

美食、購物一日行程推薦

饕客行程

在香港超級市場裡可以採購到來自世界各地的食材和醬料。
每間超級市場進口的商品不同，若還有多餘的時間，可以逛一下其他購物中心裡的超級市場。
在台灣也有的7-11或OK超市，也可以購買到一些特別的點心。

Citysuper ⟶ Great ⟶ Jasons Food & Living ⟶ 7-11或OK超市 ⟶ 惠康超市或百佳超級市場

1.CITYSUPER
CITYSUPER在金融中心商場、時代廣場有分店。

2.GREAT
在太古廣場裡有分店。

3.JASONS FOOD & LIVING
在希慎廣場裡有分店。

4.7-11或OK超市
在大街小巷裡可以輕易找到。

5.惠康超市
連鎖店多的超級市場。可以去逛離下塌飯店較近的分店。

Outlet一日行程

Outlet離香港市區有點距離，需仔細計算所需的時間。將一日行程劃分為早上或下午，
在逛尖沙咀周圍時，可以連Outlet和觀光景點一起逛，缺點是Outlet的商品並非很多樣化。若下午有
計劃去時代廣場、Great Outlet時，因距離不太遠，可以搭乘地鐵前往。

PRADA Outlet ⟶ HORIZON PLAZA ⟶ City Great Outlet ⟶ 尖沙咀周圍Outlet

1.PRADA OUTLET
位於香港市郊，有PRADA、MIUMIU等的商品。

2.HORIZON PLAZA
HORIZON PLAZA是工廠型OUTLET。

3.CITY GREAT OUTLET
位於大嶼山東涌站的OUTLET。

4.尖沙咀周圍OUTLET
有INTOWN OUTLET、ESPRIT OUTLET、IT OUTLET。

推薦到販售香港濃濃在地風情的伴手禮品或平價禮品的傳統市場。

住好啲（GOD）→ 赤柱市場 → 珍妮曲奇（奇華餅家 or 鉅記手信）→ 旺角 → 廟街

1.住好啲
(GOOD OF DESIRE)
香港的代表性本土品牌商
店。位於赤柱廣場。

2.赤柱市場
位於赤柱的市場。

3.珍妮曲奇
（奇華餅家 OR 鉅記手信）
製作美味的餅乾，
位於尖沙咀。

4.旺角
各類商品應有盡有的市場。

5.廟街
有男人街之稱的夜市，
位於油麻地。

HONGKONG

對於喜歡櫥窗購物的遊客而言，每個購物中心所帶來的樂趣是完全不一樣的。但對於行程緊湊的觀光客而言，就要多做功課了，逛自己想要的品牌為目標。到達購物中心時，先看看購物中心內的品牌，再思考逛街動線，以節省時間達到快、狠、準的效率。

廣東道 → 海港城 → 新港中心 → 前香港水警總部 → IFC金融中心商場
→ 蘇豪區 → 太平洋百貨公司 → 名店坊 → 希慎廣場 → 利園

1.廣東道
世界知名品牌街，
位於尖沙咀。

2.海港城
有7000多個品牌分店的尖
沙咀最大購物中心。

3.新港中心
以年輕族群的中高價品牌
為主的購物中心，
位於尖沙咀。

4.前香港水警總部
只有幾間商店，卻是一棟歷
史悠久的傳統建築物，散發
出濃濃的古色古香氣息，來
香港肯定要參觀一下，
位於尖沙咀。

5.IFC金融中心商場
商場交通非常便捷，
位於中環。

6.蘇豪區
可以輕鬆逛街的街道，
位於中環。

7.太平洋百貨公司
日資百貨公司，
位於銅鑼灣。

8.名店坊
銅鑼灣地標，
位於銅鑼灣。

9.希慎廣場
2012落成的購物中心，位
於銅鑼灣軒尼詩道。

10.利園
另外一個讓人錢包失守的
地方，位於銅鑼灣的百貨
公司。

美容商品的一日行程

參觀香港當地品牌商品，且價格比台灣免稅店更經濟實惠。
每個美妝店的價格都略有些微價差，需多多比較。

T GALLERIA ⟶ 香奈兒 BEAUTE ⟶ 果漾美人（Juice Beauty） ⟶ 莎莎 ⟶ 卓悅

1.T GALLERIA
位於銅鑼灣希慎廣場。

2.香奈兒 BEAUTÉ
設有護膚中心，位於銅鑼
灣希慎廣場。

3.果漾美人
位於銅鑼灣希慎廣場。

4.莎莎
位於銅鑼灣、尖沙咀。

5.卓悅
美妝品牌，大多數的分店
分佈在旺角。

居家用品的一日行程

採購居家飾品並完美的結合周邊美食行程。

HOME LESS ⟶ 住好啲 ⟶ 宜居家居 ⟶ FrancFranc ⟶ ZARA HOME

1.HOME LESS
充滿獨特商品的商店，位
於上環和銅鑼灣。

2.住好啲 (G.O.D)
浪漫商品的天堂。

3.宜居家居
瑞典的代表傢俱店，以
簡潔設計著名，位於銅
鑼灣。

4.FRANCFRANC
日資室內飾品店，銅鑼灣
與尖沙咀皆有分店。

5.ZARA HOME
西班牙ZARA所創設的室內
飾品店，位於尖沙咀。

周末購物行程推薦

Friday 星期五

AM10:00　AM11:00　AM11:30　AM12:00　PM1:00　PM2:00　PM4:00

波鞋 → 女人街 → 莎莎 → 卓悅 → 廣東道 → 新港中心 → 海港城

Saturday 星期六

AM10:00　PM1:00　PM3:00　PM5:00　PM6:00

赤柱市場 → 摩羅上街 → 蘇豪&SOHO → G.O.D → IFC購物中心

Sunday 星期日

AM11:00　PM3:00　PM5:00

希慎廣場 → 太平洋百貨公司 → 宜家家居(IKEA)

搶購限量商品 Limited Edition

顧名思義就是每年限量發行的商品,一般在台灣的品牌旗艦店只會進少量,或是只開放給VIP頂級客戶選購,所以粉絲都會爭相搶購,但在限量版商品進貨較多的香港,購買到的可能性就提高了。這樣物以稀為貴的魅力限量版商品,不僅免去與人撞衫撞包的窘境,更是品牌收藏家的最愛。

Shopping Here

香港購物懶人包

香港最重要的特價季

香港每年有兩次大減價,從6月底開始有兩個月的夏季減價季,從12月開始至2月的冬季減價季。每家店也都會加入這個減價活動。商品減價幅度少則10%、多則90%。最初折價30%,剩下零碼尺寸的商品,就會降為50%、70%。但受歡迎的商品在減價初期就會賣完了,所以最好在打折初期就前往挑選。這是可以以實惠的價格購買到夢寐以求商品的絕佳機會,但像香奈兒、路易威登、愛馬仕這種在台灣不打折的國際知名品牌,在香港也不例外。

想要搶買新商品的話，就先到香港吧！

世界各地新商品上市的時間點大同小異。但以購物聞名的香港，是新商品最先上市或新品牌進軍亞洲最先設立分店的地方。若您是一個引領風潮的血拚族，香港就是您最近且最理想的購物城市。

在outlet仔細找，一定可以挖到寶物！

香港有無數個Outlet，有位於香港市中心的，也有位於市郊的。包括新海怡廣場（Horizon Plaza）和貨品滿坑滿谷的City Great Outlet和PRADA Outlet，位於市郊的Outlet可以搭乘地鐵或公車，就可以輕鬆到達，交通便利。Outlet商品雖然不可能像當季新商品一樣流行，但仔細找的話，一樣可以挖到寶物。但逛過Outlet的人都知道，一年365天當中，商品會隨著去的時間點的不同而不同，這也是逛Outlet的樂趣所在，每次去都有不同的收穫。

法國傳統馬卡龍、香港著名的糕餅店

最近在香港紅遍半邊天的珍妮曲奇是送給朋友的禮品首選。珍妮曲奇的名聲傳遍韓國、中國、日本、台灣，所以規定一人一次只能採購5盒。

經常要排隊1~2個小時以上。但運氣好的話，不用排隊，就可以馬上買到。若沒在珍妮奇曲買到餅乾時，可能會覺得有點可惜，在分店多的奇華餅店採購餅乾作為伴手禮，也是個不錯的選擇。還有馬卡龍品牌拉杜麗（Ladurée & Pierre Herme），皆是源自法國且擁有多年歷史的名店，觀光客千萬不能錯過這個外酥內軟的奢華甜點。

推薦旅行時可以選擇實用又好看的化妝包或盥洗包。

CENTURION JOLIE KIT（中譯：裘莉包）。「裘莉包」是具有完全多功能的萬用隨身小包包，承襲CENTURION專屬專利經典線條，獨具色彩魅力，裝裹日常生活小物同時，亦能展現自我風格。

到超級市場購物

有人説:想去探索這個國家的文化,先去他們當地的超市就能略知一二。在香港能見度很高的惠康超級市場、百佳超級市場,規模大小不一,販售各種日常生活用品。而台灣也有的Citysuper只在百貨公司、購物中心設分店,不僅充滿各式各樣的高級食材,也有很多進口的商品。其它如:太古廣場地下樓層的Great超市、九龍站的Three Sixty超市。

購買到各種未進駐台灣的品牌

説香港是世界品牌的亞洲前哨站一點也不為過。Jack Wills、Monki等都未在台灣設分店,而選擇先在香港設分店,都是想要試試亞洲市場的水溫及反應後,幾年後再到其他亞洲國家設分店。

不可錯過的複合式品牌

IT、D-MOP、TWIST、ISA等連鎖複合式品牌商店皆非常有名。販賣年輕族群喜愛的中高價位品牌IT、TWIST、ISA,是香港代表性的複合式品牌商店,ISA Outlet販售各國名牌商品,與分店所販售的商品不同,但價格較便宜。這類商店大多位於尖沙咀等繁華地區,交通也較為方便。

莎莎、卓悦美妝店,
是絕不可漏掉的購物行程

在這可以購買到女性朋友的最愛,從世界各地進口的各種價位的化妝品、迷你香水,受歡迎的黑珍珠面膜、造型商品、各種護唇膏、珠光唇膏。不論是女性或男性化妝品都很齊全。

挖掘香港當地品牌

香港本地服飾品牌有上海灘（SHANGHAI TANG）、佐丹奴（GIORDANO）、堡獅龍（BOSSINI）、G2000、住好啲(G.O.D)。採購本地品牌的最大優點，是售價較其他國家更便宜，商品種類更多樣化。佐丹奴、堡獅龍是因售價合理、基本款實用而受到大眾的喜愛。上海灘品牌的風格將傳統中國風和現代感結合，服飾、飾品配件的設計概念是以華麗、高雅為主。香港代表性品牌住好啲(G.O.D)是以香港和中國的文化特色結合而設計出來的飾品和服飾，價格合理，是一般民眾可以輕鬆購買的品牌。www.izzue.com是中高價位品牌，負責人是香港知名影星張曼玉，主要銷售的商品包括基本款、流行男裝、休閒和高雅兼具的女裝。

香港免稅店vs台灣免稅店

在台灣免稅店購物時，你可以考慮在出境時就買，入境回國時再提貨。然而，香港是個免稅區，所以免稅店裡的商品並不會特別便宜，甚至有時還比台灣貴一些，香港免稅店的優點是商品種類較多樣化。DFS是世界連鎖免稅店，在尖沙咀、銅鑼灣等地有三家分店。

不能錯過的藥妝店

對於採購醫藥品、生活必需品或是其他緊急需求的觀光客而言，這是最佳的購物地點。香港市區裡有很多藥妝店。主要販售可以馬上使用的日常美妝醫藥用品。

香港
有波鞋街！

YES

因鞋店林立，而有波鞋街之稱。位於旺角，販售當季且多樣化商品、限量版商品，可以以經濟實惠的價格購買到喜愛的商品。

香港
還有樣品剪標
Outlet嗎？

NO

其實就是販售過期商品或是真品將商標撕掉或是剪掉的商場。因很難辨識商品的真假，使得這類型的商店逐漸消失中。這類型的商店大多聚集在灣仔莊士敦道。

香港
有名牌Outlet嗎？

YES

香港有非常多的Outlet，包括PRADA Outlet、各種品牌Outlet聚集在同一建築物的新海怡廣場Outlet、City Great Outlet等。

YES
OR
NO

香港購物Q&A

香港是免稅區嗎？

YES

因為香港全境是免稅區，所以商品無需在機場裡退稅。位於市中心的免稅店T Galleriat也就變得沒特別大的魅力了。

香港的購物中心裡有
百貨公司嗎？

YES

著名購物中心裡有英國高級百貨公司。Harvey Nichols、Joyce、Lane Crawford、Marks & Spencer等百貨公司的規模雖然較小，卻聚集了許多知名高價位品牌。

香港有夜市嗎?

YES

香港有一個別名是男人街的廟街夜市。在廟街上有個夜夜不打烊的夜市,而在女人街上有個白天人潮就絡繹不絕的市場。

香港有二手市場嗎?

YES

香港有一條摩羅上街,過去有小偷二手市場之稱的臟物市場,巷弄裡有販售古董品、紀念品等的商店。

香港會減價90%嗎?

YES

減價期間的後半期,一些只剩下零碼尺寸或造型獨特的商品,有可能減價到90%,其他比較主流的商品一般不會減價到那麼低。

有只在香港販售的限量版商品嗎?

YES

大多數的品牌都會發行限量版商品。有些中低價位品牌會只在香港銷售限量版。在特別的日子裡還會出現節慶限量版。

香港有像日本DAISO的廉價百貨商場嗎?

YES

現在有AEON,販售的商品售價是從港幣10元起,位於銅鑼灣。也是非常好逛和血拚的購物中心。

香港免稅店商品售價一定比台灣免稅店低廉嗎?

NO

其實不一定,所以購買前需做比較。

香港有批發市場嗎?

YES

在深水埗上有批發市場,短期旅行的觀光客很難撥空前往,主要販售電子產品、飾品、中古製品等,有零售也有批發。

香港的紅酒有關稅嗎?

NO

香港的酒稅已廢止,有來自世界各地的各種紅酒。平常很難喝到的酒也能以較便宜的價格品嚐到,是紅酒愛好者的天堂。

WEEKEND

香港私房血拼地點特搜

Shopping In

HONG KONG

知名藥妝店

mannings

MANNING'S
萬寧
🕘 09:00~22:00
（各分店營業時間不同）
🌐 www.mannings.com.hk

watsons

WATSON'S
屈臣氏
🕘 09:00~21:00
（各分店營業時間不同）
🌐 www.watsons.com.hk

逛逛香港知名藥妝店

台灣人喜歡逛的藥妝店裡，有很多醫藥類商品。虎標萬金油分為膏狀或液態兩種類型，且有各種容量的包裝，價格合理。身體突然不舒服時，急需與藥師商量時，只要造訪遍布香港大街小巷的萬寧即可，萬寧在香港各個地區就有350多家分店。同樣能見度很高的藥妝店就是屈臣氏，但販售的商品種類與萬寧有些不同。若有時間可以將萬寧與屈臣氏販售的商品價格先做比較後，再購買。

必買商品
[白花油]
白花油在香港、新加坡等大中華地區有萬靈丹之稱。頭痛、鼻塞、腳痛時，塗抹在疼痛部位，就會馬上好轉，家中有老人家時，這是必備良藥。

SUPER MARKETS

超級市場走一趟

到超市一次購足來自世界各地的食材和食品

初次造訪陌生國家的人，會想瞭解一些與當地生活相關的資訊，這時就不能錯過可以知道當地人吃什麼、用什麼食材的傳統市場和超級市場。對於到香港的觀光客而言，逛超市是必列入的行程之一。位於百貨公司、購物中心的超級市場City Super和位於Pacific Place的Great超市、位於九龍站的ThreeSixty超市，有很多未進口到台灣的商品。當地居民常去的惠康超市、百佳超市等，隨著賣場規模的不同，商品種類也會略有些不同，但也樣樣俱全。以便利的概念將分店設在繁華區域的街道上，讓顧客可以輕鬆造訪。

必買商品
[食物醬料]

中式食物及簡單製作甜點等的醬料。還有包裝方便可一次性使用的產品。

CITY SUPER

這是只在高級購物中心設立分店的香港本地超市連鎖品牌,在這裡可以購買到各種進口食材,還有很多台灣沒有進口且較便宜的商品。

海港城店
🏠 Gateway Arcade, 3001,3~27 Canton Road, Tsim Sha Tsui
☎ 2736-3866
🕐 星期日~四 10:00~22:00
星期五、星期六,假日前一天
10:00~23:00
🌐 www.citysuper.com.hk

時代廣場店
🏠 Times Square, 1 Matheson Street, Causeway Bay
☎ 2118-8900 🕐 10:00~22:00
星期五、星期六,假日前一天
10:00~23:00
🌐 www.citysuper.com.hk

PARKN SHOP

自1828年創立以來,ASW發展成為全世界33個國家經營零售業和製造業的國際企業,擁有11,000多個分店。也經營高級超市連鎖品牌Great、Taste超市。

九龍店
🏠 89-793 Nathan Road, Mong Kok
☎ 2395-3811 🕐 08:00~22:30
🌐 www.parknshop.com

香港島店
🏠 G/F, Lyndhurst Building, 2A Gage Street, Central
☎ 2815-1450 🕐 08:00~22:00
🌐 www.parknshop.com

WELLCOME
惠康

香港最普及的超市,遍布大街小巷。販售最常用的生活用品、食材。

旺角店
🏠 the Belgian Bank Building, 721 - 725, Nathan Road, Mongkok
☎ 3428-5386 🕐 08:00~23:00
🌐 www.wellcome.com.hk

中環店
🏠 G/F, Kingland Court, 66B Bonham Road, Mid-levels, Centra
☎ 2547-4165 🕐 08:00~22:30

銅鑼灣店
🏠 25-29 Great George Street, Causeway Bay
☎ 2577-3215 🕐 24Hours

TASTE

2004年在銅鑼灣以More Than Food名稱設立分店。有赤柱店、奧海城店。

🏠 201-203, 2/F, Stanley Plaza, Stanley
☎ 2813-8520 🕐 08:00~22:30

GREAT

位於太古廣場地下室的超市,擁有很多高級商品。午休時間因為販售午餐外帶食物,也受到附近上班族的青睞。

🏠 Pacific Place LG1, Two Pacific Place, Admiralty
☎ 2918-9986 🕐 10:00~22:00
🌐 www.greatfoodhall.com

THREE SIXTY

位於九龍站1樓圓方廣場的高級超級市場。它是2006年新設立的PARKN SHOP的旗下品牌。

🏠 1090, 1/F Elements, Union Square, Kowloon Station
☎ 2196-8066 🕐 08:00~21:00
🌐 www.threesixtyhk.com

HOME GOODS

居家生活用品

室內設計佈置用品都在此處：住好啲(G.O.D)、宜家家居、FrancFranc

想要買到香港獨特風格飾品的地方，就是住好啲（G.O.D，在香港有7間分店，分別位於荷李活道、赤柱、鴨脷洲、西貢、維多利亞公園等地，向國外進軍的第一間分店設在新加坡，分店數逐漸擴張中。若有想要的特殊設計商品時，在這可以輕鬆購買到。在銅鑼灣還設有可以採購室內飾品的宜家家居和FrancFranc。宜家家居是一間瑞典的傢俱公司，在台灣也有多家分店。販售組合型傢俱，採縮減運輸費、倉儲費、縮短流通期間的營運系統，再加上價格平民，以簡約實用的北歐風格為主，深受年輕族群的喜愛。香港分店位於市中心，但規模不大。而FrancFranc的總公司在日本，是販售室內飾品的專賣店，也是以北歐風格為主。店面雖小，卻擁有各式各樣的可愛商品，會讓你逛到忘記時光的流逝。在銅鑼灣有兩家分店，位於尖沙咀的i SQUARE購物中心裡，觀光客可以輕易找到。

HONGKONG

GOD 住好啲

IKEA 宜家家居

FRANC FRANC

荷李活道店
🏠 G/F & 1/F, 48 Hollywood Road, Central ☎ 2805-1876
🕐 星期一~星期六 11:00~21:00
國定假日 11:00~20:00
🚇 MTR 地鐵中環站（Central Station）D1出口
🌐 www.god.com.hk

銅鑼灣店
🏠 Upper Basement, Parklane Hotel, 310 Gloucester Road, Causeway Bay
☎ 3125-0888
🕐 10:30~22:30
🚇 MTR 地鐵銅鑼灣站（Causeway Bay Station）E出口
🌐 www.ikea.com/hk

京士頓街店
🏠 Shop B, G/F & 1/F, 8 Kingston Street, Fashion Walk, Causeway Bay
☎ 3583-2528
🕐 星期日~星期四 11:00~22:00
星期六 11:00~22:30
🌐 www.francfranc.com.hk

赤柱店
🏠 Shop 105, 1/F., Stanley Plaza, 22-23 Carmel Road, Stanley
☎ 2673-0071 🕐 10:30~20:00
🚇 MTR 在地鐵中環站A出口的巴士總站搭乘6、6A、6X、260號。在地鐵尖沙咀站（Tshimshatsui Station）A1出口，搭乘973號公車

九龍灣站
🏠 L4, MegaBox, 38 Wang Chiu Road, Kowloon Bay
☎ 3125-0888 🕐 10:30~22:30
Restaurant and Cafe 08:00~22:00
🚇 MTR 地鐵九龍灣站Kowloon Bay Station A出口

國際廣場
🏠 101-102, iSQUARE, 63 Nathan Road, Tsim Sha Tsui
☎ 3102-0730
🕐 星期日~星期四 11:00~22:00
星期六 11:00~22:30
🚇 MTR 地鐵尖沙咀站（Tshimshatsui Station）H、R出口

維多利亞港山頂廣場
🏠 Shop 32-41, Level 2, The Peak Galleria, 118 Peak Road, The Peak
☎ 2778-3331 🕐 11:30~21:00
🚇 山頂纜車站（Victoria Peak Station）下車

沙田店
🏠 L6, HomeSquare, 138 Sha Tin Rural Committee Road, Sha Tin
☎ 3125-0888 🕐 10:30~22:30
🚇 MTR 地鐵沙田站（Sha tin Station）B出口

銅鑼灣店
🏠 2/F, Hang Lung Center, 2-20 Paterson Street, Causeway Bay
☎ 3427-3366
🕐 星期日~星期四11:00~22:00
星期六日11:00~22:30
🚇 MTR 地鐵銅鑼灣站（Causeway Bay Station）E出口

居家生活佈置用品

HOMELESS.hk

HOMELESS

中環店
🏠 上環歌賦街29號
☎ 2581-1860
🕐 星期一～星期六
11:30~21:30
星期日、國定假日
12:30~18:00
🚇 MTR 地鐵上環站（Sheung
Wan Station）A2 出口

銅鑼灣站
🏠 銅鑼灣恩平道
17~19號1~3樓
☎ 2890- 8789
🕐 11:30~21:00
🚇 MTR 地鐵銅鑼灣站
（Gauseway Bay Station）
F2出口

LOST & FOUND

奧海分店
🏠 西九龍海庭道奧18號海城
二期UG/F
☎ 2740-4398
🕐 12:00~21:30
🚇 MTR 地鐵奧海城站
（Olympian City Station）
D3出口

尖沙咀分店
🏠 尖沙咀彌敦道100號
The One L8 尖沙咀
☎ 2997-8191 🕐 12:00~21:30
🚇 MTR 地鐵尖沙咀站
（Tsim Sha Tsui Station）
B1出口

風格成熟且實用的 HOMELESS、LOST&FOUND

商品以可愛聞名的HOMELESS，是香港著名的居家飾品商店。而歌賦街周邊著名的美食街，香港影星梁朝偉最愛的九記牛腩也在這條街上，這家麵店的前面就有兩間HOMELESS。在香港擁有穩固市場地位的HOMELESS，其中一個賣場以廚房用品、居家飾品為主，另一個賣場以傢俱等獨特商品為主。中環是香港居民或世界各國企業外派人員居住的地區，所以賣場裡販售了來自世界各地進口的獨特創意商品。

Lost&Found雖然位於觀光客不常去的奧海城二期，但觀光客在去米其林指南認可的添好運餐廳用餐後，可以順道去逛一下。在尖沙咀設有分店的德國生活用品品牌Koziol、Werkhaus、美國代表性室內設計公司Kicter Land，實用的設計款式更是不能錯過。

流行時尚 Outlet

BAZAAR
海港城店
🚶 尖沙咀廣東道7號
九倉電訊中心5樓
🕐 11:00~21:00
🚇 MTR 地鐵尖沙咀站
（Tsim Sha Tsui）A1出口，海
港城5樓

時代廣場店
🚶 銅鑼灣勿地臣街1號
時代廣場18樓
🕐 11:00~21:00
🚇 MTR 地鐵銅鑼灣站
（Casueway Bay Station）
A出口，在時代廣場搭乘電梯
到18樓
🌐 www.thebazaar.com.hk

都會型Outlet–BAZAAR

都會型BAZAAR有時代廣場店、海港城店、位於觀塘的九倉電訊廣場店等三
家分店。時代廣場店的商品較少，可選在逛時代廣場或海港城時，順道去逛
逛。同一品牌的商品並不會每天都有特惠活動，但每個月或每季都會有各種
品牌的減價活動。每次要打折的品牌都會在官網上公告，對於不想白跑一趟
的朋友們是個很貼心的服務。

九倉電訊廣場店（觀塘）
🚶 觀塘海濱道123號
九倉電訊廣場 Shop4-8
🕐 星期一~六 11:00~19:00
星期日 11:00~18:00
🚇 MTR 地鐵牛頭角站
（Ngau Tau Kok Station）
B6出口

美味甜點店

LADURÉE
Paris
LADURÉE
尖沙咀廣東道3-27號
海港城海港商場3F，3224
☎ 2175-5028
🕙 10:00~22:00
🌐 www.laduree.com

PIERRE HERMÉ
PARIS
PIERRE HERMÉ
尖沙咀廣東道Gateway
Arcade2F，2410
☎ 2155-3866
🕙 10:00~22:00
🌐 www.pierreherme.com/
hk

JEAN-PAUL HÉVIN
CHOCOLATIER
PARIS
JEAN PAUL HEVIN
尖沙咀廣東道
海洋中心2F，212
☎ 2735-3268
🕙 11:00~22:00
🌐 www.jeanpaulhevin.
com.hk

GODIVA
Chocolatier
GODIVA
尖沙咀廣東道港威商場
3樓，3222
☎ 2175-5701
🕙 10:00~21:30
🌐 www.godiva.com.hk

美味的馬卡龍和巧克力，送禮或犒賞自己的最佳選擇

皮耶赫梅（Pierre Hermé）目前尚未進駐台灣，所以到香港一定要品嚐這巴黎傳統風味的甜蜜馬卡龍。逛尖沙咀最大型的購物中心海港城時，也可以品嚐到同樣來自巴黎的馬卡龍拉杜麗（Ladurée），再到尚保羅‧艾凡（Jean-Paul Hévin）品嚐法國著名的巧克力。海港城分店、香港中環分店都是設有座位的咖啡館，遊客們可以坐下來享受巧克力和馬卡龍帶來的幸福感。

HONGKONG

美味糕餅店

KEE WAH BAKERY
奇華餅家

中環店
🏠 中環擺花街8號
地面2號店舖
☎ 2520-2029
🕐 10:00-21:00
（每間分店營業時間不同）
🚇 MTR 地鐵中環站（Central Station）D1出口
🌐 www.keewah.com

JENNY BAKERY
珍妮曲奇

尖沙咀
🏠 尖沙咀彌敦道54-64號
麗都大廈G24號店舖
☎ 2311-8070 🕐 09:00~19:00
🚇 MTR 地鐵尖沙咀站（Tsim Sha Tsui Station）D2 出口
🌐 www.jennybakery.com

KOI KEI BAKERY
鉅記餅家

尖沙咀店
🏠 尖沙咀漢口道44號
漢威大廈地下A舖
☎ 2311-2090 🕐 10:00~22:00
🚇 MTR 尖沙咀站（Tsuim Sha Tsui）A1出口
🌐 www.koikei.com

香港的三大知名美味糕餅店

香港的本土代表性餅店珍妮曲奇，口感以柔滑順口聞名。它的名聲不僅當地人知道，也廣為流傳至台灣、中國、日本，所以一般購買時都需排隊，每天的人潮不一，需要做好排隊等待的準備，一天一個人最多只可以採購5盒。印有可愛圖案的圓桶餅盒裡，裝著4片口感香酥的柔和奶油餅乾、8片堅果餅乾。但只接受現金付款，目前只有尖沙咀和上環兩家分店。奇華餅家最受歡迎的餅乾是熊貓餅乾、鳳梨酥。濃濃的香港風格的餅盒，很適合作為伴手禮。分店遍佈香港大街小巷，在任何一個地方都可以輕易看到這家店。此外，還有一家澳門人經營的鉅記餅家，本店在澳門，販售澳門口味餅乾，在香港也有很多家分店。

HONGKONG

美容化妝品連鎖店

SASA
莎莎
🕙 10:00~22:00
（每間分店不同）
🌐 www.sasa.com

卓悦
BONJOUR

BONJOUR
卓悦
🕙 10:00~22:00
（每間分店不同）
🌐 www.bonjourhk.com

輕鬆購買各品牌化妝品

1990~2000年前半期，莎莎美妝店位居觀光客最受歡迎商店的排行榜第一名，而現在台灣也有分店。莎莎在大街小巷裡都可以輕易發現蹤跡，店面大小不同，商品項目也有些微的不同，商品售價較台灣便宜，也有未在台灣販售的商品。此外，在香港還有卓悦美妝品連鎖店，分店較莎莎少，大多分佈在旺角地區，商品售價大多比莎莎划算，但販售的商品常與其他藥妝店重疊。旺角裡有很多大型的莎莎和卓悦賣場，以貨比三家為購買原則。

香港本地潮牌

逛逛本地潮牌，瞭解香港流行趨勢

來看看大家較陌生的香港本土品牌，香港潮牌大多在尖沙咀加連威老道、購物中心The One、新港中心、美麗華商場等。商品以年輕族群為主的www.izzue.com，是在1999年創立的，以日本男影星小田切讓為代言人，以販售中低價位的商品為主。香港著名的複合式品牌IT也在世界各國設有分店。1995年設立的b+ab是以簡約的流行風格為主，還有男性街頭風格為主的5cm，以帥氣的休閒服概念為主的CHOCOOLATE等。

izzue

🌐 www.izzue.com

香港店
時代廣場 / 金百利商場 /
Hysan Avenue / 銅鑼灣

九龍
the one / 新港中心 / 朗豪坊
商場 / 西洋菜街

5cm

🌐 www.5cm.com.hk

香港島
時代廣場 /
51百德新街銅鑼灣

九龍
新港中心 / 美麗華商場 / 加
連威老道

b + a b
gotta pick my precious love collection

🌐 www.bplusab.com

香港島
皇室堡 / 名店坊 / 時代廣場

九龍
the one / 朗豪坊商場 / 新港
中心 / 美麗華商場

CHOCOOLATE

🌐 chocoolate.hk

香港島
希慎廣場 / 銅鑼灣禮頓道 /
銅鑼灣駱克道

九龍
the one / 新港中心 / 新太陽
廣場 / 朗豪坊商場 / 加連威老
道 / 新世界廣場

HONGKONG

香港當地化妝品品牌鼻祖

✎ **Tip**

Two Girls自動販賣機位置

SILVERCORD
新港中心
🏠 尖沙咀廣東道 30號
新港中心
🚇 MTR 地鐵尖沙咀站
（Tsim Sha Tsui Station）
A1出口

THE ONE
🏠尖沙咀彌敦道100號
🚇MTR 地鐵尖沙咀站
（Tsim Sha Tsui Station）
B1出口

香港化妝品TWO GIRLS，也可以在自動販賣機購得

TWO GIRLS是香港本土品牌化妝品公司，盒子外殼有兩個土裡土氣的女孩插圖。和其他化妝品品牌相較之下，商品項目偏少，但只要用過的人，都會給予不錯的評價。店面只有兩間，分別位於銅鑼灣的銅鑼灣廣場、太平山，而在新港中心LCX和香港Wing On都設有門市。是可以作為送禮的高CP值禮物。TWO GIRLS有自動販賣機，只要投幣就可以輕鬆買到，是相當新潮便利的購物方式。門市位於尖沙咀the one和新港中心、銅鑼灣名店坊等地點。最受歡迎的商品是保濕效果強的護手霜、花露水（florida water）、護髮油、蜜粉等人氣商品。

WINDSOR HOUSE
名店坊
🏠 銅鑼灣告士打道311號
皇室堡
🚇 MTR 地鐵銅鑼灣站
（Causeway Bay）E出口

旺角購物中心

ARGYLE CENTRE SHOPPING MALL
旺角中心商場
🚶 旺角彌敦道688號
🕐 12:00~23:00
（每間分店的營業時間不同）
🚇 MTR 地鐵旺角站（Mongkok Station）D2出口

LAFORET
🚶 銅鑼灣東角道24-26號
🕐 12:00~23:00
（每間分店營業時間不同）
🚇 MTR 地鐵銅鑼灣站（Causeway Bay Station）D1、D2、D3出口
🌐 www.laforet.hk

ISAND BEVERLY
金百利
🚶 銅鑼灣記利佐治街1號
🕐 11:00~22:00
（每間分店營業時間不同）
🚇 MTR 地鐵銅鑼灣站（Causeway Bay Station）E出口

CAUSEWAY PLACE
銅鑼灣地帶
🚶 銅鑼灣記利佐治街2-10號
🕐 11:00~22:00
（每間分店營業時間不同）
🚇 MTR 地鐵銅鑼灣站（Causeway Bay Station）E出口

有香港西門町之稱的購物中心

衣服、包包、飾品、絲襪等各種商品，100元港幣不到就可以購買到。旺角中心商場裡，有很多平價店舖聚集，主要販售的對象是10~20歲。離女人街市場很近，人潮以觀光客為主。香港島銅鑼灣有很多販售香港年輕族群喜歡的衣服與飾品，離銅鑼灣站約1分鐘距離的東角，是販售中價位商品的購物中心，是個最可以直接了解香港的時尚地區。位於東角旁的金百利商場是開店超過十年以上的購物中心，是一個小而美的購物中心。銅鑼灣一帶裡還有香港本土化妝品品牌TWO Girl的店面，請記得一起去逛逛。

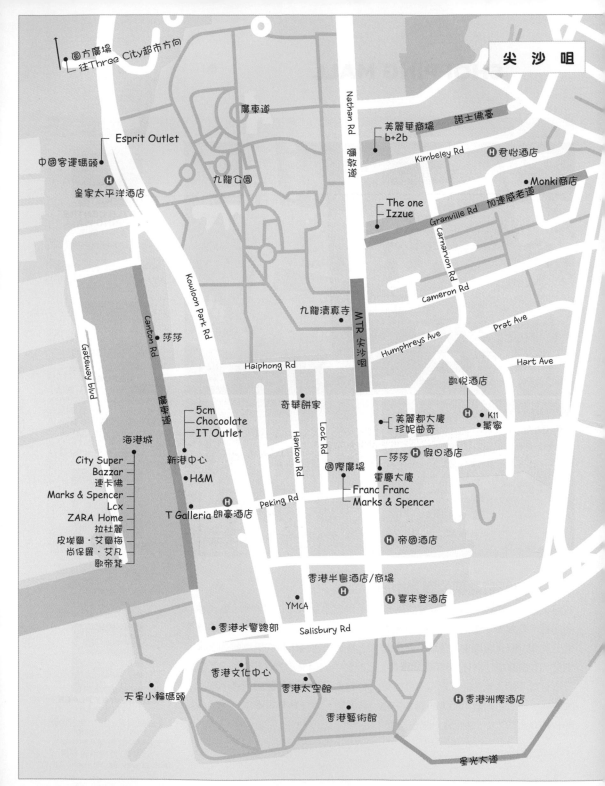

尖 沙 咀

圓方廣場
往Three City超市方向

廣東道

Esprit Outlet
中國客運碼頭

九龍公園

皇家太平洋酒店

Nathan Rd 彌敦道

美麗華商場 諾士佛臺
b+2b
Kimbeley Rd
君怡酒店

Monki商店

The one
Izzue

Granville Rd 加連威老道

Carnarvon Rd

Cameron Rd

Kowloon Park Rd

Canton Rd

莎莎

九龍清真寺

MTR 尖沙咀

Humphreys Ave

Prat Ave

Hart Ave

Haiphong Rd

凱悅酒店

5cm
Chocoolate
IT Outlet

奇華餅家

美麗都大廈
珍妮曲奇

K11
萬寧

Hankow Rd

Lock Rd

海港城

City Super
Bazzar
連卡佛
Marks & Spencer
Lcx
ZARA Home
拉杜麗
皮埃爾・艾爾梅
尚保羅・艾凡
歌帝梵

廣東道

新港中心
● H&M

莎莎
假日酒店

國際廣場
重慶大廈

T Galleria 朗豪酒店

Peking Rd

Franc Franc
Marks & Spencer

帝國酒店

香港半島酒店/商場

YMCA

喜來登酒店

香港水警總部

Salisbury Rd

香港文化中心

香港太空館

天星小輪碼頭

香港藝術館

香港洲際酒店

星光大道

📷 MTR 尖沙咀站（Tsim Sha Tsui Station）

香港水警總部

HONGKONG

維多利亞風格的高雅建築物，在夜晚更顯燦爛

1880年代初期原為香港水警總部，之後曾改建為飯店、高級餐廳，現為知名品牌進駐的購物中心。聖誕節因華麗的裝飾和燈光而聞名，也成為遊客必去觀光的景點。有TIFFANY & CO、Cartier、Shanghai Tang、Van Gleef & Arpels、Tudor、IWC、A. Lange & Sohne、ROLEX等高級品牌進駐。香港水警總部裡，有免門票的小型博物館、2層樓高的鐘樓，及作為午炮的大砲等，可以看到香港的歷史面貌，是香港旅行的必踩景點。購物季期間或聖誕節都會有華麗的裝飾，將這裡變身為輝煌燦爛、且氣氛美好的地方，來這裡拍攝美麗燈景的人潮反而比血拚者多。

1881 HERITAGE
香港水警總部
🏠 尖沙咀廣東道2A
☎ 2926-8000
🕙 10:00~22:00
（每間分店的營業時間不同）
🌐 www.1881heritage.com
📷 MTR 地鐵尖沙咀站（Tsim Sha Station）A1、L6出口

HARBOUR CITY

尖沙咀的購物天堂－海港城

HONGKONG

天堂般的購物環境

時間有限的觀光客若只能去一間購物中心時，那麼最好就去逛這一間有700多個品牌進駐的海港城。海港城分成港威商場、海運大廈、海洋中心等區域，有時尚服飾品牌、餐廳、甜點店、室內設計品牌、Citysuper、Marks & Spencer、連卡佛（Lane Crawford）、LCX等各種品牌。購物中心建地寬敞，就像迷宮一樣，血拚族只要一踏入，就會流連忘返。可以索取陳列在服務台的海港城平面圖，能夠快速掌握目標商店位置，節省購物時間。餐廳的選擇也相當多，逛累的時候可以稍做休息。這是一個每個年齡層都會愛的購物中心，是尖沙咀的必逛之地。

HARBOUR CITY 海港城

🏠 香港九龍尖沙咀廣東道 3-27號
☎ 2118- 8666
🕙 10:00~22:30
🌐 www.harbourcity.com.hk
🚇 MTR 地鐵尖沙咀站（Tsim Sha Station）A1出口

HONGKONG

LANE CRAWFORD
連卡佛

🏠 香港九龍尖沙咀廣東道
馬哥孛羅香港酒店地下樓
☎ 2118-3428
🕐 10:00~22:00
🌐 www.lanecrawford.com

CITY SUPER

🏠 香港九龍尖沙咀廣東道港
威商場3樓，3001號店舖
☎ 2736-3866
🕐 星期日~星期四，國定假
日 10:00~22:00 星期五、
星期六、國定假日前一天
10:00~22:30
🌐 www.citysuper.com.hk

MARKS & SPENCER

🏠 香港九龍尖沙咀廣東道
海洋中心3樓，351-360號
☎ 2926-3344
🕐 星期一~四 10:30~21:30
星期五~日 10:00~22:00
🌐 global.
marksandspencer.com/
hk/en

LCX

🏠 香港九龍尖沙咀廣東道
海運大廈3樓，300號店舖
☎ 3102-3668
🕐 10:00~22:00
🌐 www.lcx.com.hk

GATEWAY ARCADE
港威商場

OCEAN CENTRE
海洋中心

📎 **TIP**

到達海港城時第一件要做的事，就是索取
購物中心平面圖，然後找到想要的品牌位
置。站在廣東道上時，可以看到排隊進入
海港城的人潮。還有千萬別錯過位於海運
大廈的LCX，這裡有很多受到10-20歲族
群喜愛的品牌。還有以販售化妝品為主的
Facesss商場，是女性朋友們的戰區。

🚇 MTR 尖沙咀站（Tsim Sha Tsui Station）

新港中心

HONGKONG

年輕族群的新寵

這是一座位於海港城前側受年輕族群喜愛的購物中心。新港中心因位海港城前側，地點顯得失色許多。但新港中心還是找到自己在市場的定位、也有複合式品牌商店聚集，也招攬了許多滿足饕客的餐廳進駐，包括已在新加坡、曼谷設立分店的Food Republic，每天都聚集很多人。以好吃的小籠包聞名的鼎泰豐、日本拉麵等美食餐廳等，也不斷進駐商場。

新港中心
Silvercord

SLIVERCORD
新港中心

👤 尖沙咀廣東道30號
☎ 2735-9208
🕐 11:00~22:00
（各分店營業時間不同）
🌐 www.silvercord.hk
🚇 MTR 地鐵尖沙咀站
（Tsim Sha Tsui Station）
A1出口

🔗 進駐的品牌

I.T / CHOCOOLATE / 5cm / I.T OUTLET / izzue.com / MENDOZA / STAGE & MANHATTAN PORTAGE /
THE OUTDOOR SHOP / fingercroxx / carhartt / LONGCHAMP / TISSOT / BURBERRY / CAMPER / STAYREAL /
Pearly Gates / RUBYTUESDAY / DREX FABLE / LENSCRAFTERS

🚇 MTR 尖沙咀站（Tsim Sha Tsui Station）

加連威老道

HONGKONG

適合慢步的老香港街道

尖沙咀的街上充滿著各式風格的商店，無論是主打高價位品牌的廣東道或是彌敦道上，除了大型購物中心-海港城之外，到加連威老道走走，會有完全不同的感受。這條街一年365天日日人滿為患，有各式的甜點店、餐飲店密集分佈，莎莎美妝店、中價位品牌Cotton On、堡獅龍OUTLET、H&M集團旗下的Monki都進駐在此。

GRANVILLE ROAD
加連威老道
🏠 尖沙咀加連威老道
🚇 MTR 地鐵尖沙咀站
（Tsim Sha Tsui Station）
B1出口

國際免稅集團

連鎖免稅店──T GALLERIA

國際免稅店集團DFS GALLERIA後來改名為T GALLERIA。位於尖沙咀新港中心旁的力寶太陽廣場裡，在交通方便的銅鑼灣希慎廣場裡也有分店。尖沙咀的飯店密集分佈的地區上也有一間東隅店，是旅行團必列入的行程之一，目前共4間分店。

因有各種化妝品品牌和知名品牌進駐，可以享受到像逛百貨公司般的舒適，商品售價有些較台灣免稅店貴一點，人潮不多，但卻可暫時遠離人潮的擁擠感。

T GALLERIA
尖沙咀店
👥 尖沙咀廣東道28號力寶太陽廣場
☎ 2302-6888
🕙 10:00~23:00
🚇 MTR 地鐵尖沙咀站（Tsim Sha Tsui Station）A1出口

HONGKONG

MTR 尖沙咀站（Tsim Sha Tsui Station）

廣東道

HONGKONG

香港名牌街

有名牌街之稱的廣東道位於尖沙咀。尖沙咀最大的購物中心海港城前側街道有許多知名精品店。這裡就是香港電影〈甜蜜蜜〉中黎明、張曼玉騎腳踏車經過的純樸街道，現已轉變成世界知名精品街，一到晚上，燈光點綴後瞬間變得很華麗，聖誕季或新年期間更是光彩奪目。香奈兒、愛馬仕、路易威登、PRADA、GUCCI、CARTIER等世界名牌都在此等您。

CANTON ROAD
廣東道
尖沙咀廣東道
MTR 地鐵尖沙咀站
（Tsim Sha Tsui Station）
A1出口

進駐的品牌

Chanel / Hermés / Louis Vuitton / Prada / Gucci / Cartier / Armani / Salvatore Ferragamo / Yves Saint Laurent / Dior / Fendi / Dolce & Gabbana

ELEMENTS

九龍購物中心

HONGKONG

九龍的地標購物中心

2007年開幕的華麗購物中心，可以從香港國際機場搭乘香港機場快線（AEL），九龍站下車即可到達。鄰近機場，又緊鄰W飯店、麗思卡爾頓酒店（The Ritz-Carlton Hotel），室內空間寬敞舒適。這棟建築物是由享譽國際的英國貝諾（Benoy）建築事務所設計的，在走道上擺設特殊雕塑，購物者會有好像在逛美術館的感覺。中國人重視地理風水，以五行概念為依據，將建築物內側劃分成金、木、水、火、土等五個主題。有來自中低價位品牌、精品、高級超市、藥妝店等，亞洲最大的GUCCI旗艦店，就設在圓方廣場。在購物中心裡走累時，建築物裡有不少氣氛佳的餐廳，任君挑選。結束採購時，可以登上天際100，欣賞香港的美麗夜景。麗思卡爾頓酒店坐落於香港海拔最高的地方，頂樓有間氣氛很好的OZONE酒吧，可以欣賞到香港無價的夜景。

ELEMENTS
圓方廣場
👥 九龍尖沙咀柯士甸道西1號
☎ 2735-5234
🌐 www.elementshk.com
🚇 MTR 地鐵九龍站（Kowloon Station）C1出口

METAL ZONE
金區

Alexander McQueen/ AUDEMARS PIGUET / Balenciaga / BALLY / BOTTEGA VENETA / Burberry / BVLGARI / Calvin Klein Collection/ Car Sho / Cartier / CHANEL / CHAUMET/ COACH / DAMIANI / DE BEERS / Diane von Furstenberg / Dior Fine Jewelry / Dolce & Gabbana/ EMPORIO ARMANI / Ermenegildo Zegna / FENDI / FRANCK MULLE / Giuseppe Zanotti Design / Givenchy / GUCCI / HARRY WINSTON / HERMÈ / HOGAN / I.T / IWC / Jimmy Choo / Karen Mille / Kate Spade / LALIQU / Loewe / Longchamp / LOUIS VUITTON / Manolo Blahnik / MIKIMOTO / Miu Miu / Mulberry /Piaget / PRADA / RICHARD MILLE / ROLEX / Rupert Sanderson/ Saint Laurent / Salvatore Ferragamo / Sergio Rossi/ Shanghai Tang / Tiffany & Co. / TOD'S / TUDOR / VALENTINO

WOOD ZONE
木區

Aesop / ALFRED DUNHILL/ Bobbi Brown/ CARVEN/ CHANEL BEAUTÉ / CLINIQUE / DAKS / DIOR BEAUTY/ Estee Lauder / Furla / Giorgio Armani Beauty/ Helena Rubinstein/ Jo Malone London / Kiehl's/ L'OCCITANE / La Prairie/ Lancôme / M.A.C / Mannings / Max Mara / MISSONI / MOSCHINO / Nespresso / Red Valentino/ SHISEIDO / Sisley Paris / SK-II / YSL Beauté / Zara

EARTH ZONE
土區

AIX Armani Exchange/ Anne Fontaine / Aquascutum / BOSS/ Broadway / Céline / DIESEL / FENDI MEN / Fortress / Giorgio Armani/ Juicy Couture / Links of London / Loro Piana / Marimekko / Max & Co. / Montblanc / Pandora / Paul & Shark / TOUS / Y-3

WATER ZONE
水區

agnès b / anagram / Anne Klein / ANTEPRIMA/ Calvin Klein Jeans and Calvin Klein Underwear / H&M / Joan & David / SHIATZY CHEN / Zara

FIRE ZONE
火區

AIGLE / Berluti / CALLAWAY / Folli Follie/ Kura Chika / Nicholas & Bears /Prints / PUMA / Rimowa / Swarovski

HONGKONG

📎 Tip

在九龍站有行李託運服務。事先向航空公司確認是否可以提前託運後，在出境當日使用即可。行李提前託運後，就可以更輕鬆地購物。液體需裝入行李箱中才可以出境，行李託運後，購物時需慎重考慮物品是否為可登機物品。

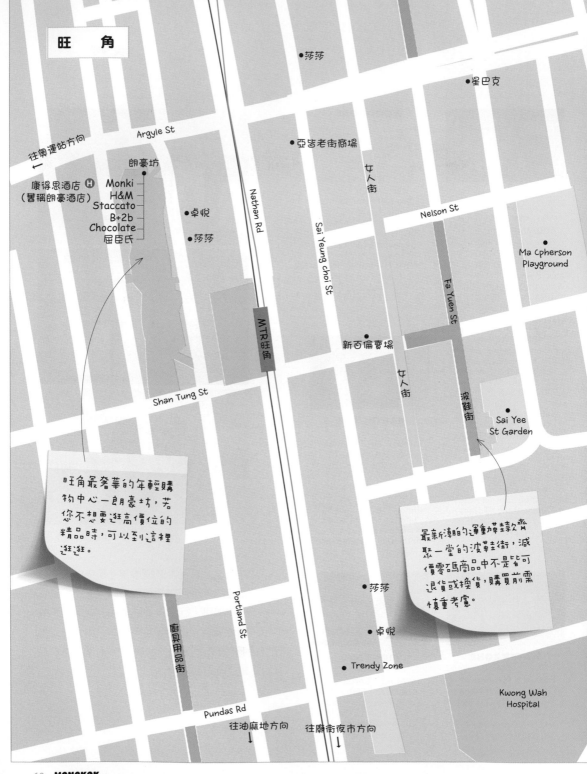

旺　角

往奧運站方向 ←

Argyle St

往奧運站方向 ←

朗豪坊

康得思酒店 🄷
（舊稱朗豪酒店）

Monki
H&M
Staccato
B+2b
Chocolate
屈臣氏

●卓悦

●莎莎

莎莎 ●

星巴克 ●

亞皆老街商場 ●

女人街

Nelson St

Ma Cpherson
Playground

Nathan Rd

Sai Yeung choi St

Fa Yuen St

MTR旺角

新百倫賣場 ●

女人街

波鞋街

Sai Yee
St Garden

Shan Tung St

旺角最豪華的年輕購
物中心—朗豪坊，若
您不想要逛高價位的
精品時，可以到這裡
逛逛。

最新潮的運動鞋款齊
聚一堂的波鞋街，減
價零碼商品中不是皆可
退貨或換貨，購買前需
慎重考慮。

廚具用品街

Portland St

莎莎 ●

卓悦 ●

Trendy Zone ●

Kwong Wah
Hospital

Pundas Rd

往油麻地方向 ↓

往廟街夜市方向 ↓

女人街

HONGKONG

香港南大門市場

旺角市場裡最受歡迎的地方，就是女人街市場。位於通菜街、花園街等周圍的
巷弄裡，氣氛和台灣西門町的氛圍很像，街道兩旁有無數的攤位。在市場裡
有運動鞋商店、餐廳、按摩店、咖啡館、電腦用品店、藥妝店，不分晝夜購物
人潮都是絡繹不絕。販售觀光客喜歡的紀念品、衣服、包包、手機飾品、名牌
仿冒商品、日常生活用品、水果食品等。

LADIES' MARKET
女人街
👤 旺角通菜街
🕐 12:00~22:00
（每間分店營業時間不同）
🚊 MTR 地鐵旺角站
（Mongkok Station）D2出口

🚇 MTR 旺角站（Mongkok Station）

波鞋街

喜歡買鞋的你一定要來逛逛

位於九龍的旺角也是非常適合血拼的地方，有各類物品專賣店，再晚都有逛街人潮。有販賣廚房用具的街道、有類似台灣華西街的通菜街、花市、金魚市、鳥市等專門店，其中最受遊客喜愛的是波鞋街，不斷有引領時尚潮流的運動鞋商店在此設立門市。自1980年代起香港青少年會為了購買運動鞋和運動服而專程前往，所以運動品牌也接二連三地打進旺角的通菜街一帶，開始出現運動鞋街這稱號，其名聲也傳遍各個大街小巷。每間商店販售的商品不同，特價幅度也不同，購買時要貨比三家。

SNEAKERS STREET
波鞋街（運動鞋街）
🚶 旺角花園街
🕙 10:00~24:00
（每間店營業時間不同）
🚇 MTR 地鐵旺角站
（Mongkok Station）
D2出口

HONGKONG

🚇 MTR 旺角站（Mongkok Station）

朗豪坊商場

旺角最華麗的購物中心

旺角最奢華的購物中心。購物中心裡有受年輕族群喜愛的中低價位品牌H&M、American、b+ab、www.izzue.com、IT等。從地下2樓至地上13樓，有時尚、運動、美容、飾品、居家生活風格、飾品、餐廳、速食店、咖啡廳、超市、電影院等商店，建築物的右側有朗豪坊商場飯店。朗豪坊商場是香港市民較常聚集的地方，不論平日或周末經常是門庭若市，人氣超強。

🔖 **品牌介紹**

B2層 鞋子、超市
Watson's / Godiva / Jill Scott / Dr. Martens

B1層 鞋子、包
Aldo / Camper / JOY & PEACE / Staccato

L1樓
H&M / Coach / Monki / Seven Eleven

L2樓 美容
Fancl / L'OCCITANE / Make Up For Ever / Melvita / Nars / AVEDA / Jurlique / Fresh / Kiehl's

L3樓 時尚、飾品
Folli Follie / PANDORA / Calvin Klein Jeans / G2000 men / i.t / Levi's（Menswear）/ Cath Kidston / Vivienne Westwood

L4樓 美食街

L5樓 休閒服
b+ab / Bauhaus / www.izzue.com / Salad / Moussy

L6樓 休閒服、居家用品
CHOCOOLATE / American Eagle Outfitters FRED PERRY / SUGARMAN

L7樓 運動品牌
MUJI / adidas / Columbia Sportswear / NIKE

L8樓 運動品牌、電影院
adidas / NIKE / SKECHERS

L9-13樓
香港美容院、餐館

LANGHAM PLACE
朗豪坊商場
🏠 旺角亞皆老街8號
朗豪坊商場
☎ 3520-2888
🕙 10:00~22:00
（各個分店的營業時間不同）
🚇 MTR 旺角站C3、E1出口
🌐 www.langhamplace.com.hk

HONGKONG

🚇 MTR 旺角站（Mongkok Station）

旺角市場

可一窺香港生活的旺角市場

不分晝夜、人潮一直熙熙攘攘的旺角，在這可感受到與香港都會區不同的氛圍，也可以在白天去逛逛販售各種平價服飾的花園街，往地鐵太子站的反方向走時，即可以看到花市、鳥市、金魚市等專賣某種商品的市場。商品應有盡有，更可以享受吃路邊攤的樂趣。廟街旁的上海街上，販售製麵包機、製餅機、廚房用品、餐廳廚具等，相當值得一逛。在當地居民常買菜的旺角市場裡，可以購買到活跳跳的海鮮及新鮮蔬果等，這就是香港人的日常生活。

MONGKOK MARKET
旺角市場
🚇 MTR 地鐵旺角站
（Mongkok Station）D3出口

HONGKONG

🚇 MTR 油麻地站（Yau Ma Tei Station）

廟街夜市

HONGKONG

麻雀雖小、五臟俱全的夜市

香港有名的廟街夜市，又有男人街之稱。每當到了下午5點，攤位就開始陸陸續續出現，不少直接把食物擺放在路邊的餐桌上，參雜著攤位老闆的叫賣聲。這個市場所販售的物品和女人街差不多，只是多了許多工具類的商品，還有懷舊古董店。油麻地天后宮前的算命街，就像台灣饒河街夜市一樣的熱鬧喧囂，來享受宵夜的香港居民和觀光客都會造訪此地。

TEMPLE STREET NIGHT MARKET
廟街夜市
👥 油麻地廟街
🕐 18:00~24:00
（各個分店的營業時間不同）
🚇 MTR 地鐵油麻地站（Yau Ma Tei Station）C出口

🚇 MTR 中環站（Central Station）、香港站（Hong Kong Station）

金融中心商場

俯瞰香港奢華的商場

在九龍尖沙咀有個海港城，而在香港島中環則就有個金融中心商場。它位於機場快線的香港站上，步行幾分鐘即可以到達往返香港島和九龍的天星小輪碼頭，以及往返南丫島、長洲島、愉景灣的離島小輪。到達往淺水灣、赤柱、香港仔的巴士總站也只有1~2分鐘的距離，可以說是重要的交通樞紐。金融中心商場的1~2樓是APPLE STORE專賣店，可以一眼收盡香港高聳大樓林立的中環景觀，無論白天或晚上都廣受顧客的歡迎，建築物裡還有奢華的連鎖百貨公司連卡佛，偶爾會看到在這寬敞的空間裡舉辦一些節慶活動。這裡的餐廳氣氛優，許多情人都會選擇在此度過浪漫的節日。

IFC MALL
金融中心商場

⚲ 中環金融街8號
☎ 2295-3308
⏰ 10:00~22:00
（各分店營業時間不同）
🚇 MTR 地鐵中環站
（Central Station）A出口，
地鐵香港站（Hong Kong Station）F出口 搭乘天星小輪，在中環站下船。
🌐 www.ifc.com.hk

🚇 MTR 中環站（Central Station）

馬莎百貨（MARKS&SPENCER）

在香港遇見英系潮流

因為香港曾經是英國的殖民地，所以當英國的百貨公司在香港設分店，可說是不馬虎且原汁原味。馬莎百貨有服裝、飾品、玩具、鞋子、食品等專櫃。客層以20歲至60歲的服飾品牌為主，伊莉莎白二世、故黛安娜王妃等也曾愛穿愛買這裡的品牌。因價位合理，相當受到香港人的青睞。

馬莎百貨公司在全世界40多個國家都設有分店，但並非所有的分店都有食品專櫃。

MARKS & SPENCER

MARKS & SPENCER
馬莎百貨
👥 中環皇后大道22-28號，
　　中匯大廈1樓
☎ 2921-8323
🕐 星期一~六 10:00~21:30
　　星期日 10:30~21:00
🚇 MTR 地鐵中環站
　（Central Station）D1出口
🌐 www.marksandspencer.
　　com

HONGKONG

MTR 中環站（Central Station）

蘇豪區和NOHO區

HONGKONG

特色複合式品牌商店齊聚

在香港的蘇豪區和NOHO區的街道上，沿著半山手扶梯有很多頗具特色的複合式品牌小店。逛膩了奢華的購物中心，換個口味逛逛這些具有個人風格巧思的小店，散步在這個擁有1960年代懷舊氣息的巷弄裡，雖然復古卻令人心曠神怡。

SOHO & NOHO
蘇豪區和NOHO區
中環荷李活道
MTR 地鐵中環站
（Central Station）
D1,D2出口

🚇 MTR 上環站（Sheung Wan Station）

摩羅上街

HONGKONG

回憶老電影裡的懷舊小弄

這是一條位於上環販售懷舊物品的街道，又有名為小偷的二手市場，簡單來說就是販售偷來的物品，亦有貓街之稱。這條街是香港觀光景點之一，在經歷過歲月刻劃痕跡的古董商店裡，販售許多有紀念意義的小禮品，會發現駐足在這裡的外國觀光客比東方人還多，因為這裡是探究中國歷史的最佳地點，還可以看到在大陸消聲匿跡的纏足鞋、毛澤東紀念品、香港化妝品Two Girls包裝盒上常看到的古色古香美人圖、中國風飾品等。這是充滿回憶和香港懷舊風的地方，相當值得參觀。

CAT STREET
貓街
👥 上環摩羅上街
🕙 10:00~18:00（每家分店營業時間不同）
🚇 MTR 地鐵上環站（Sheung Wan Station）
A2出口

PACIFIC PLACE

🏠　　金鐘

🚇 MTR 金鐘站（Admiralty Station）

太古廣場

🔖 品牌介紹
LG1樓
Great Food Hall
L1樓

AIX / Agnès b / Ashworth Burberry / CHANEL BEAUTÉ Coach / Crabtree & Evelyn / Giorgio Armani / Jo Malone / Kate Spade / Harvey Nichols /Joyce Beauty / Kookai La Prairie/ Lane Crawford Home / LensCrafters / LeSportsac/ L'Occitane En Provence / Marc By Marc Jacobs / Nine West / Repetto Shanghai Tang / Shu Uemura / Yves Saint Laurent / Zara / Watson's
L2樓

Alain Mikli / Bally / Balmain Burberry / CHANEL / DAKS / Diane von Furstenberg / Dolce & Gabbana / Emporio Armani / Harvey Nichols /Hogan / I.T / Jean Paul Gaultier / JOYCE / Jurlique / Lanvin / Louis Vuitton / MAX & Co. / Montblanc / Prada / Roberto Cavalli / Sportmax/ Theory /Vertu / Valentino / Vivienne Tam
L3樓

a.testoni / BOTTEGA VENETA / Bvlgari / Cartier/ Céline / CHANEL / Chloé / Ermenegildo Zegna / Fendi / Gucci / Hermès / IWC / Jimmy Choo / Louis Vuitton / La Perla / Loewe / Salvatore Ferragamo / Miu Miu / Tiffany & Co. / Tod's / Van Cleef & Arpels / Versace

滿足觀光客所有的品牌需求

太古廣場內有電影院、餐廳、超市、各種名牌分店的購物中心，周邊有香港公園、香港JW萬豪酒店（JW Marriott Hotel Hong Kong）、港麗酒店、港島香格里拉大酒店等。進駐的品牌偏高價位，主要客群是觀光客或香港頂級客層，甚至偶爾也會有狗仔隊出沒在此尋覓香港影星。在太古廣場的連卡佛百貨公司裡，有著最高級的居家廚房用品、浴室用品、知名設計師的特色家具等。觀光客還可以逛到英系的另外一個百貨公司夏菲尼高（Harvey Nichols），有Dolce & Gabbana、最近很紅的Jo Malone等品牌都將亞洲的第一家分店設在這裡。LG1樓的Great Food Hall為顧客提供國際美食，經常門庭若市。午餐時間有即席製作的餐點和外帶食品，因此相當受到周邊上班族的青睞。

PACIFIC PLACE
太古廣場
🏠 金鐘道88號
☎ 2844-8988
🕐 10:30~21:00
🚇 MTR 地鐵金鐘站（Admiralty Station）F出口
🌐 www.pacificplace.com.hk

赤柱市場

HONGKONG

帶給觀光客小確幸的小鎮

赤柱市場是個散發歐洲風味的寧靜小鎮，也是個許多外國人聚居的富人村，可在香港島中環前，搭乘雙層巴士行經淺水灣前往。赤柱廣場上有個當地居民常逛的小型購物中心，雖然規模略顯小，但是偶爾也會有觀光客人潮。香港市區的傳統市場總給人忙碌、複雜的感覺，赤柱市場裡的走道狹窄，寬度只能容一個行人，平日逛起來帶給人悠靜的感覺。到處充滿著販售關於香港的各種周邊紀念品的小商店。來到赤柱市場時，可以刻一顆印章，留作紀念。

STANLEY MARKET
赤柱市場

🏠 赤柱新街和赤柱市場道
🚌 MTR 從地鐵中環站
（Central Station）A出口出
來，在巴士總中搭乘6、6A、
6X、260，
從地鐵尖沙咀站（Tsim Sha
Tsui Station）A1出口出來，
搭乘973號巴士

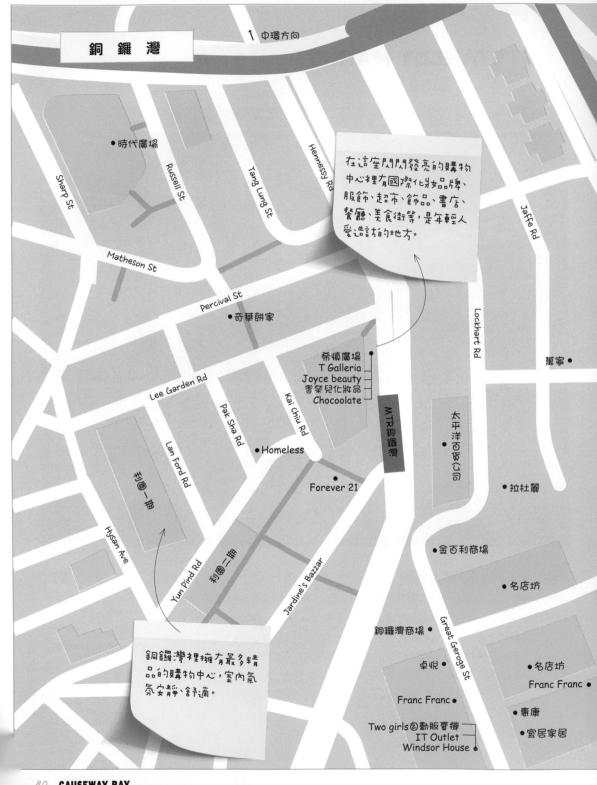

銅鑼灣

中環方向

時代廣場

Sharp St

Russell St

Tang Lung St

Hennessy Rd

Jaffe Rd

Matheson St

Percival St

奇華餅家

Lee Garden Rd

Lockhart Rd

希慎廣場
T Galleria
Joyce beauty
香奈兒化妝品
Chocoolate

MTR銅鑼灣

萬寧

在這座閃閃發亮的購物中心裡有國際化妝品牌、服飾、超市、飾品、書店、餐廳、美食街等,是年輕人愛造訪的地方。

Pak Sha Rd

Kai Chiu Rd

太平洋百貨(J)司

拉杜麗

利園一期

Lan Ford Rd

Homeless

Forever 21

金百利商場

Hysan Ave

Yun Pind Rd

利園二期

Jardine's Bazzar

名店坊

銅鑼灣商場

Great Geroge St

名店坊

卓悅

Franc Franc

銅鑼灣裡擁有最多精品的購物中心,室內氣氛安靜、舒適。

Franc Franc

惠康

Two girls自動販賣機
IT Outlet
Windsor House

宜居家居

🚇 MTR 銅鑼灣站（Gauseway Bay Station）

利園

優雅名品購物中心

利園有銅鑼灣引進歐洲最奢華品牌進駐，這裡的香奈兒店面就像是從巴黎原封不動搬來似的，整體的裝潢完全和巴黎本店一模一樣。LV是亞洲分店中唯一設有紳士禮服訂做的服務。商場中的愛馬仕之家（Maison Hermès）、Linefurniture、GUCCI、DIOR、BVLGARI等知名品牌分店也設在這裡，是很多頂級客層喜愛購物的地方。

LEE GARDENS
利園
🧍 銅鑼灣希慎道33號
利園一期
☎ 2907-5227
🕚 11:00~20:00
（每間分店的營業時間不同）
🚇 MTR 地鐵銅鑼灣站
（Gauseway Bay Station）
F1出口
🌐 www.leegardens.com.hk

🔖 專櫃品牌

Lee Gardens ONE agnès b / Anteprima / Anya Hindmarch / BVLGARI / CHANEL / Christian Dior / ELIE SAAB / Hermès / Paul Gaultier / Belgravia / JOYCE / Louis Vuitton / Marni / Moschino / Qeelin / Shiatzy Chen / Valentino / Lee Gardens TWO Baby Dior / Bottega Veneta / BURBERRY CHILDREN / Chicco / Emporio Armani / Gucci / Gucci Children / Hallmark / Miu Miu / MM AVEDA / MONCLER / PETIT BATEAU / TOD's / Van Cleef and Arpels

HONGKONG

🚌 MTR 銅鑼灣站（Gauseway Bay Station）

名店坊

HONGKONG

銅鑼灣戶外購物廣場

名店坊位於從太平洋百貨公司通往宜家家居的路口，是銅鑼灣的戶外購物中心，裡面進駐的品牌也是五花八門，無論是時尚、生活相關等應有盡有。各個品牌的正確位置，請參考名店坊裡的平面圖。

FASHION WALK
名店坊
🏠 銅鑼灣記利佐治街
☎ 2890-3016
🕐 營業時間：11:00~22:00
（每個店舖營業時間不同）
🚌 MTR 地鐵銅鑼灣站
（Gauseway Bay Station）
E出口
🌐 fashionwalk.com.hk

🔗 專櫃品牌

Adidas Originals / LULUCHEUNG / Agnes b / APC / Magenta / b+ab / Max Mara / Bally / ALEXANDER McQUEEN / Burberry Black & Blue Label / Religion / Calvin Klein Underwear / Ck / COS / Stefanel / DKNY / Tsumori Chisato / I.T / Vivienne Tam / Vivienne Westwood / 5Cm / AIX Armani Exchange / Isabel / Diesel / Miss Sixty / Y-3 / Samsonite Black Label / Camper / Alexandre de Paris / Pandora / Swarovski Boutique / Sa Sa / Aesop / Mannings / Broadway / Francfranc

🚌 MTR 銅鑼灣站（Gauseway Bay Station）

太平洋百貨公司

🔗 **各樓層介紹**
地下二樓
超市、餐廳
地下一樓
女鞋、男鞋、包、皮革製品
G樓
名牌化妝品、化妝品
1樓
女裝、手提包、香水、飾品、手錶
2樓
女性時尚、化妝品
3樓
休閒服
4樓
運動服、戶外休閒用品
5樓
男士時尚
6樓
兒童用品、嬰兒用品、玩具、文具用品
7樓
知名品牌餐具、廚房用具、家庭裝飾
8樓
美術館
9樓
寢具、浴室用品、活動展廳
10樓
電子產品、運動用品、旅行用品
11~16樓
SOGO CLUB

HONGKONG

銅鑼灣的地標

這是一間日資百貨公司，有日本專櫃、香港專櫃、國際品牌等，是銅鑼灣的地標。依照樓層區分成女性服飾、男性服飾、兒童服飾等。地下室有美食街、超市等。太平洋百貨公司是日本連鎖百貨公司之一，較其他百貨公司擁有更多日本品牌。

SOGO
太平洋百貨
🏠 銅鑼灣軒尼詩道555號
☎ 2833-8338
🕙 10:00~22:00
星期五、六、假日前一天
10:00~22:30
🚌 MTR 地鐵銅鑼灣站
（Gauseway Bay Station）
D3出口

HYSAN PLACE

🏠 | 銅鑼灣

🚇 MTR 銅鑼灣站（Gauseway Bay Station）

希慎廣場

📎 各樓層介紹
G樓
ROLEX / TUDOR
G樓~B1樓
T Galleria
1樓
CHANEL BEAUTÉ / GAP /
Joyce / Swarovski / Aesop /
Crabtree & Evelyn /
Melvita /Hollister /
LensCrafters MADIA
3樓
AGATHA / 7 For All
Mankind / DKNY /
CONNECTIO
Anteprima / Vivienne Tam /
AIGLE / MAX & Co. /
PANDORA / Les Néréides /
LIU JO / Nanette Lepore /
TOUS / RED Valentino
4樓
AMERICAN VINTAGE /
GAP Kids & Baby / Snidel
Deicy / D-Mop
5樓
CHOCOOLATE /
bauhaus collect Point /
SUGARMAN /
Superdry / Levi's
6樓
6IXTY 8IGHT / Holika
Holika Amika / too cool
for school /Hallmark /
dermalogica /
Dr. Ci:Labo

銅鑼灣超人氣商場

希慎廣場是2012年10月銅鑼灣新落成的著名景點。在閃閃發亮的建築物裡，有化妝商品、服飾、超市、飾品、書店、餐廳、美食街等綜合購物中心，也有香港最大的台灣誠品書店賣場、世界知名免稅店T Galleria，1~2樓層是APPLE STORE專賣店，也可以坐在乾淨清爽的美食街裡，這裡的裝潢並不輸高級餐廳。希慎廣場裡的國際知名品牌雖然不多，卻可以用親民的價格採購香港當地品牌或未在台灣設櫃的日本品牌。

HYSAN PLACE
希慎廣場
🏠 銅鑼灣軒尼詩道500號
☎ 2886-7222
🕐 10:00~22:00
星期五、六，假日前一天
10:00~23:00
🚇 MTR 地鐵銅鑼灣站
（Gauseway Bay Station）
F2出口
🌐 hp.leegardens.com.hk

📡 MTR 東涌站（Tung Chung Station）

東薈城名店倉

🔗 品牌介紹

Aquascutum
Alfred Dunhill / Anteprima
A. Testoni / Armani /
Bally / A|X Armani
Exchange /
Burberry / Coach / Coach
Men's / Cerruti 1881
ESCADA / Max Mara /
Max & Co. / Moiselle /
DAKS / Club Monaco /
Studio Vivienne Tam /
Brooks Brothers /
Diane von Furstenberg /
New Balance / Nike /
Adidas / Esprit /
Giordano / Guess /
Kookai / Levi's /
Calvin Klein Jeans /
Polo Ralph Lauren Factory
Store / Tommy Hilfiger /
Folli Follie / Nautica /
Columbia / Quiksilver /
Timberland / K-Swiss /
S.T. Dupont / Furla /
Kate Spade / Kipling /
Lancel / Samsonite /
Swarovski / Swatch /
Victorinox / City Chain

HONGKONG

最多品牌特賣的OUTLET購物中心

鄰近機場，是香港最舒適、最大規模的OUTLET。從機場搭乘巴士，約15分鐘的車程即可抵達，在香港島或九龍站搭乘香港地鐵只要30分鐘車程。東涌站位於香港國際機場所在地大嶼山，因東薈城名店倉的落成，成為新的購物景點。有知名品牌、中低價位品牌、香港本地複合式品牌商店I.T、D-Mop、Club21OUTLET等，大部分是過季或零碼商品，但也不乏新品。購物中心的室內擺設風格非常井然有序，品牌多樣化。此外，購物後可以在大食代美食街（FOOD REPUBLIC）祭拜一下你的五臟廟。

CITYGATE OUTLET
東薈城名店倉

🏠 大嶼山東涌達東路20號
東薈城名店倉
☎ 2109-2933
🕙 10:00~22:00
📡 MTR 地鐵東涌站（Tung Chung Station）C出口
🌐 www.citygateoutlets.com.hk

🚌 MTR 中環站（Central Station） → 巴士

義大利精品 PRADA OUTLET

專屬PRADA的OUTLET賣場

世界知名品牌PRADA總公司在米蘭，工廠在佛羅倫斯。PRADA OUTLET 的店名最初以位於佛羅倫斯工廠旁側的SPACE OUTLET，而命名為SPACE OUTLET，但幾年前開始改名為PRADA OUTLET。PRADA OUTLET的優點是不只販售過季商品，也和百貨公司或免稅商店一樣販售新上市商品，但商品選擇較少，有鞋子、衣服、包包、飾品等，也有男性用品。此外，PRADA的副牌 MIUMIU，也是OUTLET中的強力商品。在這因出手大方的內地觀光客較多，就算是平日也人氣不減。

PRADA

PRADA OUTLET
🏠 海怡半島海怡路
東翼商場二樓
☎ 2814-9576
🕐 星期一~六10:30~19:30
星期日、假日 12:00~19:00
🚌 MTR 從地鐵中環站
（Central Station）A出口在
巴士總站搭乘590公車

🚌 MTR 中環站（Central Station）→巴士

新海怡廣場

🔖 品牌介紹

Marc by Marc Jacobs - 18樓
Shanghai Tang - 18樓
Yves Saint Laurent - 18樓
J. Journey - 19樓
Joyce Warehouse Outlet - 21樓
Polo Ralph Lauren - 22樓
Armani - 22樓
Lane Crawford - 25樓
Max Mara - 27樓
Boss - 27樓
Moda Mia - 27樓
Diesel - 27樓
Folli Follie - 27樓
Juicy Couture - 27 樓

採購高手，就從新海怡廣場出發

這個離香港島約10~15分鐘、離中環30~40分鐘車程的商場，在工廠風格的建築物裡，有各種OUTLET賣場進駐，主要販售JOYCE WAREHOUSE OUTLET J、連卡佛百貨公司庫存 OUTLET、 MAX MARA OUTLET、BOSS OUTLET等品牌的商店。還有J.JOURNEY OUTLET、UGG、DKNY、JIMMY CHOO 等品牌，可以盡情購物血拼。逛完街後，可以搭乘新海怡廣場的接駁車回地鐵或飯店。

HORIZONS PLAZA
新海怡廣場
🏠 香港島鴨脷洲利榮街2號
🚌 MTR 從地鐵中環站
（Central Station）A出口在
巴士總站乘500號巴士

HONGKONG

Osaka

這次的週休二日
就去大阪血拚吧！

說日本大阪是服飾、兒童用品、藥妝品的購物天堂，應該沒人有異議，世界知名品牌和日本本土品牌皆在此設立分店，並在良性競爭中開拓市場。大阪藥妝店的商品流量龐大、種類繁多，可說是亞洲藥妝店的始祖，擁有不可動搖的地位。在大阪處處可感受到異國的時尚設計感，處處皆可見簡約風格設計的室內裝飾品、生活雜貨等超人氣商品，是個可以滿足感官的購物城市。最近因廉價航空公司的增加，使得往返大阪的班機也隨之增加，機票費也變得較為親民，兩個多小時的飛行距離，只要利用周末就可以輕鬆往返，已經成為上班族、學生們最愛的觀光勝地。

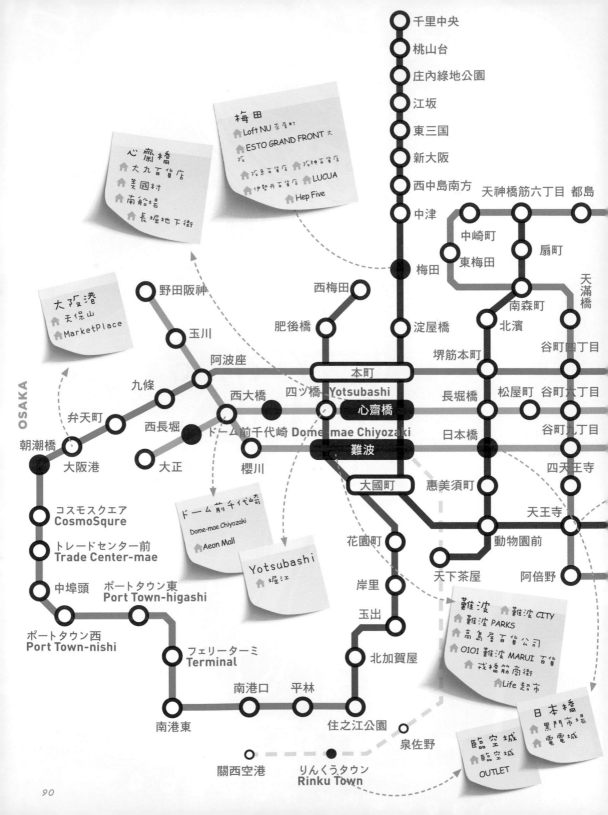

Map of Osaka

井高野

だいどう豊里
Daido-Toyosato

大日

瑞光四丁目

守口

野江内代

關目高殿

千林大宮

太子橋今市

清水

關目成育

新森古市

鶴見緑地

門真南

門真南
三井
Outlet Park

京橋

蒲生四丁目

今福鶴見

横堤

研奈良登美ヶ丘
Gakken-Nara-Tomigaoka

大阪商業公園
Osaka
Business Park

鴫野

學研北生駒

白庭台

森之宮

緑橋

高井田

長田

荒本

吉田

新石切

生駒

玉造

深江橋

近鐵けいはんな線
Kintetsu Keihanna Line

鶴橋

新深江

今里

小路

天王寺
Q's mall
SOLAHA
近畿百貨公司

北巽

南巽

文の里 Fuminosato

昭和町

田邊

西田邊

駒川中野

平野

長居

我孫子 Abiko

喜連瓜破

出戸

北花田

長原

新金岡

八尾南

中百舌鳥 Nakamozu

OSAKA

M 御堂筋線

T 谷町線

Y 四つ橋線

C 中央線

S 千日前線

K 堺筋線

N 長堀鶴見緑地線

I 今里筋線

P 南港ポートタウン線
Osaka Nanko Port Town Line

What

到大阪可以買什麼？

依每個人的喜好不同，到大阪血拚的購物單清單也會不太一樣。但大阪到處都販售著每個觀光客所需的各種商品。例如，藥妝店裡的家庭藥品（藥膏、OK繃、清潔劑）、點心、餅乾類（糖果、日本傳統餅乾）、護膚美容商品（卸妝乳液、精油、睫毛膏），日本設計感雜貨、室內裝潢生活飾品、琳瑯滿目的文具用品。

1

LUXURY BRAND
名牌大血拚

大阪並非免稅區，知名品牌商品的售價稍微偏高，喜愛名牌的你，可能會對售價感到些許失望。而且大阪機場免稅店的商品售價，並不會比台灣免稅店便宜，但若想買到在台灣很難買到的亞洲限量版商品，可以去逛一下。特別是日圓貶值時，就可以看到觀光客殺紅了眼盡情購買的盛況。

大阪購物樂趣評分

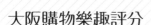

great!

百貨公司、商店街、Outlet、地下街等各種型態的購物空間，在大阪應有盡有，這使得顧客不管在什麼樣的季節裡，都可以快樂購物。不論是高價位的知名名牌或中低價位品牌都有，可以符合各種預算的遊客。購買只有在日本才可以看到的當地品牌，會更物超所值。

大阪物價評分

great!

最近日圓貶值的關係，簡直讓哈日族如雨後春筍般增加，提高到日本血拚的意願。過去因匯率高而對到日本血拚感到有負擔的觀光客而言，日幣的貶值，簡直是一大福音。但匯率瞬息萬變，到日本旅遊前，需再確認一下匯率。

3

LOCAL MARKET
當地傳統市場

♥ ♥ ♥ ♥ ♥

 great!
傳統市場是體驗大阪居民生活的最佳地點。市場的主要顧客是當地的菜籃族,食品、生活必需品店舖等都聚集在此,可以買到各種類型的點心。福島核電事件後人氣急降的日本生魚片,能在南大阪的黑門市場或日本最長的天神橋筋商店街裡,以超值價格品嚐到。喜愛日本食物的觀光客,一定要去逛逛。

5

ACADE
商店街

♥ ♥ ♥ ♥ ♥

great!
屋頂有遮雨棚覆蓋的一字型商店街,長達數百公尺,包括雜貨、鞋子、美妝品、兒童用品、居家飾品、百貨公司、餐廳、食品等商店,商品種類不會亞於量販店。

2

SUPER MARKET
超市購物

♥ ♥ ♥ ♥ ♥

 great!
超市購物是到日本採購的一大重點。可以買到各種風味的醬汁、餅乾、糖果、真空包裝食品、風味料理食材等。喜歡日本料理的人,只要一踏入超市,沒逛幾小時是捨不得離開的。

4

DRUG STORE
藥妝品

♥ ♥ ♥ ♥ ♥

 great!
大阪是藥妝品的採購天堂、藥妝店始祖,可以找到台灣或其他亞洲地區看不到的商品,深受女性的青睞。
商品有化妝品、醫藥品、生活雜貨、點心等,種類多到令人目不暇給,也是購買送給朋友紀念品的最佳場所。

When

何時去大阪最好玩？

在氣候舒爽的春天（4～6月）、秋天（9～11月）造訪大阪最適合，可以在舒服的氣候下購物。但大阪最大規模的促銷季是7至8月，同時也是日本上班族領獎金的季節，因天氣熱且潮濕，很多民眾都不想外出，業者為了改善這樣消費力降低的狀況，於是舉辦了大規模的減價活動。除了夏季之外，年底也有減價活動。

選擇好拉、容量大又堅固的旅行箱，讓你的購物旅行更加輕鬆愉快！

CENTURION 經典素色拉鍊款 - 玫瑰金。
CENTURION 發行超過 200 個顏色的旅行箱，並將旅行箱藝術品化，提倡旅行箱成為新時代的文化與藝術表演舞台，落實旅行箱如同郵票一樣，成為國土或文化的延伸。

Jan
1月

NEW YEAR 新年參拜
1月1～3日
參觀四天王寺、住吉大社。

十日戎
1月9~11日
大阪的代表性祭典，以祈願生意興隆的參拜人潮為主。

Feb
2月

一夜官女祭
2月20日
在野里住吉神社舉辦的活動，傳說中為了消除淀川的洪水，以處女作為祭物。

Jul
7月

生國魂神社夏祭
7月11~12日
生國魂神社舉行的夏季祭典。

杭全神社夏祭
7月11~14日
九輛載著神像的馬車在市區遊行。

天神祭
7月24~25日
日本三大祭典之一，夏天的代表祭典。25日晚上有100艘以上的大船在大川上巡行。

Aug
8月

住吉祭
7月30日～8月1日
大阪的三大祭典之一。可以看到穿著浴衣遊行的景觀。

夏季促銷購物季
7月中旬～8月底
這段期間是日本上班族領到獎金的季節，因而舉行大規模的減價活動。

Mar	Apr	May	Jun
3 月	4 月	5 月	6 月

✿
櫻花季
4 月初旬～中旬
在造幣局櫻花通道中舉行櫻花祭，至今已有 120 年的傳統。

☀
卯之葉神事
5 月初
供奉神降臨的竹枝玉串，而且還在石臺上跳巫舞。

✿
櫻花季
日期：3 月下旬～ 4 月初
日本最美麗的季節，櫻花綻放的季節。惟每年櫻花綻放的時間點略有不同

📎
愛染祭
6 月 30 日～ 7 月 2 日
大阪夏季著名的祭典，可以觀賞穿著浴衣的女孩們搭乘轎子遊行的景像。

Sep	Oct	Nov	Dec
9 月	10 月	11 月	12 月

🌙
光之文藝復興
12 月
以華麗燈光裝飾著中之島水邊和大阪的最後一個季節，到處閃閃發亮。

📎
岸和田山車祭
9 月中旬
舉行祭典時，人們穿著傳統服裝袢纏，搭乘精緻的山車遊行。在日落時分，200 多個燈裝飾成馬車遊行村莊。

✿
大阪菊花祝祭
10 月中旬～ 11 月中旬
在天王寺公園、大阪城等地區以綻放的菊花祭天，可以感受到濃濃的秋意。

✔
冬季促銷購物季
12 月中旬
自 12 月中旬起，中間橫跨聖誕節、元旦，在大型百貨公司、購物中心、品牌專櫃、藥妝店都舉行各種減價活動。可以到大阪享受一年最後一次減價血拼，活動到 1 月底。

Know How

旅遊購物行前須知

MADE IN JAPAN

日本製造

看看最新上市的日本電子商品。一提到日本，腦海中就會浮現 SONY、NIKON、CANON、PANASONIC 等知名電子品牌。若對相機、電腦等電子商品感興趣，可以到 YODOBASHI、BIC CAMERA 等電子購物中心逛逛。

外國人是否有特別的優惠

有些商場在減價期間，對外國觀光客有給予特別的優惠活動。在心齋橋商店街的 TOMMY HILFIGER 門市，只要把護照給店員看，就可以折價 5%，還有許多商店都有類似優惠，這對觀光客真是一大利多。

退貨或換貨須知

購買商品時一定要拿收據，並確認可否退換貨，以前大多數的店員不會說英語，所以您如果不會說日語，在退貨或換貨時，可能會有不便之處，但現在因應大量的中國及台灣觀光客造訪，許多的購物中心都有會講中文的服務人員，逛街更無後顧之憂。

消費稅是否包含在售價內

有的商品售價包括消費稅在內，但有的則已扣除消費稅了。2017 年日本消費稅是 8%，所以消費稅包含在內的價格，就是售價。購買時需確認售價是否包括消費稅。從 2016 年 5 月 1 日起，買滿五千日圓以上就可以退稅，在百貨公司及品牌專櫃，只要示出護照，就會退還 8% 的消費稅（百貨公司退還消費稅時，會扣除 1.1% 手續費）。

準備足夠的現金

百貨公司或購物中心可以使用信用卡，但有不少小店只收現金，所以要用信用卡結帳時，常會出現很尷尬的狀況。到日本旅行時，最好準備足夠的現金。

確認外國人退稅方式

有些百貨公司或知名品牌商店，當觀光客購買到一定金額時，就會退還 8% 的消費稅。百貨公司一般會馬上退還現金，所以結帳時，一定要提出退稅申請。當在百貨公司或商店購買到包括消費稅在內的 5,000 日圓（包括現金）金額以上時，只要示出護照和收據，就會退還扣除手續費後的消費稅金額。而有些藥妝店和唐吉軻德賣場裡，只要在結帳時出示護照，就會自動扣除消費稅。

LIMITED EDITION

日本獨有限量版商品

若您是不喜歡大眾化商品，會想要擁有獨樹一格的限量版商品，Burberry Blue Label、Vivienne Westwood、ANNA SUI、POLO RALPH LAUREN、Calvin Klein 等品牌都有日本限量版商品，這些都是在其他國家買不到的。

百貨公司的優惠券

大部分的百貨公司都會發行觀光客專用的優惠券（COUPON）。一踏入百貨公司後，先到服務台索取優惠券。即使沒有特別的購物計畫，先拿到優惠券後，再去逛百貨公司，當看到喜歡的物品時，就可以使用。

從書店看流行趨勢

若您很在意當季流行趨勢，在購物前，可以到書店逛逛，了解人氣最高的商品和流行趨勢。

台灣和日本電壓不同

台灣和日本的電壓分別是 110 瓦、100 瓦。基本上，電壓變化在 10% 以內的範圍（例如：100V 與 110V），都是可以直接使用，不用擔心電器受損，但還是請在購買前做一下確認。

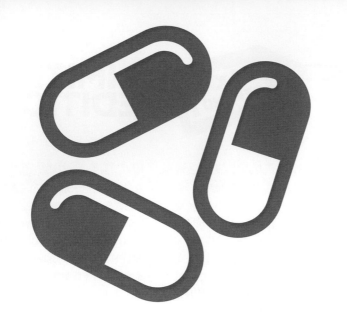

哪裡有最多藥妝店？

光在大阪人氣最高的心齋橋商店街上，就有數十間藥妝店，如松本清、國民藥妝店等大型的藥妝店，還有 Sun 藥妝、Power 藥妝等小型藥妝店。

藥妝店購物 Tips

每間藥妝店的售價有些微的差異

同一種商品在每間藥妝店的售價不同。如果時間充足，最好先逛幾間店後再購買。飯店附近的藥妝店售價通常較昂貴，藥妝店群聚的地方，每間店都會為了吸引顧客而促銷，所以購買前請貨比三家。

飯店附近的藥妝店售價昂貴

位於觀光客多的難波、心齋橋、梅田等地區，飯店附近的藥妝店，銷售對象是觀光客，所以售價較貴，如果真的要買藥妝，強烈建議需要多比價幾間。

CHECK LIST

行前確認清單

☒ 有的商店不可以使用信用卡，需備足夠的現金。

☒ 百貨公司、商店街、超市等地方，常出現同一商品卻售價不同的狀況，
購買前需貨比三家。

☒ 採購電子產品時，須注意帶回國是否可以正常使用的相關問題，包括電
壓台灣和日本的電壓分別是 110 瓦、100 瓦。

☒ 並非所有商店都可以退還消費稅，購物前需確認店家是否可以退稅。

☒ 不同品牌的尺寸及版型皆不同，購買前需試穿看看。

☒ 需注意相同品牌的不同分店，減價商品也會略有不同。

☒ 百貨公司地下食品街商品售價較貴，若想採購食品類商品時，
可以到超市或量販店。

How to

美食、購物一日行程推薦

難波時尚購物一日遊

若想知道目前日本的流行趨勢，就往年輕人聚集的地方去。
難波 PARKS ──→ 難波 CITY ──→ 高島屋百貨公司 ──→ 難波丸井 OIOI

1. 難波 PARKS
難波地區的購物中心。

2. 難波 CITY
與難波站相連的購物地點。

3. 高島屋百貨
總公司設在大阪的日本代表
性百貨公司。

4. 難波丸井 OIOI
20~30 歲年輕女性們愛逛的
百貨公司。

5. 戎橋筋商店街
和難波站相連的戎橋筋
商店街。

四天王寺購物中心

過去四天王寺或新世界以美食街聞名，最近大阪第一高樓阿倍野展望臺落成，成為大阪新購物商圈。位於阿倍野展望臺的近鐵百貨和 Q's MALL，有東京的 SIBUYA109 購物中心進駐，所以在這裡可以感受到東京的氣息。

近鐵百貨 ──→ Solaha ──→ Q's MALL

1. 近鐵百貨
開幕於 2013 的百貨公司。

2. SOLAHA
阿倍野展望臺的時尚
購物中心。

3. Q'S MALL
大阪市區唯一的美式
購物中心。

不管到日本的哪一個城市去旅行，美食永遠是最有魅力的重點行程。大阪也一樣，吃名產、購買當地食材，成為觀光客的必排行程。

黑門市場 → 千日前碗盤商街 → Life 超市 → AEON MART → 阪急 / 阪神百貨

1. 黑門市場
有大阪餐桌之稱的
傳統市場。

2. 千日前碗盤商街
大阪專賣廚房用具的市場。

3. LIFE 超市
小型超市的採購。

4. AEON MART
樣樣俱全的連鎖大型
量販店。

5. 阪急 / 阪神百貨
大阪著名的百貨公司
食品超市。

藥妝店採購行程

哈日族不可錯過的藥妝店，可以購買到品質佳的平價商品。多到數不清的藥妝店，請記得購物前貨比三家是必須的。

心齋橋商店街 → 大丸百貨 → 美國村 → 堀江

1. 心齋橋商店街
有多達 170 間商店
相連的商店街。

2. 大丸百貨
和心齋橋站相連的
百貨公司。

3. 美國村
大阪時尚商店街。

4. 堀江
特色小店密集的地方，
有橘子街之稱。

百貨公司購物行程

大阪百貨公司的購物空間讓人逛起來覺得很舒服，動線規劃零壓迫感。

大丸百貨 ⟶ LUCUA ⟶ 阪急百貨 ⟶ Hep Five ⟶ ESTO ⟶ 阪急三番街

1. 大丸百貨
有 200 多個日本本土品牌和知名品牌的百貨公司。

2. LUCUA
10~20 歲年輕人喜歡造訪的地方。

3. 阪急百貨
大阪知名百貨公司。

4. HEP FIVE
有將近 170 家小商店進駐，有個著名紅色摩天輪，如果有大阪周遊卡即可免費搭乘。

5. ESTO
有很多年輕族群喜愛的中低價位品牌店舖。

6. 阪急三番街
和阪急梅田站相連，有 300 多個店舖，是多元又寬闊的商場。

生活用品、室內裝飾品購物行程

有很多獨特日本風格的創意家居飾品店，不僅是簡約設計且實用的產品，售價也合理。

ASOKO ⟶ Flying Tiger Copenhagen ⟶ 無印良品 ⟶ Afternoon Tea Living ⟶ FrancFranc

1. ASOKO
ASOKO 是發源自日本的雜貨店，以「讓日常充滿更多的感謝與幸福感」為概念，非常受日本女性歡迎。目前日本共有四家分店。

2. FLYING TIGER COPENHAGEN
北歐風家居生活用品、飾品專賣店，非常平價且值得購買。

3. 無印良品
台灣也有分店的生活用品專賣店。

4. AFTERNOON TEA LIVING
自然簡約風的家居飾品專賣店。

5. FRANCFRANC
已進軍諸多國家的北歐家居飾品專賣店。

大阪是離台灣很近的日本城市，相對東京也沒那麼擁擠，機票的促銷活動更是頻繁，再加上日幣貶值的利多，使得兩天一夜、三天兩夜行程的哈日族日漸增加。所以要如何安排行程，計畫省時便利的購物行程就很重要。

🕙 上午 難波

難波 PARKS 或難波 City、高島屋百貨、
難波丸井 OIOI 國際品牌或本地品牌／複合式品牌商店（BEAMS、Journal、Niko and、United Arrows、Tomorrowland）──→家居飾品專賣店（無印良品、Afternoon Tea Living、FrancFranc、Loft）

1. 難波 PARKS
難波地區的代表性
購物中心。

2. 難波 CITY
和難波站相連的購物
商店街。

3. 高島屋百貨
總公司設在大阪的日本代表
性百貨公司。

4. 難波丸井 OIOI
20~30 歲年輕女性朋友們愛
逛的時尚百貨公司。

🕙 下午 從戎橋商店街到心齋橋

藥妝店（國民藥妝店、大國藥妝店、松本清藥妝店、Sun 藥妝店、Power 藥妝店）──→世界知名流行品牌購物（ZARA、H&M、UNIQLO、Bershka、MONKI）──→年輕族群的時尚購物（CECIL MCBEE、WEGO、ABC 超市）──→大丸百貨地下食品館的美食採購

1. 戎橋商店街
難波首屈一指的購物地點。

2. 心齋橋商店街
難波地區人潮最多的
購物街。

3. 大丸百貨
心齋橋的代表性百貨公司。

Shopping Here

大阪購物懶人包

📎 日本知名品牌

日本有不少在世界各地熱銷的知名品牌。有反映日本流行趨勢的本土品牌 BEAMS、散發獨特風格的 LOWRYS FARM、結合時尚感和簡約感的 JOURNAL STANDARD 等。此外，還有 ROSEBUD、URBAN RESEARCH、UNITED ARROWS 等，都有不錯的成績，品牌成立初期採複合式商店型態，現在自家品牌商品佔 60% 以上。還有無印良品或 UNIQLO 等，請記得抽空逛逛。

📎 採購家居生活飾品的必逛之地

世界上沒有其他國家比日本更熱愛室內佈置。而這樣的熱情反映在銷售市場上，日本有很多簡約風格的家居飾品專賣店，例如我們熟知的無印良品（MUJI）、LOFT、FRANC FRANC、TOKYU HANDS、FLYING TIGER COPENHANGAN，還有 3COINS 等。商品從中低價位到高價位都有，任君挑選，挑一些讓自己的小窩重新閃閃發亮的商品吧！

🖇 在藥妝店採買，別忘了比價

光在大阪的心齋橋，就有數十個藥妝店。大大小小間的藥妝店多到數不清，但其實商品大同小異。一般受歡迎的商品都陳列在店面顯眼的地方，貼上海報促銷。各藥妝店的商品售價都不太一樣，即使是兩間開在對面的藥妝店，商品售價也可能不同，大型量販店或連鎖藥妝店的售價會較小型藥妝店售價貴。所以最好在逛了幾間藥妝店後，再開始購買，才是明智之舉。

🖇 時尚品牌的春秋戰國時代

全世界品牌就在大阪心齋橋商店街上展開激烈的角逐戰。包括日本本土品牌 UNIQLO& 旗下的 GU、西班牙的 ZARA 和 BERSHKA、瑞典的 H&M 和 MONKI、英國的 TOPSHOP 和 TOP MEN 等等。

🖇 在二手名牌商店裡挑出
　　星星般的寶物

在日本各種名牌的二手商品交易活躍。造訪道頓堀的唐吉軻德或心齋橋的二手商品店時，只要用心挑選，就可能以 50% 折扣價購買到精品。

大阪市區有免稅店嗎?

YES

大阪唯一的免稅店就是在關西國際機場,但其實售價並不是那麼有競爭力。

大阪有 Outlet 嗎?

YES

有 RINKU PREMIUM OUTLET(臨空港 OUTLET),MITSUI OUTLET PARK(三井 OUTLET)等 OUTLET 連鎖品牌。過季商品的減價幅度會達到 70~80%。

大阪是否有複合式商店?

YES

日本的零售產業現在大多是複合式商店。在服飾專櫃裡,連傢俱、食品、廚房用品等也都一起販售,在書店裡也販售時尚雜貨。

YES OR NO

大阪購物 Q&A

大阪有超值量販店嗎?

YES

在台灣也有很多分店的大創百貨是零售百貨公司。著名的唐吉軻德、AEON 超市、3COINS 等等,都會販售一些超值商品,不可錯過。

大阪的商店售價都一致嗎?

NO

不是定價制,所以相同品牌的商品,在不同商店的售價也不同。若同一商品要大量採購時,一定要貨比三家。

大阪有夜市嗎?

NO

和台灣不一樣的地方就是大阪沒有夜市。無論是超市、百貨公司或是書店,都是營業到晚上 9~10 點左右。

大阪有 24 小時營業的購物中心?

YES

大阪市區的所有商店和百貨公司都在晚上九點左右關門。但大阪市區有為晚上九點以後還想採購的購物狂準備的空間,那就是位於道頓堀的唐吉軻德,這是一間綜合百貨商店。(其他分店也有 24 小時營業)。

大阪有二手商店嗎?

YES

日本的二手名牌商品交易十分活躍,有連鎖二手店,也有個人經營的特色小商店。

大阪可以退稅嗎?

YES

可以。只要消費超過 5000 日圓即可馬上辦理退稅。不僅在百貨公司,現在連在藥妝店也可直接退稅。有些店會退還扣除 1.1% 手續費的消費稅金額。

大阪有地鐵一日乘車券嗎?

YES

這是為觀光客設計的一日乘車券。平日 600 日圓,周末 800 日圓,可不限次數搭乘地鐵。尤其有打算到三井 OULET PARK 的人,一日券就是必備的。

大阪有販售日本當地的限量版商品嗎?

YES

喜歡限量版的日本,當然有販售只有在日本才發行的限量版。不僅有日本品牌,也有和知名設計師一起合作的商品。

大阪有迪士尼專賣店嗎?

YES

迪士尼可愛的布偶在日本一直很受歡迎,在大阪也設有分店,所以不一定要到東京的迪士尼樂園購買。

大阪是免稅區嗎?

NO

日本不是免稅國。但對於觀光客會退還消費稅。但並不是每家商店都會退還消費稅,購物前需事先確認。

大阪私房血拼地點特搜

Shopping In

OSAKA

大阪傳統市場

TENJINBASHI
天神橋商店街

天神橋商店街以日本最長的市場聞名。最初創立於 1860 年代，一直營業到現在。全長約為 2.7 公里，需花 40~50 分鐘左右才可以完全逛完。約有 600 個店舖，銷售服飾、飾品、生活雜貨、陶瓷器、餐廳、西餅店等各類商品，堪稱什麼都有，什麼都不奇怪。

🗺 大阪市北區天神橋商店街
　1 丁目 ~6 丁目
🕐 10:00~21:00
　（各店舖營業時間不一）
🚇 堺筋線南森町站、扇町站、
　天神橋筋六丁目站
🌐 tenjin.123.com

KUROMON
黑門市場

黑門市場是負起大阪市民餐桌責任的最大市場。成立自江戶時代，販售食材、日常生活用品、服飾、以及其他一般傳統市場裡不容錯過的美食、新鮮生魚片等。

🗺 大阪市中央區日本橋 1 丁
　目、2 丁目
🕐 09:00~18:00
　（各店舖營業時間不一）
🚇 大阪市營地下鐵千日前
　線日本橋站 10 號出口
🌐 www.kuromon.com

SENNICHIMAE
千日前商店街

千日前商店街是一條廚房工具街，不是傳統市場型態，而是大樓店舖型態。在這裡可以找到各種日本簡約風的廚房用品、碗盤、瓷器等。

🗺 大阪市千日前商店街
🕐 08:00~19:00
　（各店舖營業時間不一）
🚇 大阪市營地下鐵千日前線
　日本橋站 5 號出口
🌐 www.doguyasuji.or.jp

享受大阪傳統市場購物樂趣

大阪的傳統市場散發出市民的樸素氛圍，若想瞭解大阪市民的日常生活，就一定要到傳統市場去。逛逛常有熟客光顧的歷史悠久老字號店舖，邊品嚐點心，邊享受悠閒的心情。若時間上充足，請記得遠離繁華的街道，到充滿人情味的傳統市場，體會大阪不同的風貌。

✐ Tip

在傳統市場裡不可以使用信用卡，需事先準備好足夠的現金。

OSAKA

HOME GOODS

個性十足的室內設計在這裡就能滿足！

FLYING TIGER COPENHAGEN
這是一家大阪最受歡迎的家居飾品專賣店，若您想購買到價位親民的家居實用飾品時，來這間店就對了。

美國村店
🏠 大阪市中央西心齋區 2-10-24
☎ 06-4708-3128 ⏰ 11:00~20:00
🚇 地鐵心齋橋站
🌐 www.flyingtiger.jp

無印良品

MUJI
無印良品

這是一間販售日常家居用品的專賣店。產品種類繁多，包括衛浴用品、寢室用品、客廳傢俱、家居飾品、衣服、鞋子、皮包、食品等。售價比台灣便宜許多，讓人流連忘返。販售製作各種餅乾或蛋糕所需的各種食材、茶葉等，可以送給朋友作為禮物。

難波 City 店
🏠 大阪府大阪市難波 5-1-60
city 南館 1 樓
☎ 06-6644-2688
⏰ 10:00~21:00

@ 分店
難波、GRAND FRONT OSAKA

感受到日本獨特設計風格的空間

實用與獨特的設計飾品和生活用品為大阪血拚之行增添不同趣味。包括風格樸實、簡單的無印良品。此外，之前曾在台灣設分店的 Franc Franc、乾淨俐落的北歐實用風格的 FLYING TIGER COPENHAGEN、販售各種生活用品和小物的 Afternoon tea、創意家居用品專賣店 Times Comfort、大阪最受歡迎的 ASOKO 等，都是佈置居家環境時，最佳創意材料的採購地點。

ASOKO

這是一間創意家居專賣店，販售文具、創意商品、家居飾品等。店裡稀奇古怪的飾品和音樂，讓購物者享受到視覺和聽覺的愉快感。獨特帶詼諧感的設計，獨具巧思的創意商品等，相當吸引消費者的目光。因為非常實用，若對每件商品都感興趣時，就會像掉入黑洞一樣，走不出來了。

堀江店
🏠 大阪府大阪市西區南堀江 1-19-23
☎ 06-6535-9461 🕐 11:00~20:00
🌐 www.asoko-jpn.com

FRANC FRANC

20~30 歲女性朋友們喜好的品牌，販售北歐風家居飾品、文具、家俱等。因商品款式、色彩鮮艷的時尚飾品等受到大眾的歡迎。在這裡可以採購到女性朋友們喜好的家居飾品、時尚配件。

梅田店
🏠 大阪府大阪市北區芝田 1-1-3
阪急三番街北館 1-2 樓
☎ 06-4802-5521
🕐 10:00 ～ 21:00

📎 分店
阪急三番街、LUCUA、
難波 PARKS、心齋橋

LOFT

店裡有很多可愛的日式商品，種類繁多，包括文具、飾品、化妝品等女性朋友們喜愛的商品。有日本傳統工藝品或手工藝品，若想要採購日本風紀念品，到這裡就對了！到這裡必買的推薦商品為筆具、筆記本、月曆等。

梅田店
🏠 大阪市北區茶屋町 16-7
☎ 06-6359-0111
🕐 10:30~21:00
🌐 www.loft.co.jp

📎 各樓層介紹
B1 樓
電影院
1 樓
時尚配件、旅行用品
2 樓
護膚、健康
3 樓
廚房、寢具、家具、小品
4 樓
室內設計
5 樓
皮包、時尚雜貨、運動休閒
6 樓
文具、信用卡、文具、禮物商品
7 樓
書店、雜貨、Village Vanguard
8 樓
樂器、音樂

📎 分店
LUCUA、難波

AFTERNOON TEA LIVING

這是一間深受主婦喜愛的家飾專賣店。商品風格簡樸，又不失其獨特性，以自然的簡約風格為主。這些商品相當受到 30 歲以上想佈置舒適居家環境的女性喜愛。若您想買時尚又簡單的都市風格家居飾品時，可以到這裡逛一下。

梅田地下街
🏠 大阪市北區小松原町梅田
地下街 4 ～ 8
☎ 06-6361-7410
🕐 10:00~21:00
🌐 www.afternoon-tea.net

📎 分店
大丸百貨梅田店、阪神百貨梅田店、
難波 City、大丸百貨心齋橋店

TIMELESS COMFORT

這是一間標榜簡約風格的創意家飾專賣店，有販售浴室用品、家俱、簡單食材等。此外，還可以看到碗盤、櫥具、芳香劑等各種商品。旁邊就有咖啡館，可在購物後，稍做休息再繼續血拚。

堀江店
🏠 大阪市西區南堀江 1-19-26
☎ 06-6533-8620
🕐 11:00~20:00
🌐 www.timelesscomfort.com

OSAKA

LOCAL BRANDS

日本知名本土品牌

在國際也頗具知名度的日本品牌

日本是亞洲時尚中心，各種本土品牌受到大眾的喜愛。有日本國民品牌 UNIQLO、去日本旅行時必買的川久保玲（Comme des Garcons）、以 Miranda May Kerr（米蘭達・寇兒）為代言人而受到歡迎的 SAMANTHA 等各種日本品牌。最近因日圓貶值的關係，以 BAO BAO 包聞名的三宅一生，在近期也紅遍半邊天。

Tip

因日幣貶值商品售價變得較為親民且到日本購物又更有吸引力了，各個專櫃都會有特價區，不可錯過。

CECIL MCBEE

這是日本 20 多歲女性朋友喜愛的中低價位時尚品牌，有皮包、皮夾、皮鞋、飾品等商品，人氣很夯。商品售價親民，能將時尚造型一次買到位的地點。

心齋橋
🏠 大阪市中央區心齋橋筋 2-5-3
☎ 06-6213-2730 🕐 11:00~21:00
🌐 cecilmcbee.jp
🔗 分店
OPA、Hep Five、LUCUA

HARE

日本代表性中低價位男仕複合式精品商店。售價低廉，款式及品質都很精緻。販售日本街頭最新流行的服飾、鞋子、飾品、眼鏡等。

難波丸井百貨
🏠 大阪市中央區難波 3-8-9 6 樓
☎ 06-7633-7788 🕐 11:00~20:30
🔗 分店
梅田、Hep Five、天王寺

LOWRYS FARM

這是最近最受日本 10~20 歲年輕族群青睞的時尚品牌，快速解析世界最新的流行時尚，並將之融入服飾款式中。

難波 PARKS
🏠 大阪市中央區心齋橋筋 1-5-22
芝蚖香 2 樓
☎ 06-4963-5811 🕐 11:00~21:00
🔗 分店
心齋橋、LUCUA

UNIQLO

日本代表性國民時尚品牌，以合理售價、及簡單基本款為主打，深受日本國民喜愛。已進軍台灣、韓國、香港、中國、新加坡等亞洲地區，也在美國紐約蘇活區設立分店，是亞洲的代表性國際品牌。日本賣場的商品款式和顏色比台灣分店更多樣化，而且可以以便宜 15~20% 的價格購買到，還有販售日本限量版的各種品牌合作商品，令人心動不已。

心齋橋店
🏠 大阪市中央區心齋橋筋 1-2-17
B1-4 階
☎ 06-4963-9172 🕐 11:00~2100
🔗 分店
丸井 OIOI、阿倍野 Q's MALL、
阪急百貨、LUCUA

GU

UNIQLO 旗下品牌，售價較 UNIQLO 又更便宜了 20~30%。有的顧客可能會覺得商品售價低廉，款式或品質可能不怎樣，但其實不然。除了男女服飾外，還有鞋子、飾品、手提包、圍巾、內衣等各種商品。這個品牌的最大魅力在於常有特惠活動，每隔幾天就會更新品上市，所以為了提高新品的上市率，需快速清理庫存而時常促銷。

心齋橋店
🏠 大阪市中央區心齋橋筋 2-1-17
☎ 06-6484-3304 🕐 11:00~21:00
🌐 www.gu-global.com
🔗 分店
Aeon Mall、NU 茶屋町

COMME DES GARCONS

日本設計師川久保玲於 1973 年創設的品牌，品牌名稱 Comme des Garcons，是以法語命名的，有宛若男孩的意思。商品以簡約風格挑戰傳統設計的款式為主，在時尚界造成極大的迴響。是好萊塢明星都指定愛用的設計師品牌。

難波 PARKS
🏠 大阪市浪速區難波中 2-10-70
☎ 06-6641-5670 🕐 11:00~21:00
🔗 分店
NU 茶屋町、阪急男仕館

OSAKA

Samantha Thavasa

SAMANTHA THAVASA

好萊塢明星愛用的品牌。將時尚和粉嫩色彩結合,創作出各種款式的皮包和配件,在短時間內就在時尚圈竄起,成為日本的代表性時尚品牌。除了基本款外,還有針對各個年齡層設計的款式。

大丸百貨
🏠 大阪市中央區心齋橋筋 1-4-20 大丸百貨店
☎ 06-6251-9936 🕐 11:00~20:30
🌐 www.samantha.co.jp

@ 分店
梅田 EST、阪急三番街、阪急百貨、阪神百貨、大丸百貨、竹島、LUCUA、OPA、近鐵百貨、難波丸井、關西國際機場。

TAKEO KIKUCHI

TAKEO KIKUCHI

日本代表性男仕服飾品牌,深受日本時尚男士們的肯定。設計是以流行中帶點個性,傳統中又不失前衛的倫敦風,台灣也有分店。男性經典西裝、休閒服的人氣都很高。

丸井 OIOI 百貨
🏠 大阪市中央區難波 3 丁目 8~9
☎ 06-6634-0101
🕐 11:00~20:30, 國定假日 11:00~20:00
🌐 store.world.co.jp/s/takeokikuchi

@ 分店
大丸百貨、梅田阪急百貨、難波 CITY 百貨

niko and ...

NIKO AND

這個品牌以自然風格的基本款為主打,是一間複合式商店。白色或綠色等大地色商品深受顧客的喜愛。此外,還有創意家居類商品,將自然風帶入家庭裡。其他鄉村風格文具類商品、飾品、小物等,也都值得參觀。

難波 PARKS
🏠 大阪市浪速區難波中 2-10-70
☎ 06-6646-1090 🕐 11:00~21:00
🌐 www.nikoand.jp

@ 分店
阿倍野 Q's MALL、LUCUA

COMME CA STYLE

這是一間日本的時尚品牌,標榜「時尚家庭」,男裝、女裝、西裝、休閒服、童裝,都以同一概念設計出來的時尚商品,深受顧客的喜愛。它主張時尚風格服飾並不一定要價格昂貴,是售價親民的最強家居時尚店,在日本時尚市場佔有一席之地。

難波 PARKS
🏠 大阪市浪速區難波中 2-10-70
☎ 06-6641-5670
🕐 11:00~21:00

@ 分店
梅田阪急百貨、阿倍野 Q's MALL、Yodobashi Camera

BAOBAO
ISSEY MIYAKE

BAO BAO ISSEY MIYAKE

曾師承巴黎著名設計師的三宅一生以自己的名字創立的品牌。即使不知道這個名牌的顧客,只要在街道上看到很顯眼的獨特造型 BAO BAO 包,就是他的作品。但有規定一個人可以採購的數量,經常出現早上一開店營業,商品就馬上賣完的情況。

近鐵店
🏠 大阪市阿倍野區阿倍野筋 1-1-43
近鐵本店一館 3 樓
☎ 06-6654-6268 🕐 10:00~21:00

GIFT SHOP

🏠 | 大阪

採購日本紀念品的最佳地點

OMIYAGE MARKET

這是一間位於道頓崛美食街的紀念品專賣店。販售日式餅乾、西餅、麻糬等可以作為禮品用的糕餅。此外，還販售日本最美味的章魚燒、日式煎餅、大阪燒等，各種凱蒂貓造型的創意用品，也很受歡迎。

🏠 大阪府大阪市此花區鳥屋
　 6 丁目 2-61
☎ 06-6464-5630
🕐 09:00~22:00
🚇 地下鐵御堂筋線、千日前線、四橋線
　 的難波站 14 號出口

ICHIBIRIAN
いちびり庵

這是一間大阪紀念品專賣店，販售各種紀念品，此外還有創意文具、手機配件、食品等老少咸宜的物品。位於通往南海站的戎橋商店街裡，可以安排在旅行的最後一天到機場前先去逛逛。

戎橋店
🏠 大阪府中央區難波 1-7-2
☎ 06-6211-0685 🕐 10:30~21:00
🚇 地下鐵御堂筋線、千日前線、四橋線
　 的難波站 14 號出口
🌐 www.ichibirian.net

文具、紀念品、食品等一次採購到位

到日本去玩一定要購買的物品，就是紀念品和當地特產。這裡不只有外國觀光客，也會其他地區的日本觀光客，而且一般都會購買一些當地特產或紀念品送給公司同事或鄰居。位於戎橋的 ICHIBIRIAN 和 OMIYAGE MARKET 販售關西、大阪風味的紀念品和禮品，是送給親朋好友伴手禮的最佳購買地點。日本著名的道頓崛，商店密集分佈，有一定要嚐的章魚燒、大阪的戀人、草莓麻糬等。關西國際機場有大阪、神戶、東京的名產，裝箱的食品只要在出國前再購買即可。

BOOK STORE

一起到大阪的書店當文青吧！

到書店逛逛感受日本的人文氣息

若想知道那個國家的國民知識水準，只要到書店逛逛，就可以一窺一二。一踏入日本書店時，就可以看到各種年齡層的人正在閱讀書籍的景觀。看看教育書籍、漫畫、旅行書籍、時尚雜誌、專業書籍、攝影書等等。在書店中可以閱讀書籍，亦或在書店附設的咖啡館裡休息，享受人文氣息。

BOOK OFF

日本最大的二手書專賣店。不久之前將店面擴大，增加產品品項至知名品牌、服飾、時尚小物等。新出刊的雜誌有時候也會有便宜 50% 的促銷，二手商品偶爾還可以用更驚喜的價格購買到。

難波店
🏠 大阪市中央區難波 1 丁目 5-16
☎ 06-6214-2080 ⏰ 10:00~22:00
🚇 南海地下鐵難波站、地下鐵御堂筋線、千日前線、四橋線的難波站 14 號出口
🌐 www.bookoff.co.jp

STANDARD BOOKSTORE

散發常春藤名校氣息的美國鄉村風書店。最初是藝術書籍專賣店，現在已發展成全方位領域的書店。因柔和的燈光和鄉村風設計感，而受到大阪人的喜愛。除了書籍外，在地下室還販售各種文具和家居飾品等。若想感受一本書籍和一杯咖啡的悠閒時，可以去地下室的咖啡廳。

心齋橋店
🏠 大阪市中央區西心齋橋 2-2-12 1F
☎ 06-6484-2239 ⏰ 11:00~22:30
🚇 地下鐵御堂筋線、長堀鶴見綠地線的心齋橋站 7 號出口
🌐 www.standardbookstore.com

VILLAGE VANGUARD

這是一間大阪最受歡迎的特色主題書店，打破書店與文具店之間的隔閡。依照主題陳列書籍、時尚配件、小物、雜貨等，使其自然融為一體。
與其說是書店，不如說是家搞怪的雜貨店，裡面賣的東西五花八門，連食物都有賣，想買些趣味小物，來這邊準沒錯。是間以迷宮概念設計的書店，非常有趣。

心齋橋店
🏠 大阪市中央區西心齋橋 1 丁目 10-28
☎ 06-6258-0070 ⏰ 11:00~23:00
🚇 地鐵御堂筋線、長堀鶴見綠地線的心齋橋站 7 號出口
🌐 www.village-v.co.jp

ATHENS

心齋橋商店街上唯一的正統書店，販售雜誌、時尚、設計、電影、藝術領域等類型的書籍。晚上營業到 10 點，所以可以悠閒地慢慢逛書店。

心齋橋店
🏠 大阪市中央區西心齋橋 1 丁目 10-28
☎ 06-6253-0185 ⏰ 10:00~22:00
🚇 地鐵御堂筋線、四橋線、長堀鶴見綠地線的心齋橋站 7 號出口
🌐 www.athens.co.jp

MARUZEN & JUNKUDO

大阪最大型的書店，七樓高的建築物，擁有 200 多萬本藏書。書店像是個整理得很整齊的圖書館一樣，氣氛寧靜，適合閱讀。日本雜誌、實用類書籍等，有時候也會出現減價 50% 以上的活動，試著張大眼睛找看看。

梅田店
🏠 大阪市北區梅田 1 丁目 8-16
☎ 06-6343-8444 ⏰ 11:00~22:00
🚇 地下鐵御堂筋線梅田站 1 號出口

TSUTAYA

位於心齋橋入口的 CD、DVD 專賣店。過去以販售圖書為主，現在以販售 CD、DVD 為主。1、2 樓有星巴克，購物結束後，可以坐下來喝杯咖啡，讓疲憊的雙腳休息一下。星巴克營業到凌晨 4 點，在夜深人靜想要品嚐一杯咖啡時，就可以到這裡來。

難波店
🏠 大阪市中央區道頓崛 1-8-19
☎ 06-6214-6262 ⏰ 08:00~04:00
🚇 南海地下鐵難波站、地下鐵御堂筋線、千日前線、四橋線的難波站 14 號出口
🌐 www.tsutaya.co.jp

SELECT SHOP

超高人氣的日本選品店

購物新風氣－複合式精品店

具有獨特色彩的本地品牌成為日本觀光的宣傳招牌，若不想逛千篇一律的品牌時，可以到這裡來參觀這些具有獨特風格的商店。URBAN RESEARCH 這個牌子最近在台灣也開了實體店面，在日本，它是一個日本代表性的家居用品品牌，販售時尚、家居飾品、食品等。在這裡，不僅可以看到許多美式風格的品牌，還有歐洲新銳設計師的商品。Tomorrow、United Arrows 雖然是後來設立的商店，卻也是日本代表性精品店，滿足不同年齡層的時尚需求。來逛逛這些精品店，看看世界時尚、生活流行趨勢。

📎 **Tip**

精品店裡的商品售價較高，但最近因為日圓貶值，再加上退稅，買國際精品就不再是負擔。

URBAN RESEARCH

以 20~30 歲上班族為主的休閒精品店。時尚的基本款一直受到人們的喜愛。商品以時尚為主，還包括家俱、裝潢用品、護膚用品、兒童用品、有機用品等，現在在台灣也有實體店面了。

心齋橋店
🏠 大阪市中央區心齋橋筋
1-6-5
☎ 06-6251-0346
🕙 11:00~21:00
🌐 www.urban-research.com

🔗 分店
LUCUA、ESTO、堀江

BEAMS

日本代表性的精品店，同時販售自家品牌的商品和進口品。自 1976 年創建以來，以自然風格和高級素材製作出來的商品，受到大眾的青睞。服飾種類擴展至男裝、女裝、童裝、家居服、高爾夫服飾等。

心齋橋店
🏠 大阪市中央區心齋橋筋
1-6-27 1F-2F
☎ 06-6121-8511
🕙 11:00~21:00
🌐 www.beams.co.jp

🔗 分店
Hep Five、LUCUA、Grand Front

JOURNAL STANDARD

將美國休閒風與日本簡約風做結合的基本款設計。除了生產自家品牌商品外，還有販售歐洲新設計師設計的商品，受到時尚消費者的青睞。

難波店
🏠 大阪市中央區難波 5-1-60，B1F
☎ 06-6644-2415
🕙 10:00~21:00
🌐 journal-standard.jp

🔗 分店
LUCUA、心齋橋商店街、堀江

TOMORROW LAND

傳遞歐洲奢華風格的精品店。除了自家品牌的商品外，還介紹義大利、法國、西班牙等各種當地品牌商品。保持基本款的特色，又不失流行的商品，很受到歡迎。

LUCUA 店
🏠 大阪市北區梅田 3 丁目 1-3，
LUCUA 4F
☎ 06-6347-0965
🕙 10:00~21:00
🌐 www.tomorrowland.co.jp

🔗 分店
梅田阪急百貨、高島屋

UNITED ARROWS

休閒風格的日本複合式品牌。結合最優良的材質、傳統、流行款式為主打，深受日本商業人士的喜愛。比其他類似品牌的售價更高，主打客層為 30~40 歲上班族。

心齋橋店
🏠 大阪市中央區心齋橋筋 1-7-1，
大丸心齋橋店北館 1F
☎ 06-6241-6695
🕙 10:00~20:30
🌐 www.united-arrows.co.jp

🔗 分店
難波 PARKS、LUCUA

HISTERIC GLAMOUR

東京出身的北村信彥所創設的品牌，是最受 20 多歲日本年輕人喜愛的品牌。設計街頭個性和嘻哈的款式，受到日本藝人的青睞。最初只生產女性休閒服，再逐漸擴展至男裝、童裝，現已發展成全方位品牌。商品價位稍微偏高，適合追求獨特風格的時尚者。

堀江店
🏠 大阪市西區南堀江 1-20-10
☎ 06-6538-6722
🕙 星期一 ~ 五 12:00~20:00
星期日 11:00~20:00

🔗 分店
LUCUA、難波 PARKS、ESTO

ELECTRONICS STORE

3C 愛好者的遊樂園

便宜又超值的 3C 天堂

在尖端遊戲機及動畫產業的世界領導者——日本，許多商品都受到各國粉絲的追捧。若需要攝影機或電子商品時，就可以到位於大阪市區的 YODOBASHI、BIC CAMERA、YAMADA LAB1 等電子購物中心，購買各種電子商品。還有販售 CANON、NIKON 等日本品牌的相機，喜愛攝影的朋友一定要去逛一下。

Tip

電電城（Denden Town）離大阪市區有點距離。對日本動畫人物商品有興趣的粉絲，這裡不能不來。

DENDEN TOWN
でんでんタウン電電城

可說是大阪的秋葉原，大阪的代表性電子商店街，隨著最近大型電子商城在大阪市區設立分店，電電城的人氣漸下降，但動畫和遊戲機還是有很大市場，因此，這聚集了許多專為這些粉絲製作的公仔、卡通造型人物商品、模型等商店。

🏠 大阪市浪速區日本橋惠美須町
🕐 10:00~20:00 🚇 地下鐵千日前線日本橋站 5 號出口
🌐 www.denden-town.or.jp

DENKI LAB 1

DENKI LAB1 位於難波 PARKS 後側，在逛完難波 PARKS後，可以到此逛逛。但與 YODOBASHI、BIC CAMERA 相較之下，賣場內販售的商品品牌較少，但商品的陳列方式和氛圍較乾淨，可以讓顧客在清爽環境中購物。

🏠 大阪市浪速區難波中 2 丁目 11 番 35 號
☎ 06-6649-8171 🕐 10:00~22:00
🚇 地下鐵御堂筋線、南海地下鐵難波站 1 號出口
🌐 www.,yamada-denkiweb.com

BIC CAMERA

BIC CAMERA 位於離難波和心齋橋商店街不遠的地方，是觀光客最愛造訪的地方。賣場規模較 YODOBASHI 小，但販售的商品種類和其他電子商城大同小異。

🏠 大阪市中央區前日前 2-10-1
☎ 06-6634-1111
🕐 10:00~21:00
🚇 位於難波站和日本橋站的中間
（從地下鐵千日前線日本橋站 2 號出口出來，
往難波站 3 號出口步行 3 分鐘）
🌐 www.biccamera.co.jp

YODOBASHI CAMERA

因賣場規模大且商品多樣化，是最推薦的電子商城。販售各種品牌的產品、電子周邊商品。高樓層還有 Comme Ca style、UNIQLO、THE SUIT COMPANY 等日本品牌和時尚配件店舖，到這裡就能將許多商品一次採購到位。

🏠 大阪市北區大深町 1-1
☎ 06-4802-1010 🕐 09:30~22:00
🚇 地下鐵御堂筋線梅田站、JR 大阪站 5 號出口
🌐 www.yodobashi.com

OSAKA

東急手創館

獨特創意商品的天堂

這是一間日本原創的創意家居百貨公司。以獨特的設計感和富創意的商品為主，須先列出購物清單，才能在有限時間之內逛完家居產品、廚房用具、衛浴用品、化妝品、文具、飾品、旅行用品、傢俱、寢具、健康用品等數萬種的產品。TOKYU HANDS 在大阪就有四間分店，心齋橋分店是關西地區最大規模的賣場，從地下 1 樓到地上 8 樓都陳列著滿滿的商品。在梅田、阿倍野 Q's MALL 等地都設有分店，在各個分店服務台出示護照，即可獲得 5% 的減價優惠券，結帳時出示優惠券即可。有些店舖還會將消費稅退還給觀光客，購買前可先確認清楚。

TOKYU HANDS
🏠 大阪市中央區南船場
3-4-12
☎ 06-6243-3111
🕙 10:30~20:30
🚇 地下鐵御堂筋線心齋橋站
7 號出口
🌐 www.tokyu-hands.co.jp

來日本必逛的百元商店

DAISO

忘記到目前為止您所認識的 DAISO。日本 DAISO 和台灣 DAISO 的商品種類完全不同。販售各種很多超乎我們想像外的商品，100 日圓售價的商品物超所值，不論是品質或設計都很值得購買。

心齋橋
🏠 大阪市中央區南船場 3 丁目 10-3
☎ 06-6253-8540
🕙 10:00 ~ 21:00
🚇 地下鐵千日前線、御堂筋線
心齋橋站 6 號出口

🔗 分店
心齋橋商店街、Haiti Guetta

3COINS

擁有無印良品般的商品風格和品質，但卻是 DAISO 般的售價，在生活用品類中，引起一陣旋風。獨特款式的實用商品，就如同店名一樣，全都是 300 日圓，販售各種裝飾物品、家庭用品、廚房用品、飾品、文具等。

難波 CITY
🏠 大阪市中央區難波 5-1-60
CITY 南館 2F
☎ 06-6644-2403 🕙 10:00~21:00

🔗 分店
心齋橋、長堀橋

錯過可惜的百元折扣商店

大阪的各個角落都有販售這種物美價廉的百元商店。在台灣已有分店的 DAISO，就是日資連鎖店。DAISO 的大部分商品售價為含消費稅在內的 108 日圓，所以是觀光客和當地人都愛去的生活折扣商店，最適合想省錢又想買得過癮的觀光客們。到目前為止台灣人對於 3COIN 這個名稱仍感到陌生，賣場規模比 DAISO 小，但一直受到日本當地人的喜愛，遍布日本各地，商品款式比 DAISO 更多樣化，而受到好評。

OSAKA

日本最好的茶葉專賣店

OSAKA

台灣也有門市的「碧綠茶園」

這是一間日本品質最優良的茶葉專賣店，販售 200 多種茶。顧客可以在店員的協助下，選擇有益身心健康的茶葉，在大阪或日本其他地區都有分店，有些城市的分店會有獨家販售的茶葉。就烏龍茶而言，就有許多口味，以芒果、藍莓、鳳梨等口味最受歡迎，尤其鳳梨口味很快就會賣完。若想沉醉在茶的幽香中，就來逛逛 LUPICIA，購買茶葉時連店裡販售的湯匙也能一起購買，才可以將茶的味道調到恰到好處，更有許多精美的周邊商品可選購。

🐪 **LUPICIA**

LUPICIA
📍 大阪市北區梅田 1-13-13
　 阪神百貨店 B1F
☎ 06-4798-9133
🕐 星期三～六 10:00~21:00
　 星期一～二 10:00~20:00
🚇 與地下鐵御堂筋線梅田
　 站相連的地下街
🌐 www.lupicia.com

@ 分店
阪神梅田、近鐵百貨、難波
PARKS、阿倍野 Q's MALL、
LUCUA、阪急梅田

124

阿卡將婦幼購物中心

從懷孕到育嬰所需的商品都在這裡

從懷孕、生產、新生兒到育嬰所需產品應有盡有，在這裡可以解決媽媽們所有的需求。生產用品、育嬰用品、衣服、奶粉、尿布、離乳食品、玩具等商品，可以一次採購到位。AKACHAN HONPO 是一間能夠讓很多媽咪，來大阪就會忍不住手刀衝進去的商店。在本館旁邊有販售嬰兒車及安全座椅的分館，嬰兒車的售價比台灣更便宜。準媽媽採購嬰兒用品時，需要高度的自制力才能全身而退。

アカチャンホンポ

AKACHAN HONPO
赤ちゃん本舗
🏠 大阪市中央去南本町
3-321
☎ 06-6258-7300
🕙 10:00~19:00
🚇 地下鐵千日前線、中央線、
四橋線本町站 9 號出口

CHARACTER PRODUCT

卡通人物王國

從迪士尼卡通到人氣最高的嚕嚕米玩偶都在這

日本是卡通人物、迪士尼、環球影城造型人物等卡通人物產業的重鎮。東京和大阪的卡通造型人物商店皆非常受到觀光客的青睞，兒童最喜歡的美國迪士尼卡通人物，米奇的迪士尼專賣店、40 多年來受到喜愛的日本凱蒂貓專賣店、懶惰的始祖趴趴熊專賣店等，所販售的造型商品皆很熱賣。日本的造型人物人氣雖高，但現在最受歡迎的是芬蘭嚕嚕米與日本本土品牌攜手合作的眾多趣味商品。尤其有兒童同行的觀光客們，一定不可錯過這些商店。

OSAKA

DISNEY STORE

販售各種迪士尼卡通人物的專賣店，僅次於東京店的第二大規模賣場。販售米奇、米老鼠、唐老鴨、最受歡迎的〈冰雪奇緣〉卡通人物相關商品、文具、服飾、玩具等。但售價不便宜，若看到喜歡的物品時，在採購前再留意一下二樓的特惠區，常有 50% 的優惠價。

🏠 大阪市中央區心齋橋筋 2-1-23
☎ 06-6213-3932　⏰ 11:00~21:00
🚇 地下鐵御堂筋線、長堀鶴見綠地線的
　　心齋橋站 6 號出口
🌐 www.disneystore.co.jp

MOOMIN

現在日本最受歡迎的造型人物商品，芬蘭女性作家 Tove Marika Jansson 創造出來的造型人物嚕嚕米，可以看到出現在各種的文具、生活雜貨等周邊產品上。特別是在 Loft 或東急手創館（TOKYU HANDS）等生活雜貨店。在環球影城裡的 Moomin Stand 咖啡館、Grand Front Osaka 內也有其專賣店。

🏠 大阪市北區梅田 3-1-3 8F
☎ 06-6151-1297
🚇 地下鐵御堂筋線梅田站下車，JR 大阪大阪站 1 號出口 LUCUA8 樓
⏰ 10:00 ~ 21:00

MIFFY STYLE

這間店主要販售荷蘭作家童話書中的米飛兔相關產品。米飛兔以簡單、鮮明的設計感和粉嫩色彩著名，常出現在童話中，是男女老少都喜歡的卡通人物。

🏠 大阪市北區芝田 1-1-3
　　阪急三番街北館
☎ 06-6372-7703
⏰ 10:00~21:00
🚇 地下鐵御堂筋線梅田站 1 號出口
　　阪急三番街

HELLO KITTY STORE

這是日本三麗鷗公司旗下的凱蒂貓商品專賣店，受到中學生、高中生、20~30 歲女性朋友們的喜愛。1974 年誕生的凱蒂在經過 40 多年歲月後，仍受到世界各地粉絲的喜愛，是日本的驕傲。店裡販售可愛的文具、服飾等各種商品。

🏠 大阪市中央區心齋橋筋 1-5-21
☎ 06-6258-9804
⏰ 11:00~20:30
🚇 地下鐵御堂筋線、長堀鶴見綠地線的
　　心齋橋站 6 號出口
🌐 www.sanrio.co.jp

RILAKKUMA STORE
リラックマストア懶懶熊

2003 年日本 San-X 設立的商店，在台灣擁有超高人氣的懶懶熊相關商品的專賣店。懶懶熊出現在各種文具及周邊商品，受到女性朋友們的極度喜愛。除了懶懶熊以外，還有懶熊妹、小雞等相關商品。

🏠 大阪市北區芝田 1-1-3
　　阪急三番街店北 1F
☎ 06-6372-7708
⏰ 10:00~21:00
🚇 地下鐵御堂筋線梅田站 1 號出口
　　阪急三番街
🌐 blog.san-x.co.jp/rilakkuma-store

ARANZI ARONZO
アランジアロンゾ阿朗基阿龍佐

這間店販售受到日本 20~30 歲年齡層女性朋友們喜愛的最高人氣造型人物 - 阿朗基阿龍佐。有服飾、文具、生活飾品等各種商品，一直擁有超高人氣。售價雖然有點貴，但喜歡此人物的收藏家還是樂此不疲。

🏠 大阪市中央區南船場 4-13-4
☎ 06-6252-2983
⏰ 星期一～四 11:00~19:00
　　星期五～六 11:00~20:00
🚇 地下鐵御堂筋線、長堀鶴見綠地線的
　　心齋橋站 3 號出口
🌐 www.aranziaronzo.com

DRUG STORES

征服日本藥妝店

KoKuMiN

欢迎光临
UnionPay 银联
本店可以使用银联卡

好评日系化妆品
推荐实施中

コクミンドラッグ

OSAKA

來日本必排的藥妝購物行程

痠痛貼布、超微米潔顏乳、休足時間等產品，皆是台灣哈日族消費者間，口耳
相傳的人氣商品。即使同一產品，但每間藥妝店的售價不同，所以要多比較，
才可以購買到較划算的商品。離飯店很近的藥妝店大部分較貴。陳列在藥妝
店入口的商品一般稱為釣餌，售價較便宜，需仔細比較一下。某種特定商品
較便宜，但並不代表其他商品就會比較便宜。松本清藥妝店、國民藥妝店、
大國藥妝店等，一定要抽空逛逛並比價。每間藥妝店都有各自的特色，多逛
幾間才是明智之舉。

Tip

藥妝店人氣商品採購清
單需事先列好。貨比三家
後再購買，才能省錢。有
些藥妝店會在店裡馬上
退還消費稅，請記得攜帶
護照，才能辦理退稅。

MATSUMOTO KIYOSHI
マツモトキヨシ 松本清藥妝店

日本的代表性藥妝店，販售的商品種類最多樣化，在大阪交通便利處一般都設有店面。售價雖然稍貴一點，卻可以省時的一次購買到位，想要購買的商品都可以在這裡買到。

難波店
🏠 大阪市中央區心齋橋筋 2-5-5
☎ 06-6212-5355
🚇 地下鐵御堂筋線、千日前線、四橋線的難波站 14 號出口
🕙 10:00~22:00
🌐 www.matsukiyo.co.jp

DAIKOKU
ダイコクドラッグ 大國藥妝店

這是一間網友比價過後覺得最便宜的藥妝店，醫藥品種類繁多，售價競爭力強，是當地人最喜愛的藥妝店之一，分店大多不位於市區，在交通上有些許多的不方便。若打算採購大量商品時，需花點時間與腳力，即可節省很多的金錢。每月的 20 號、30 號有舉辦減價活動。

心齋橋店
🏠 大阪市中央區南船場丁目 5-17，1~3 樓、5 樓
☎ 06-6253-3633
🕙 星期一～星期六 08:00~22:30 /
星期日 09:00~22:00
（各個分店的營業時間不同）
🚇 地下鐵千日前線、長堀鶴見綠地線的難波站 14 號出口
🌐 daikokudrug.com

KOKUMIN
コクミン 國民藥妝店

這是一間以銷售護膚產品為主的藥妝店，這是其他藥妝店無法匹敵的地方。販售中低價位的化妝品、香水、SK II、資生堂等。其中以植村秀、伊莉莎白雅頓的商品最具競爭力，醫藥類商品並不多，建議觀光客們在這裡以購買美容商品為主。

難波店
🏠 大阪市中央區心齋橋 2 丁目 8-5
☎ 06-6214-2030
🕙 星期一～六 08:00~21:00
星期天 09:00~21:00
🚇 地下鐵御堂筋線、長堀鶴見綠地線的難波站 6 號出口
🌐 www.kokumin.co.jp

POWER DRUG
パワードラッグワンズ

這是位於戎橋商店街上的藥妝店，店面規模或商品種類並不亞於大型藥妝店。店內的環境比起一般的藥妝店來說更明亮。寬敞的貨架上整潔地擺放著各種遊客喜歡的人氣產品，同時還有中國店員的服務，整體來說是比較適合外國遊客的藥妝店。

難波店
🏠 大阪市中央區難波 3 丁目 7-4
☎ 06-6635-0643
🕙 10:00~22:00
🚇 地下鐵御堂筋線、千日前線、四橋線的難波站 1 號出口

OS DRUG
オーエスドラッグ OS 藥妝店

位於戎橋商店街入口的藥妝店，店面規模小，商品種類不多，但整體售價較便宜。醫藥品種類較美妝商品多，日本當地人常來。不可用信用卡結帳，也不可退稅，購物時須注意此限制。

難波店
🏠 大阪市中央區難波 3-7-2
☎ 06-6632-6337
🕙 星期一～六 08:30~22:00
星期日 09:00~22:00
🚇 地下鐵御堂筋線、千日前線、四橋線的難波站 1 號出口

SUN DRUG
サンドラッグ SUN DRUG

位於心齋橋大丸百貨公司對面的藥妝店，整體的商品售價較便宜。有護膚品、醫藥品、食品等各類商品，美妝商品常有特惠活動，店內退稅櫃台也有中文服務，省去不少語言不通的麻煩。

心齋橋店
🏠 大阪市中央區心齋橋 1 丁目 3-20
☎ 06-4963-8651
🕙 10:00~20:00
🚇 地下鐵御堂筋線、長堀鶴見綠地線的難波站 5 號出口
🌐 www.sundrug.co.jp

OSAKA

激安殿堂-唐吉軻德

價格親民的購物地點

日本本地的折扣商店連鎖品牌，全國到處都設有店面。販售食品、服飾、雜貨、家電用品、精品、二手用品等，種類繁多，達數百種，賣場規模以大阪分店最大。對於觀光客或日本居民而言，唐吉軻德是個深受民眾喜愛的購物空間，24 小時營業，讓顧客在夜闌人靜裡也可以輕鬆採購。大阪的主要商店街和百貨公司一般都在下午 8~9 點結束營業，對於夜貓族或想要更有效利用時間的觀光客而言，這裡是最佳的購物地點。一般藥妝店販售的商品，這裡都有販售，其中以彩妝品區最吸引人。唐吉軻德以售價低廉聞名，但並非所有產品都非常便宜，購買前請記得貨比三家。

DON QUIJOTE
唐吉軻德
🏠 大阪市中央區宗右衛門町
7-13
☎ 06-4708-1411
🕐 24 小時
🚇 地下鐵御堂筋線、千日前
線、四橋線的
難波站 14 號出口
🌐 www.donki.com

在大阪迷你超市採購

LIFE FOOD MARKET

位於難波地區的高級超市，賣場規模較 AEON 超市小，以販售食材、生鮮食品、生活雜貨為主，品質佳。離市區近，所以不需要換乘其他交通工具，可以走路去，相當方便。食品館旁側有專門販售美妝品的 Life lulis 商店，化妝品或護膚用品若尚未買齊時，還可以在這裡貨補齊。

🏠 大阪市浪速區湊町
　1 丁目 2 番 3 號
☎ 06-6634-0300
🕙 11:00～21:00
🚇 和 JR 難波站 30 號出口相連 [大阪蒙特利格拉斯米爾酒店（Hotel Monterey Grasmere Osaka）1 樓]
🌐 www.lifecorp.jp

AEON MARKET

AEON 量販店
位於 AEON MALL 二樓的大型量販店，在大阪、日本各地都有設立分店。超市食品及許多商品可以一次購足的地方。

🏠 大阪市西區千代崎
　3 丁目 13-1
☎ 06-6584-1500
🕙 營業時間 9:00～22:00
🚇 地下鐵長堀鶴見綠地線巨蛋前千代崎站 1 號出口
🌐 www.aeonmall.com

將日本味道帶回家

這裡是饕客的天堂，可以充分了解日本味道的地方，能一眼望盡當地日常生活和餐桌食材的地方，就是超市。可採購到料理時所需的食材或醬汁，此外，還可以品嚐到即席製作的輕食。這裡是一個將日本的糖果、餅乾、咖哩粉、泡麵、小菜等食品採購回國後，盡情享用的購物天堂。

🖉 Tip

享受超市結束營業前的時刻！當日製作的食物，能以折價 70% 的售價採購到，包括各種炸物、便當等。太晚去人氣商品有可能已經賣完了，所以要抓緊這個超值購物的時間。

OSAKA

OUTLET SHOPPING MALL

購物狂絕不能錯過的 OUTLET

一不小心就會大失血的大阪 OUTLET 行程

最近因日圓急貶和廉航的促銷下,大家到日本血拼就像在走廚房一樣頻繁且方便。再加上大阪各 OUTLET 的特惠商品豐富又超值,真是個不能錯過的大血拼機會。大阪有兩個 OUTLET,離市區有點遠,可依個人想要採購的商品和停留的時間,事先規劃好動線。

📎 **Tip**

大阪地區的 OUTLET 大多位於郊區,離大阪市區約 30 分鐘至 1 個小時車程。需花掉半天或一天的時間,建議先規劃好到 OUTLET 的購物動線。

RINKU PREMIUM OUTLETS
臨空城購物中心

PREMIUM OUTLETS 是美國賽門房地產集團（Simon Property Group）旗下的子公司，建築物裡區分成主要區和海洋區，共有 120 個精品及平價的品牌進駐，國際知名品牌和日本本土品牌各佔一半。對於日本品牌不太熟悉的觀光客，可以到這裡來逛逛，是個新鮮的體驗。Armani、Salvatore Ferragamo、Dolce & Gabbana、Ermenegildo Zegna、Bally、TAG Heuer、ETRO、COACH 等品牌相當受歡迎，Ralph Lauren、Banana Republic、GAP、Eddie Bauer 等休閒品牌，
折扣低的令人無法想像，人氣超高。
Samantha Thavasa、Urban research、BEAMS、Journal standard、亞瑟士（Onitsuka tiger）等日本品牌都值得看看。這間 OUTLET 位於通往關西機場的機場線上，所以建議在旅行的第一天或最後一天到這裡來逛，關西機場有直達的接駁車，交通非常方便。結帳前出示護照，就可以獲得優惠券小冊子並退稅。

🏠 泉佐野市 Rinku 往來南 3-28 ☎ 072-458-4600 ⏰ 10:00~20:00
🚃 南海電鐵臨空城（Rinku-town）站，在關西機場入境區 12 號公車站搭乘接駁車，約 15 分鐘車程（單程票價約 100 日圓，平日每一小時一班車，週末每三十分鐘一班車）⊕ www.premiumoutlets.co.jp

SEACLE

這是一間和 RINKU PREMIUM OUTLETS 相連的購物中心，是家庭主婦喜愛造訪的地方，商品以生活用品為主，包括女仕服飾、男仕服飾、兒童用品賣場。尤其日本奢華品牌大多有在這裡設專櫃。GU 裡有販售和 UNIQLO 同款的保暖內衣，價格很經濟實惠。

🏠 大阪府泉佐野臨空城站南側
☎ 072-461-4196 ⏰ 10:00~20:00（美食街 11:00~20:00）
🚃 南海電鐵臨空城（Rinku-town）站下車，徒步 6 分鐘
⊕ www.seacle.jp

MITSUI OUTLET PARK
三井購物中心

位於大阪郊區的 OUTLET 購物中心，從大阪市搭乘地鐵約 30 分鐘的車程。進駐的品牌以日本本地品牌和戶外運動品牌為主，擁有 70 多個店舖，賣場規模並不大，這些日本品牌和戶外休閒用品的售價都較台灣便宜。這間 OUTLET 裡的食品區、廚具區、童裝區人氣最高。

🏠 大阪府大阪市鶴見區茨田大宮 2 丁目 7-70
☎ 06-6915-3939
⏰ 星期一～五 11:00~20:00 星期六、日 10:00~20:00
（美食街 11:00~22:00）
🚃 地下鐵長堀鶴見綠地線門真南站 3 號出口
⊕ www.31op.com

大阪必吃甜點

甜食天堂

日本是甜點蛋糕、麵包的天堂。製作著名特產甜點的老店前經常是大排長龍的。販售堂島名產的 MON CHER 是觀光客必造訪的地方。也可以去大阪隱藏版美食商店，直接品嚐美食或採購禮品。若沒有時間逐一造訪美食商店，那就去逛逛阪急、阪神百貨的美食街吧！

PABLO

大阪最著名的起司蛋糕專賣店，原味起司蛋糕和水果起司蛋糕都很受歡迎。下班時間或傍晚時分，經常是大排長龍，若不想排隊，可選擇在白天去購買。

🏠 心齋橋商店街
📍 大阪市中央區心齋橋筋 2-8-1
☎ 06-6211-8260
🕙 星期一～六 10:00~23:00
🚇 地下鐵御堂筋線、長堀鶴見綠地線心齋橋站 6 號出口

MON CHER

其中最有名的就是堂島蛋糕捲，人氣頗高，需排隊搶購。若想要感受到鮮奶油的柔滑口感，一定要去逛逛本店。除了堂島蛋糕捲外，還有很多看起來很好吃的甜點，所以請先試吃了後再決定。這間是大阪不可錯過的美食商店排行榜第一名。

🏠 大阪市北區角田町 8-7
☎ 06-6361-1381
🕙 星期日～二 10:00~20:00
星期三～六 10:00~21:00
🚇 與地下鐵御堂筋線梅田站相通
🌐 www.hankyu-dept.co.jp

DALLOYAU

這間麵包店色香味俱全，水果蛋糕很有名。此外還有一些必品嚐的人氣商品。

🏠 心齋橋商店街
📍 大阪市中央區心齋橋筋 2-2-23
☎ 06-6211-1155
🕙 星期一～六 10:00~22:00
星期日、假日 10:00~21:00
🚇 地下鐵御堂筋線、長堀鶴見綠地線心齋橋站 6 號出口

HANKYU DEPARTMENT
阪急百貨美食街

阪急百貨美食街是甜食天堂，有各種類型的蛋糕、餅乾、甜甜圈、果凍等糕餅店。一心堂是不容錯過的甜點舖，這是一間販售新鮮水果糕餅的食品店，有芒果、水蜜桃口味的麻糬。另外，若想品嚐到大阪最好吃的布丁，就要到 PASTEL。

🏠 大阪市北區角田町 8-7
☎ 06-6361-1381
🕙 星期日～二 10:00~20:00
星期三～六 10:00~21:00
🚇 與地下鐵御堂筋線梅田站地下室相通
🌐 www.hankyu-dept.co.jp

OSAKA

關西國際機場免税店

FANCL
芳珂

日本最受歡迎的美容保養品牌，在機場能以比藥妝店便宜 15% 的價格購買到。海外也有分店。除了化妝品外，也販售 Q10、維他命 C&B 等健康食品。
🌐 www.fancl.co.jp

YOJIYA
京都藝妓彩妝品

是源於 1904 年的京都百年美妝店，原先只是個沿街叫賣的默默無名小牌，後來產品得到肯定，變成京都名產，LOGO 是鬼頭藝妓，過去只有在京都才可以購買到，但現在在大阪市區或機場也可以購買到。YOJIYA 的最熱商品是柚子口味護唇膏和吸油面紙。
🌐 www.yojiya.co.jp

搭機前再血拼個夠吧！

如果回國時仍買不過癮，可以在機場搭乘飛機前購買特產或食品。著名的東京香蕉蛋糕、草莓蛋糕都可以在關西機場買到，還有本店設在離大阪很近的京都 YOJIYA 化妝品產品。在機場也可購買到味道濃醇的 ROYCE 巧克力。

SK-II

商品售價整體上和台灣免税店差不多，但有些商品的售價會較低（如部分精華液），所以事前的比價是必需的。
🌐 www.sk-ii.com

📷 南海電鐵難波站

難波 PARKS 購物中心

📑 各樓層介紹

1F
Levi's / Billabon / Toysrus / Hus Hu Gallery

2F
男女時尚、鞋子、休閒用品
SHIPS / HYSTERIC GLAMOUR / UNIITED ARROWS / FREDY&CLOSTER & Gloster

3F
男女時尚、鞋子、時尚配件
Marimekko / Lush / L'OCCITANE / Journal Standard Furniture / Comme Ca Style

4F
男女時尚、飾品、兒童用品
Nike / Fossil / Timberland/ Fred Perry / Onitsukatiger

5F
家居飾品、雜貨、家庭用品、食品、化妝品
FrancFranc / DHC / Village Vanguard /Lupicia / LE CREUSET

6F
美食街
日式料理、義大利麵、西式自助餐、炸豬排專賣店

7F
美食街
海鮮、葡萄牙料理、韓國料理等

8F
Multiplex Cinema
法國料理、中國料理、美容院等

9F
屋頂庭園

讓人逛到腿軟的精緻購物中心

難波 PARKS 是難波的大型購物中心，南大阪的地標，以壯麗峽谷為設計概念，建造成的都市和大自然融合的建築物。建築物裡有日本本地品牌、獨特風格的年輕休閒品牌、國際流行品牌等 250 多個品牌進駐，此外，還有餐廳、電影院等。若想每個品牌逐一逛，花一整天可能都不夠。1 樓有 Gourmet Stadium 食品館，此外還有 Namba Canival Mall、玩具反斗城 ToysRus。2 樓有 Urban Resarch Door、川久保玲（Comme Des Garçons）、United Arrows，3 樓有 Lush、Lacoste，4 樓有 Nike、Adidas Originals Shop、Diesel、Armani Jeans、Just Cavalli、Fred Perry 等高人氣商店。

NAMBA PARKS
難波 PARKS
🏠 大阪市浪速區難波中 2-10-70
☎ 06-6644-7100
🕐 11:00~21:00
美食街 11:00~24:00
📷 南海電鐵難波站、與難波 PARKS 相連
🌐 www.nambaparks.com

OSAKA

🚇 與南海線難波站相連的地下鐵御堂筋線、千日前線、四橋線難波站相連

難波 CITY 購物中心

🔗 各樓層介紹

本館
B2F
男女時尚、生活雜貨、書店、
超市
B1
男女時尚、化妝品、時尚雜貨
（和地下鐵難波站相連）
1F
女仕服飾、餐廳
（和地下鐵心齋橋站相連）
2F
女仕服飾、家庭用品、餐廳
（和難波站、難波 PARKS、
高島屋百貨公司相連）

南館
B1
男女時尚、照相機
（和地下鐵難波站相連）
1F
男女時尚、餐廳
（和地下鐵心齋橋站相連）
2F
生活雜貨、文具、音樂專輯
（和難波站、難波 PARKS、
高島屋百貨公司相連）

進駐品牌

United Arrow / Journal
Standard / FANCL
Afternoon Tea Living
The Body Shop / Uniqlo
Paul Smith / MUJI
Takeo Kikuchi / ABC Mart
3Coins / Kokumin

OSAKA

與車站相連的超便利百貨公司

隨著難波 PARKS 的開張，難波 CITY 的人氣明顯下降，但仍是難波區經典的
購物中心。位於南海電鐵難波車站大樓，是地下 2 層至地上 2 層的寬廣購物
商場。聚集了時尚品牌和流行商品名店、餐廳、咖啡廳、藥妝店等約 300 家
店舖，也與高島屋百貨公司相連。
這是搭乘地下鐵進出關西機場時，可以再利用時間逛逛，好買好吃的好地方。

NAMBA CITY
🏠 大阪市中央區難波區
　5-1-60
☎ 06-6644-2960
🕐 10:00~21:00
🚇 與難波站相連，與地下鐵
御堂筋線、千日前線、四橋線
的難波站相連
🌐 www.nambacity.com

🔗 Tip

並非所有的專櫃都可以退還消費稅，所以在購買前，需確認是否可以退稅。

📍 與南海電鐵難波站、地下鐵御堂筋線、千日前線、四橋線的難波站相連

從難波到日本橋站相連的地下商店街

會讓你逛到忘我的地下街

NAMBA Walk 以地下鐵御堂筋線難波站為中心，向東西延伸 715 公尺，東邊的地下鐵日本橋站至西邊的 JR 難波站，連結成一條購物街。有中低價位日本品牌、藥妝店、雜貨、飾品、書店等，共有 250 個店舖。地面與心齋橋商店街、BIC CAMERA 相連，地下與高島屋百貨公司、難波丸井 OIOI、難波 CITY、難波 PARKS 等購物中心相連結。從難波移動到黑門市場的路途中，會經過難波 PARK。逛街前最好事先規劃最佳購物動線，以免太忘情在這五花八門的購物天堂，而耗費過多的時間。

NAMBAWALK
難波地下街
🏠 大阪府大阪市中央區千日前
　2 丁目 1-5
☎ 06-6643-1641
🕐 10:00~21:00
📍 南海電鐵難波站，
　與地下鐵御堂筋線、千日前線、
　四橋線的難波站相連
🌐 Walk.osaka-chikagai.jp

@ **進駐品牌**

Uniqlo / Honeys / TAKA-Q / The Maling / Mon Sac / Regal Shoes /
3Coins / Amo's Style

TAKASIMAYA DEPARTMENT

🏠 | 難波

💬 與南海地下鐵難波站、地下鐵御堂筋線、千日前線、四橋線的難波站相連

高島屋百貨公司

📎 **各層樓介紹**

B1
食品、文具、書籍

1F
化妝品、女性時尚、雜貨
LOUIS VUITTON / TIFFANY /
BULGARI /
ANNA SUI / 退稅櫃台

2F
奢華知名品牌
BULGARI / CARTIER /
GUCCI / CHANEL / DIOR

3F
男女時尚 BVLGARI / MARK
JOCOBS / Tory Burch /
Paul Smith
男仕館：男仕時尚

4F
三宅一生 / MAX MARA /
BVLGARI
男仕館：男仕時尚

5F
男女時尚、運動時尚、
珠寶、手錶、眼鏡
男仕館：男仕商業西裝

6F
嬰兒、童裝、家庭用品、和服

7F
餐館、傢俱、禮品、美術品

8F~9F
餐廳

OSAKA

傳統與流行兼具的時尚百貨公司

高島屋百貨公司最初是在京都創立的，將總公司設在大阪，是關西地區及南大阪的代表性百貨公司，自 1922 年設立後，以融合傳統和現代為主打特色。最初開幕時是七樓高的建築物，現為 9 樓高的建築物，區分成中央館、東館、西館。知名精品品牌、化妝品品牌位於東館，女性時尚和雜貨位於中央館、東館。熱門的食品區位於 B1，還有書籍、CD、DVD 店等，從 7 樓至 9 樓有各種餐館進駐。西館最近重新整修成男性服飾館，共有 4 樓，細分成男性休閒服、男性西裝、男性雜貨等，販售 20 歲至 60 歲各個年齡層的商品。這裡是可以完整觀察到日本男性時尚的流行趨勢。

TAKASHIMAYA

TAKASIMAYA DEPARTMENT
⚎ 大阪市中央區難波 5 丁目
1 番 5 號
☎ 06-6631-1101
🕐 10:00~20:00
餐廳 11:00~23:00
💬 與南海地下鐵難波站、千日前線、地下鐵御堂筋線、四橋線的難波站相連
🌐 www.takashimaya.co.jp

NAMBA MARUI OIOI

🏠 難波

📷 難波電鐵難波站、地下鐵御堂筋線、千日前線、四橋線難波站

難波丸井百貨

SPECIAL SALE
5/28 (WED)~6/8 (SUN)
4F JEANASIS
4F Heather

各層樓介紹
B1F
時尚雜貨、化妝品、室內飾品、退稅櫃台
安娜蘇（Anna Sui）/ Paul Smith / KALDI COFFEE FARM
1F
女裝、珠寶、時尚雜貨、化妝品
Gelato Pique / Himico / EIZO / tozoo
2F
女裝
Burberry Black Label / Indivi / Soup / PLST
3F
女裝
Harnes / Swingle / Tory Burch / Paul Smith
4F
女裝、時尚雜貨、化妝品
Lolipop /OZOC / LOWRYSFARM / Green Parks Topic / Ne-net
5F
男裝
Burberry Black Label / MORGAN HOMME / TAKEO KIKUCHI
6F
男裝、男鞋、男性雜貨
RORE / HARE / MICHEL KLEIN /TK / COMME CA COMMUNE
7F
男裝、配件、皮鞋
UNIQLO / SAMSONITE / Paul Smith / Orobianco
8F
Toho Cinema

受到女性朋友們喜愛的時尚百貨

位於高島屋百貨對面，鄰近地鐵站，受到女性朋友們喜愛。鎖定年輕族群為主要客群，以中低價位的時尚品牌為主，集結了購物中心、電影院等，年輕人常以這裡作為聚會地點。地下1樓至地上4樓是女裝和雜貨，5樓至7樓是男裝和雜貨。地下1樓有來自世界各地的咖啡、茶葉、形形色色醬汁等食品，不僅年輕族群，就連主婦們也都愛來逛。

🖉 Tip

進入難波丸井 0101 官網（www.oioi.co.jp），有許多特惠活動、促銷活動、季節限量商品等資訊，出示護照可以申請退稅。

難波丸井 OIOI
🏠 大阪市中央區難波
3丁目8-9
☎ 06-6634-0101
🕚 11:00~20:30
星期六、星期日 11:30~20:00
📷 難波電鐵難波站、地下鐵御堂筋線、千日前線、四橋線難波站 1號出口
🌐 www.0101.co.jp

難　波

MONKI H&M
唐吉軻德
FOREVER 21
蔦屋書店
OMIYAGE MARKET
Ichibirian
（いちびり庵）
心齋橋商店街
大國藥妝店
Book Off

銜接難波站和心齋橋商店
街的長廊，以高島屋百貨公司
正門對面的難波丸井 0101
為起點，長約兩百公尺。有男
女服飾店、時尚配件、藥妝
店、化妝品店、餐廳、二手書
店等各種形形色色的商店。

難波站
日本橋站
Life超市

難波Walk
BIC CAMERA
黑門市場

HARE
TAKEOKIKUCHI
心齋橋商店街
難波丸井

這裡是大阪廚房用品專賣
區，不是大樓型商場，而是
傳統市場風格的碗盤專賣
市場。其氛圍和韓國南大
門市場很類似。

高島屋百貨公司
南海電鐵南波站
千日前商店街
難波CITY

難波 PARKS 是南大阪的
地標，難波的代表性購
物中心，以壯觀峽谷的
設計概念聞名。

難波PARKS
武人
綠碧茶園（Lupicia）
Niko and
川久保玲
LOWRYS FARM
電電城

山田電器

🚇 地下鐵千日前線、御堂筋線、四橋線的難波站

戎橋筋商店街

🔖 **戎橋筋商店街長廊**
推薦品牌

TSUTAYA 蔦屋
男性套裝、知名品牌
CD、DVD 專賣店

OS DRUG STORE
OS 藥妝店
比大型藥妝店售價更便宜的
魅力藥妝店

KOKUMIN
國民藥妝店
販售各種知名品牌的藥妝店

AMO'S STYLE
黛安芬的少女內衣
專賣店

TUTUANNA
日本必買！能以毫無負擔的
價格購買到漂亮襪子和絲襪

CLAIRE'S
從美國飛來的時尚配件專賣
店。店內隨時備有 3 萬種以
上的商品，物美價廉

ABC MART
各種款式的鞋子專賣店

551 HORAI
日本人很喜歡的中華美食，
像 551 HORAI 蓬萊包子

與難波站、心齋橋商店街相連的長廊

1615 年建在道頓崛江上的戎橋，之後開始發展成商店街，稱為戎橋商店街，並從市場型態發展成現在的商店街型態。這裡是與難波站、心齋橋站相連的商店街長廊，以高島屋百貨公司對面的難波丸井 OIOI 為起點，長約 200 公尺。各種男女服飾店、時尚精品、藥妝店、化妝品專賣店、咖啡館、餐廳、二手書店等店家聚集及在此，沿路逛就可以將道頓崛和心齋橋購物街這兩個地區收服在口袋。

EBISUBASHI
🏢 戎橋筋商店街
🕙 10:00~21:00
（各個商店營業時間不同）
🚇 地下鐵千日前線、御堂筋
線、四橋線的難波站

🚇 地下鐵千日前線、長堀鶴見綠地線心齋橋站

大丸百貨公司

📎 **各樓層介紹**

B2F
女性服飾、雜貨
B1F
男性服飾、雜貨
1F
時尚精品店、時尚綜合商店
2F
知名品牌時尚
3F
女性服飾
4F
女性服飾
5F
女性服飾、退稅櫃台
6F
生活雜貨
7F
女性服飾
8F
高爾夫用品
9F
育嬰、童裝、玩具
10F
運動用品、旅行用品、
外匯服務台
11F
寢具、美妝用品、結婚禮服
12F
趣味雜貨、圖書、文具、
手工藝品
13F
美食街
14F
電影院、活動廳

心齋橋商店街的地標

大丸百貨公司是位於心齋橋商店街北側的地標。地下室與心齋橋地鐵站相連，交通便利。百貨公司內部區分成本館、南館、北館，本館以女性時尚和雜貨、化妝品、男性時尚等為主。南館以手工藝品、和服、珠寶、手錶、傢俱等為主，北館以國際知名品牌、青少年時尚品牌、生活雜貨、運動用品等為主。有專為觀光客提供的退稅和優惠券，在本館 1 樓的服務台前出示護照，索取減價 5% 的優惠券。消耗品（像化妝品、食物等）或一般品（衣、包、鞋等），各滿 5,400 日圓可退稅 6.9% 現金，在本館五樓的退稅櫃台申請退稅。

DAIMARU DEPARTMENT
大丸百貨公司
🏠 大阪市中央區
　心齋橋 1-7-1
☎ 06-6271-1231
🕙 10:00~20:00
🚇 地下鐵千日前線、
長堀鶴見綠地線心齋橋站
6 號出口
🌐 www.daimaru.co.jp

心齋橋商店街

OSAKA

📎 **推薦品牌**

MONKI
瑞典品牌 H&M 所創設的歐洲風格休閒品牌。目前是北歐最受歡迎的品牌，亞洲的香港和日本都設有分店

WEGO
大阪最大的二手服飾專賣店

OMIYAGE MARKET
從精美的紀念品到大阪美食都找得到

AIMERFEEL
女性內衣的代名詞

CECIL MCBEE
代表日本的女性休閒品牌

BERSHKA
創立於 1998 年的 Bershka，有個大名鼎鼎的姐姐 ZARA，目前 Bershka 全球共開設了超過 1000 多家門市，遍及 68 個國家

COPO
色彩豐富、款示好看的 100 日圓襪子

LALINE
以色列製作的有機身體保養用品專賣店，以磨砂膏最受歡迎

DALLOYAU
是法國甜點老店，有人說它是甜點界中的愛馬仕，在日本也有分店，是不可不嘗的甜點糕餅店

GU
UNIQLO 旗下的副牌

3COINS
以 300 日圓布置室內的夢幻家居飾品專賣店

DISNEY STORE
知名的卡通造型專賣店

ROSEBUD
加州風格的美國時尚服飾店

PABLO
主打商品是半熟起司塔，在台北已有設立分店

大阪最熱鬧的商店街

來過大阪的人，應該都逛過心齋橋商店街。心齋橋在江戶時代是一座橫跨長堀江的大橋，時代變遷後，現在只留下此同名繁華商店街。從固力果看板往北走，就是熱鬧滾滾的心齋橋商店街。藥妝店最多、年輕時尚品牌最多、外國觀光客最多，假日人潮洶湧到寸步難行，可以說是心齋橋的最大特色。有百貨公司、各種精品店、流行服飾品牌、二手貨品店、藥妝店、書店、餐館、咖啡館等 170 多個店舖。主要客戶群以 20~30 歲大阪本地人、觀光客為主，商品售價十分合理，所以觀光客也能放心的盡情購物。

SHINSAIBASI
🏠 心齋橋
🕙 10:00~22:00
（各個店舖的營業時間不同）
🚇 地下鐵御堂筋線、千日前線、四橋線的難波站，地下鐵御堂筋線、長堀鶴見綠地線心齋橋站 6 號出口

南船場

路帚感登

TOKYU HANDS 心齋橋

心齋橋

香奈兒 ● ● ZARA

H&M ● ● UNIQLO

大丸百貨公司有本館、南館、北館等三個館。本館有女裝、雜貨、化妝品、男裝和雜貨等；南館有手工藝品、和服、珠寶、鐘錶、傢俱等；北館有奢華的國際精品、青少年服飾、生活雜貨、運動用品等。

大丸百貨 北館 ● JOURNALSTANDARD

OPA ●

大丸百貨 本館 ● SAMANTHA THAVASA

美國村

大丸百貨 南館 ● LOWRYS FARM

BEAMS ●

Big Step

URBAN RESEARCH ● Sanrio Gallery

蘋果電子商品 專賣店 ●

Athens

Pablo ● ● 迪士尼商店

國民藥妝店 ●

3coins ● ● G.U

唐吉軻德

日本本地的折扣商店連鎖品牌，全國到處都有分店。販售食品、服飾、雜貨、家電用品、配件、二手商品等，種類繁多，賣場規模以大阪分店最大。唐吉軻德是個實用的購物空間，深受當地居民和外國觀光客喜愛，24小時營業，讓顧客可以不受時間影響輕鬆購物。

● Dalloyau

Standard Book Store ●

韓國領事館 ●

Bershka ● ● ZARA

散發出如常春藤名校般書香氛圍的美國鄉村風書店。最初是藝術書籍專賣店，現在已發展成全方位書店，各類書籍皆有販售。此外，地下樓層還販售各種文具和家居飾品等。

MY HILFIGER ●

CECILMCBEE ●

松本清藥妝店 ● ● Lush

MONKI ● ● H&M ● 唐吉軻德

FOREVER 21

蔦屋書店 ● ● Omiyage Market

長堀水晶地下街

與心齋橋地下鐵站相連的日本最大地下商店街

長堀水晶地下街位於堺筋到四橋筋之間，是日本最寬的地下街，暱稱「水晶長堀」。連接了地下鐵四橋車站、心齋橋車站、長堀橋車站，交通非常方便，約在三分之一的區間裡透過天窗，將陽光照射到地面上，並藉著水流展現其特色。長堀水晶地下街是在建大阪市時一起被建造成的，內部設有安全相關設備，這裡以女性流行服飾為中心，也雲集了紳士精品、日用商品、美食餐飲等約 100 家店舖。壁畫和紀念碑等藝術品點綴其間，在「瀑布廣場」等休息區還舉辦各種宣傳活動和節目。但要注意的是，部分店家不配合退稅。

🔖 進駐的品牌

Frayl.D / Wacoal / The @ Super Suits Store / Jupiter / 3 Coins / Kokumin

CRYSTA

CRYSTA NAGAHORI
長堀水晶地下街
🏠 大阪中央區南船場 4 丁目
　長崛地下街 8
☎ 06-6282-2100
🕐 星期一～六 11:00~21:00
　星期日 11:00~20:30
🚇 地下鐵御堂筋線、長堀鶴見綠地線心齋橋站，地下鐵四橋線四橋站
🌐 www.crystanagahori.co.jp

OSAKA

🚇 地下鐵御堂筋線心齋橋站

御堂筋名牌精品街

OSAKA

大阪的國際精品血拚地點

位於地下鐵心齋橋站和大丸百貨中間位置的御堂筋街道上，有知名品牌的店舖雲集。有 LV、CHANEL、DIOR、Ermenegildo Zegna、Fendi、PRADA、TIFFANY 等品牌，售價較台灣免稅店便宜，也有更多新商品或限量版商品。街道兩旁的銀杏樹營造出美好氣氛，秋天有染紅的楓葉景觀可觀賞，冬天可參觀華麗的冬季慶典燈光之祭。

MIDOSUJI
御堂筋名牌商店街
🏠 大阪市中心部南北通
幹線道路
🕙 10:00~21:00
（各個商店的營業時間不同）
🚇 地下鐵御堂筋線心齋橋站
4 號出口

🔖 進駐的品牌

Louis Vuitton / Chanel / Dior / Zegna / Fendi / Prada / Tiffany & Co / Gucci
Doice & Gabbana / Hermes / Miu Miu / CHAUMET

🚇 地下鐵御堂筋線心齋橋站

美國村

BIG STEP

1993 年誕生於大阪美國村的「心齋橋 BIG STEP」，是一間年輕時尚購物中心。自地下 2 樓至地上 6 樓的建築物裡，有時裝、餐廳、咖啡館、電影院等。主要有個性獨特的男性時尚、嘻哈風格、龐克風格等店舖，此外，還有二手服飾、運動服等。

🏠 大阪市中央區西心齋橋 1-6-14
☎ 06-6258-5000
🕐 11:00~20:00
🚇 地下鐵御堂筋線心齋橋站 7 號出口
🌐 big-step.co.jp

OPA
オーパ

它是位於美國村入口的女性時尚購物中心。自地下 1 樓至 11 樓的建築物，有女性休閒、女性套裝、時尚飾品、鞋子等店舖。購物中心裡還有咖啡館、餐廳等。退稅：有些品牌無退稅服務，可先詢問後再購物。

🏠 大阪市中央區西心齋橋 1 丁目 4-3
☎ 06-6244-2121
🕐 11:00~21:00
🚇 地下鐵御堂筋線心齋橋站 7 號出口
🌐 www.opa-club.com/shinsaibashi

年輕族群最喜愛的商場

東京有個原宿村，大阪有個美國村。從美國西部加州地區進口二手服飾的商店一間一間地開張，最後形成了大阪最大的購物街。有街頭嘻哈時尚和龐克風格的商店，主要客層年紀約在 10~20 歲，還有 BIG STEP、OPA 等購物中心。若喜歡裝潢佈置飾品，參觀 Flying Tiger 是必排的行程。位於美國村入口有大型的 APPLE STORE 分店，每當有新款產品推出時，必大排長龍。

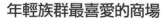

美國村・崛江

心齋橋 站

全大阪最令人振奮、愉快的
書店，打破書店與文具店隔
閡的未來型書店。依主題取車
列書籍、時尚配件、小物、
雜貨等，使其自然融為一體。

四ツ橋站

● Village Vanguard

OPA ●

大丸百貨

美國村

距離美國村約一條馬路之遠的
HORIE，又稱為「橘子街」，散發
寧靜、悠閒的氛圍，與吵雜的美
國村形成對比。個性獨特的華
麗商店、都會咖啡館林立，成為
大阪時尚前衛者的新天地。

BEAMS

APPLE STORE ●
專賣店

崛江

Flying Tiger Copenhagen

URBAN
RESEARCH

HYSTERIC
GLAMOUR ● ● ● HARE ● ABC超市

ASOKO ● Timeless Journal
Comfort Standard
Furniture

北歐風格生活用品和家居
飾品專賣店。若您想購買
到如同宜得利風格的實
用型低價位商品時，請到
FLYING TIGER。

STANDRD BOOK STORE
●

🚇 地下鐵四橋線四橋站

崛江

📎 推薦的商店

TSUMORI CHISATO（津森千里）
販售日本新設計師商品的綜合商店。店裡除了時尚商品還有文具生活用品

CAFÉ CONTEMPO
這是 HORIE 的最佳約會咖啡館，以簡約現代感概念設計

HARE
人氣超高的中低價位綜合商店，商品以男性時尚商品為主，女性商品為輔

SORA
以都會女性的休閒服為主的商店

J.S. HOMESTEAD
JOURNAL STANDARD 的現代感美式休閒服

STUDIOUS
標榜日本簡約風格的男性時尚

URBAN RESERCH（CAFE）
服飾與咖啡館複合式經營的超人氣商店

HISTERIC GLAMOUR
知名日系潮牌，以充滿魅力的頹廢率性風征服一票粉絲

年輕朋友們最喜愛的商店街

距離美國村約一條大馬路之遠的 HORIE，又稱為「橘子街」，和吵雜的美國村相較之下，這裡顯得更為寂靜、悠閒。堀江是大阪過去著名的家具街，因為郊外大型家具店的誕生，讓這裡的商店街一度沒落，商家為了生存，進行了改造計畫，將堀江地區重新規劃為現代樂活設計風格的家具街，並也新開了許多服飾店、咖啡廳、文具店等。

📎 Tip

離美國村約一條大馬路之遠，所以先逛逛美國村後，再穿越堀江路，就可以享受櫥窗購物的樂趣，走累了可以稍做休息，品嚐一杯咖啡和甜點。

HORIE
HORIE 堀江
🏠 大阪市西區崛江
🕙 10:00~22:00
（各商店的營業時間不一）
🚇 地下鐵四橋線四橋站
6 號出口

OSAKA

🚇 地下鐵御堂筋線心齋橋站

南船場

📎 推薦的商店
MARC JAOBS
南區唯一的旗艦店

VIVENNE WESTWOOD
英國搖滾龐克風格潮專賣店

CIAOPANIC
以合理售價和順應潮流的款
式獲得歡迎的商店

JOHNBULL PRIVATE LABO
以極簡派藝術風格商品為
主，在日本引起一陣風潮的
人氣時尚商店。

ATRIUM
以 20~30 歲上班族女性為
主的服飾店。

**SELECT SHOP TROIS
AQUAGIRL**
少女風格的服飾專賣店

ISSEY MIYAKE
世界時尚導師三宅一生創設
的品牌

ARANZI ARANZO
受到 20 歲至 40 歲年齡層歡
迎的商店

OSAKA

比堀江更隱密的氛圍

這裡與堀江一樣是引領時尚潮流的商店街，但地點比堀江更為隱密，吸引了許多 25 至 35 歲的年輕人來消費，也有 Marc by Marc Jacobs、三宅一生、新銳設計師的品牌專賣店進駐。在這綠智慧概念建造出來的建築物，也有很多歐風咖啡館聚集，是享受下午茶時光的最佳地點，所以許多 30 歲以上的上班族女性喜愛來此約會。

MINAMISENBA
南船場
👣 大阪市中央區南船場
1 丁目~4 丁目
🕙 110:00~21:00
（各個商店營業時間不同）
🚇 地下鐵御堂筋線心齋橋站
號出口

🚇 地下鐵御堂筋線梅田站

大丸百貨

OSAKA

從中低價位的大眾品牌到國際知名品牌應有盡有

這裡是北大阪地區的第三大百貨店，位於 JR 大阪站，交通便利。日本本地品牌、國際精品等有 200 多個專櫃。在 1 樓至 5 樓打造出時尚聚落，介紹各種適合上班族女性的品牌。地下 1~2 樓是食品館，2 樓是化妝品專櫃、3 樓是知名品牌館、8~9 樓是男性服飾、11 樓是奢華的配件館、13 樓是 UNIQLO 和凱蒂貓商店等。

📎 **Tip**

購物前先在 1 樓服務台出示護照，索取 5% 的優惠券後，再開始血拚。但是知名品牌、書籍、DVD、CD、食品館、特價商品等，不可以使用優惠券。

🌀 **DAIMARU**

DAIMARU
Department
大丸百貨

📍 大阪市北區梅田 3-1-1
☎ 06-6343-1231
🕙 10:00~20:00
🚇 地下鐵御堂筋線梅田站，與
　　JR 大阪站相連
🌐 www.daimaru.co.jp

LUCUA

⌂ 梅田

🚇 地下鐵御堂筋線梅田站，JR 大阪站

大阪時尚百貨

梅田最好逛的百貨

位於北大阪的最受歡迎購物中心之一，推薦輕熟女必逛的地點，從 JR 大阪站北邊出來便是 Lucua，這裡有著最流行的品牌，商品偏年輕路線，部分商店可退稅，基本上如果沒什麼時間在梅田停留，女生可以挑這一間去逛就好。LUCUA 是含有 Lifestyle Urban Current Axis 意義的購物中心。這裡有 Topjshop、TompmanStore 等英國人氣品牌分店，是大阪地區唯一的分店。此外，還有 Unban Research、Tomorrow Land、Beams、Journal Standard、Rose Bad、Lowrys tam、Niko and 等日本人氣超高的時尚品牌，也有 FrancFranc、無印良品、Loft、Lush 等生活用品商店，9 樓有書店和星巴克。

LUCUA
osaka

LUCUA
🏠 大阪市北區梅田 3-1-3
☎ 06-6151-1111
🕐 10:00~21:00（美食街營業
　　時間 10:00~23:00）
🚇 地下鐵御堂筋線梅田站，與
　　JR 大阪站相連
🌐 www.lucua.jp

OSAKA

📧 阪急百貨店地下鐵御堂筋線梅田站

阪急百貨

涼やかで美しい日本の暮らし
JAPANフェア2014

OSAKA

HANKYU DEPARTMENT MEN
阪急メンズ大阪
阪急百貨紳士館

阪急百貨是北大阪地區百貨公司中唯一有男仕館的百貨公司。從地下1樓至5樓都是男性商品。
阪急紳士館是日本國內最大的男士商品專賣店。2015年秋季店面換新裝，有著比以前更加豐富的商品。從世界的一流品牌、國際設計師品牌到日本製造的商務西裝等，最新款以及最高級的盡在阪急紳士館。店內有中文服務，不會日語也不須擔心。

北大阪地區最奢華的百貨公司

阪急百貨梅田總店創立於1929年，經過長達7年的全面改建工程後，於2012年重新開張。百貨位於大阪中心梅田站，擁有全日本最大的化妝品專櫃區，除了化妝品，這裡的美食廣場也提供了各式各樣的甜品，是吃貨的最愛。在地下2樓、地上13樓的華麗百貨公司裡，有各種日本本地品牌的化妝品商店，特別是馬卡龍品牌 Laduree，也有它的化妝品品牌，在台灣的 Sogo 也有引進，而且價差大到可以買一張廉價航空機票了，不過也即將退出台灣市場。到阪急絕不能錯過亞洲第一個引進的 BVLGARI 咖啡館，Goyard、三宅一生的 BAO BAO 包都值得參觀。9樓的活動廳會舉行各種活動或展覽，若時間充裕可以去參觀。12樓有高級餐廳，13樓屋頂上有裝飾得很華麗的廣場和展望台。

HANKYU DEPARTMENT
阪急百貨
🏠 大阪府大阪市北區角田町8-7
☎ 06-6361-1381
🕙 10:00~21:00
📧 與地下鐵御堂筋線梅田站相連
🌐 www.hankyu-dept.co.jp

梅田

最近新開幕的梅田地區新地標，梅田地區裡建地面積最大的商業綜合大樓有4萬4000平方公尺大，擁有270間店舖餐廳咖啡館等，即使花一整天的時間也逛不完。

●梅田LOFT

Maruzen & Junkudo
●

●NU茶屋町PLUS

●NU茶屋町

梅田站

●阪急三番街　　　●ABC超市

—FrancFranc
—懶懶熊　　　　　●ESTO
—米飛

●HEP FIVE

●GRAND FRONT OSAKA

●YODOBASHI

●阪急百貨紳士館

●LUCUA

—BEAMS
—URBAN RESEARCH
Tomorrowland

JR大阪站

●阪急百貨

●伊勢丹

●梅田地下街

●大丸百貨

●阪神百貨

地下街

這間位於JR大阪站的高級百貨公司，較其他百貨公司擁有更多的知名品牌店舖。與阪急或阪神百貨店相較之下，大阪市民更常逛這間百貨店，安靜、不吵雜，可以輕鬆購物。

🚇 地下鐵御堂筋線梅田站

阪神百貨

OSAKA

傳統庶民型百貨公司

阪神百貨是與梅田阪神電車車站一體的百貨公司。建築結構地上 12 層、地下 2 層，有時裝、食品及生活用品等名牌專櫃。每個禮拜在 8 樓的特賣會場都會舉辦不同的主題活動，因而受到大阪庶民的青睞，有很多日本中低價位品牌的分店，還有阪神老虎棒球隊的紀念品專賣店。地下食品館特別有名，販售日本特色食材，以及可以作為禮品的日本茶、餅乾等。阪神百貨屬於阪急阪神控股集團，所以在阪急百貨取得的優惠券在阪神百貨也可以使用。消費總金額超過 5,410 日圓（含消費稅在內），即可申請退稅。至 B1「海外旅客服務中心」出示護照、收據、結帳時所刷的信用卡，即可辦理退稅。

阪神梅田本店

HANSHIN DEPARTMENT
阪神百貨

🏠 大阪市北區梅田 3-1-13-13
☎ 06-6345-1201
🕐 10:00~20:00
🚇 與地下鐵御堂筋線梅田站相連
🌐 www.hanshin-dept.jp

🚌 地下鐵御堂筋線梅田站、JR 大阪站

伊勢丹百貨

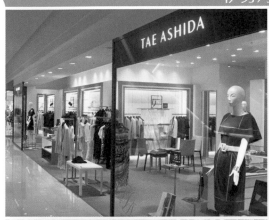

位於大阪站的高級百貨公司

這間位於 JR 大阪站的高級百貨公司，同樣位於 JR 大阪站北邊，Lucua 1100 內，部分樓層便是伊勢丹百貨，又稱作三越伊勢丹（梅田伊勢丹官網有各樓層品牌介紹），尤其地下 2 樓的甜品店更是好買好吃。有很多知名品牌分店，也可以品嚐到法國巴黎著名的 LADUREE 馬卡龍。

ĪSETAN

ISETAN
Department

伊勢丹百貨
🏠 大阪市北區梅田 3-1-3
☎ 06-6457-1111
🕐 星期一～日 10:00~20:00
🚌 與地下鐵御堂筋線梅田站、JR 大阪站相連
🌐 www.wjr-isetan.co.jp

🖊 **進駐品牌**

Comme Des Garcons / Tomorrowland / L'occitane / Onitsuka Tiger / Kate Spade / Saturday

🚇 地下鐵御堂筋線梅田站

梅田最受歡迎的商場——HEP FIVE

OSAKA

乘坐紅色摩天輪能一次擁有大阪日落美景及夜景

HEP FIVE 的紅色摩天輪是梅田的地標，有很多以 10~20 歲為主要客戶群的平價品牌進駐。購物中心的規模不大，從 1 樓到 6 樓有 BEAMS、ABA HOUSE、GAP 等女性休閒服、男性休閒服、時尚配件、飾品、鞋子等商店。搭乘 7 樓的摩天輪，可以觀覽到北大阪地區的景觀，同時也可以讓疲憊的身體稍微歇息一下。HEP FIVE 的摩天輪高度為 106 公尺高，晚上比白天更美，白天享受購物，晚上觀賞夜景。

🖉 Tip 若有大阪周遊券，可不限次數搭乘地下鐵、公車。有一日券和二日券，依照旅行需求購買即可。HEP FIVE 摩天輪、天保山大摩天輪等二十八個地方，可以免費入場一次。

HEP FIVE
🏠 大阪市北區角田町 5-15
☎ 06-6313-0501
🕚 11:00~21:00
🚇 地下鐵御堂筋線梅田站
　　2 號出口
🌐 www.hepfive.jp

🚇 地下鐵御堂筋線梅田站

NU 茶屋町

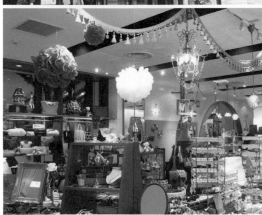

OSAKA

北大阪梅田地區最成熟的購物中心

在入口處的地方有著格外引人注目的商業大樓便是 NU 茶屋町。從最流行的時尚服飾、人氣雜貨、樂器、音樂 CD、DVD 到令人垂涎的美食,想要的商品應有盡有,匯集在這大阪的代表購物中心裡。還有淘兒唱片(Tower Records)分店,可以採購到 CD 或 DVD,而且還有樂器店。關西首次開設的服飾店和精選的複合式品牌商店也進駐,購物陣容相當堅強,而餐廳的選擇也非常多。

NU CHAYAMACHI
NU 茶屋町
🏠 大阪市北區茶屋町 10-12
☎ 06-6373-2511
🕐 11:00~21:00
🚇 地下鐵御堂筋線梅田站
🌐 www.nu-chayamachi.com

✐ **進駐品牌**
Comme des Garcons / Tomorrowland / L' occitane / Onitsuka Tiger
Kate Spade / Saturday /ASOKO

🚇 地下鐵御堂筋線梅田站

EST 購物中心

OSAKA

位於 HEP FIVE 對面的時尚購物中心

在 JR 大阪車站東側高架橋下,以女性顧客為目標的購物街「EST」。除了主要銷售目標為 20 歲左右的年輕女孩以外,高尚的成熟女性也可在此享受購物樂趣。總共 4 層樓,區分成 West、East、Central 區域,有中低價位的日本本地品牌,還有鞋子、時尚、飾品、化妝品等,還有 HYSTERIC GLAMOUR、Scarlet Diva、AZUL、Dressrave、Rolick 等品牌。理念為「充滿夢想和歡心跳躍的城市」,除了採用玻璃牆外觀以外,還增加了多處出入口,設計易於逛街的通道。還有融合了咖啡廳和門市的店舖,交融了京都古式建築和現代化空間的日式料理餐廳等,可在購物之餘用餐休息。並非所有的店舖都可以退稅,不過 HYSTERIC GLAMOUR、Samantha 等品牌可以直接申請退稅。

EST
🏠 大阪府大阪市北區角田町
3-25
☎ 06-6371-8001
🕐 11:00~21:00
🚇 地下鐵御堂筋線梅田站
2 號出口
🌐 www.est-sc.com

地下鐵御堂筋線梅田站

與阪急梅田站相連的購物中心

OSAKA

阪急三番街

這裡是與阪急百貨相連的地下 2 樓、地上 2 樓的購物中心，從大阪近郊搭乘阪急地鐵來到大阪市區工作或觀光客所喜愛的購物中心。建築物裡有中低價位服飾、生活雜貨、食品、美食等 300 多個商店進駐，商品五花八門。有FrancFranc、懶懶熊、米飛商店等，可以一次將各種卡通造型商品一次買齊的購物地點。

阪急三番街
大阪市北區芝田 1-1-3
06-6371-3303
10:00~21:00
地下鐵御堂筋線梅田站
1 號出口
www.h-sanbangai.com

🚇 地下鐵御堂筋線梅田站

日本最大地下商店街

OSAKA

WHITY UMEDA

WHITY UMEDA 一天的流動人數超過 40 萬人以上，是日本最大的地下商店街。占據整個梅田區域地下的商店街，區分成 East Mall、South Mall、North Mall，依照商品類別分區。因為整個空間很大，隨意亂逛可能會迷路，所以需事先列出購物清單，並對照地圖，做好規劃。還有在購物過程中，有許多可以休息的地方，如居酒屋、餐廳、冰淇淋店、起司蛋塔、藥妝店等，共有 220 多個商店。

🛒 進駐品牌

Afternoon Tea Living / Natural Kitchen / DHC / Daiso / Lush / The Body Shop / The Maling

Whity うめだ

WHITY UMEDA
ホワイティうめだ

🏠 大阪市北區小松原町梅田地下街
☎ 06-6312-5511
🕙 10:00~21:00
🚇 與地下鐵御堂筋線梅田站、JR 大阪站相連
🌐 whity.osaka-chikagai.jp

GRAND FRONT OSAKA

⌂ | 梅田

🚇 地下鐵御堂筋線梅田站、JR 大阪站

梅田地區的新地標

好吃好逛的梅田新名所

GRAND FRONT OSAKA 是大阪的新地標，為梅田地區建地面積最大的商業綜合大樓。空間 4 萬 4000 平方公尺，有 270 間商店、餐廳、咖啡館等，除了好逛好買外，在美食餐廳部份，更是引進國外美食餐廳或關西初上陸的餐飲品牌。大阪洲際酒店（Intercontinental Hotel Osaka）也位於同一建築物裡。購物主要是設在南館 1~5 樓及北館的 1~5 樓，而美食餐廳都聚集在 UMEKITA CELLAR，在廣場 B1F 主賣輕食、甜點、咖啡。UMEKITA DINING 南館 7F、8F、9F，世界各國的美食都在這。UMEKITA FLOOR 北館 6F，有居酒屋、啤酒 BAR，營業到凌晨 4 點。

GRAND FRONT OSAKA

🏠 大阪市北區大深町 4-1（南館）、3-1（北館）
📞 06-6372-6300
🕙 10:00~21:00
🚇 與地下鐵御堂筋線梅田站、JR 大阪站相連
🌐 www.grandfront-osaka.jp

🖉 進駐品牌

BEAMS / AESOP / Urban Research / RoseBud / Ships / Samantha Thavasa
Afternoon Tea Living / United Arrow / Banana Republic / Sisley / mont-bell / Birkenstock
Billabong / The North Face / Aigle / Timberland / Zara Home / GAP / MUJI

🚇 地下鐵御堂筋線天王寺站

阿倍野近鐵百貨

血拼、購物、看電影一次滿足

近鐵百貨是近畿日本鐵道公司直營的高級百貨公司，2013 年 6 月開幕。
在這座地下 2 樓、地上 14 樓的建築物裡，有國際知名品牌、中低價位
日本品牌等商店。因女性服飾品牌偏多，所以深受女性消費者的青睞。
2 樓有 45 間美妝品牌，可以自由試用。Tower 館 11 樓有世界知名鐘錶
品牌進駐，9~10 樓可以與日本著名的家居生活用品、櫥具用品等，還提
供免費的 WIFI。饕客們喜愛的美食街位於 12~14 樓，頂樓還有展望台
可欣賞迷人夜景，記得要排入行程。

🏷 進駐品牌

BAO BAO / FANCL / Swatch / 2℃ / SANRIO / MIKIMOTO

K'ntetsu
K'NTETSU
近鐵百貨
🏠 大阪市阿倍野區阿倍野筋
1-1-43
☎ 06-6624-1111
🕙 10:00~20:00
🚇 與地下鐵御堂筋線
天王寺站相連
🌐 abenoharukas.d-kintetsu.
co.jp

OSAKA

SOLAHA	🏠	天王寺

時尚購物中心

SOLAHA

位於阿倍野大廈的時尚購物中心，與 K'NTETSU 2 樓相連，是一棟時尚購物中心，有運動休閒品牌、文具、書籍、兒童用品等店舖。位於 7 樓的 SOLAHA MAN，以當代成熟都市風格的男士時尚為主，成為大阪男士的新購物聖地。一共有 105 個女性品牌，地下 2 樓是女性雜貨、時尚服飾，2 樓是 Purple Zone，3 樓是 Blue Zone 和 Pink Zone，3 樓和 5 樓是 Green Zone，4 樓是 Ash Zone。

solaha

SOLAHA

🏠 大阪市阿倍野趣阿倍野筋 1-1-43
☎ 06-6624-1111
🕙 10:00~21:00
🚇 與地下鐵御堂筋線天王寺站的地下相連
🌐 www.solaha.jp

🔗 **進駐品牌**
Cecil Mcbee / Rezoy / Swatch / 2% Tokyo / Aimerfeel / PPFM

🚇 地下鐵御堂筋線天王寺站

美國風購物中心

OSAKA

大阪阿倍野 Q'S MALL 購物城

大阪的阿倍野 Q's MALL 是 2011 年新開幕的超大購物中心，可說是近畿地區最大規模的賣場，建築物從地下 1 樓至地上 4 樓，所有日本代表性品牌都有進駐，有不少知名品牌，像大家熟知的 UNIQLO、TOKYU HANDS 東急手創館，各種百貨、服飾、流行配件、衣帽鞋子的潮牌店、大型超市 ITO YOKATO、MITORI 電器等。東京女孩青睞的 SIBUYA 109 購物中心也在內，同樣的也受到大阪女孩的喜愛。

Q'S MALL
👤 大阪市阿倍野區阿倍野筋
　 1 丁目 6 番 1 號
☎ 06-6556-7000
🕐 10:00~21:00
🚇 地下鐵御堂筋線天王寺站
🌐 qs-mall.jp/abeno

📎 進駐品牌

UNIQLO / The Suit Company / Tokyu Hands / Lowrys Farm / Niko and
ZARA / Mango / HARE / ABC Mart

TEMPOZAN MARKET PLACE 🏠 大阪港

🚇 地下鐵大阪港站

天保山購物中心

OSAKA

購物和娛樂的複合型購物中心

位於大阪港碼頭旁,是一棟娛樂與購物功能兼具的綜合購物中心。在這座 2 層建築物的購物中心裡,有各種購物設施、娛樂設施,時尚購物、兒童用品、紀念品商店、100 圓折扣商店、美食區等,適合全家人一起來逛。日本人和觀光客們覺得最有趣的地方,就是位於 2 樓的浪花美食橫丁,重現 1960 年代大阪懷舊街景,對於大人而言,這裡是懷舊的記憶,對於年輕族群而言,可以搭乘時光機器,回溯到那個時代,體驗過去未曾體驗過的氛圍。購物中心位於摩天輪與海遊館中間,時間足夠的話可以都去參觀一下。

TEMPOZAN MARKETPLACE
🗺 大阪市港區海岸通 1-1-10
☎ 06-6575-5501
🕐 星期一〜五 11:00~20:00
　星期六、日 10:00~20:00
　（餐廳 11:00~21:00）
🚇 地下鐵中央線大阪港站
🌐 www.kaiyukan.com/thv/marketplace

🖊 進駐品牌
Cecil Mcbee / Rezoy / Swatch / 2% Tokyo / Aimerfeel / PPFM

Bangkok

週五就出發，
曼谷魅力購物之旅

「魅力泰國（Amazing Thailand）」意喻著泰國是個魅力無窮的國度，觀光資源豐富，北有高山和歷史古蹟，南有風景優美的海洋與島嶼。

泰國之所以會成為舉世聞名的度假勝地乃在於它的千變萬化，泰國擁有獨特的建築風格、文化、美食及傳統文化等資產。在首都曼谷裡可以盡情採購國際知名品牌、道地的名產、合理價格的美食、滿足各種價位的住宿需求等。因物價較台灣低，又能以超值價格購買到品質優良的商品，再加上最近有廉價航空直飛，使得曼谷成了貨真價實的觀光花漾之都。

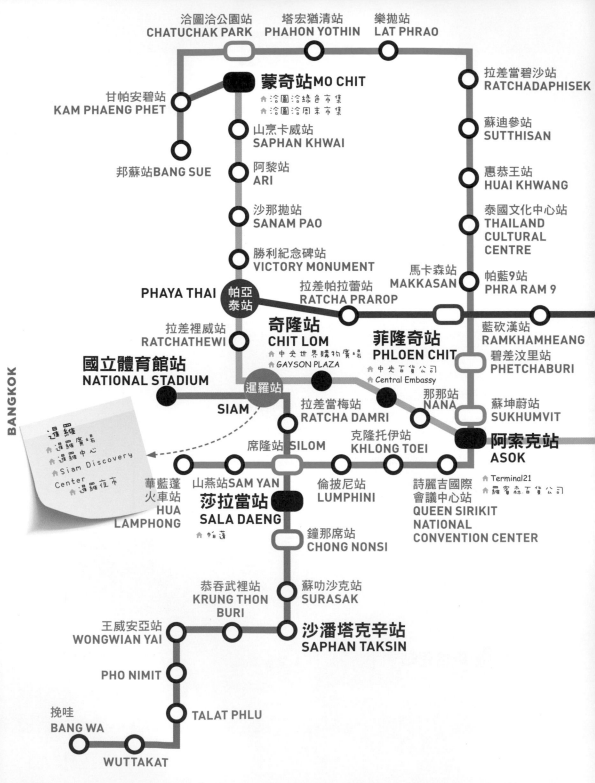

洽圖洽公園站
CHATUCHAK PARK

塔宏猶清站
PHAHON YOTHIN

樂拋站
LAT PHRAO

蒙奇站MO CHIT
🏠洽圖洽綠色市集
🏠洽圖洽周末市集

拉差當碧沙站
RATCHADAPHISEK

甘帕安碧站
KAM PHAENG PHET

山烹卡威站
SAPHAN KHWAI

蘇迪參站
SUTTHISAN

邦蘇站BANG SUE

阿黎站
ARI

惠恭王站
HUAI KHWANG

沙那拋站
SANAM PAO

泰國文化中心站
THAILAND
CULTURAL
CENTRE

勝利紀念碑站
VICTORY MONUMENT

馬卡森站
MAKKASAN

帕藍9站
PHRA RAM 9

PHAYA THAI 帕亞泰站

拉差帕拉蕾站
RATCHA PRAROP

拉差裡威站
RATCHATHEWI

奇隆站
CHIT LOM
🏠中央世界購物廣場
🏠GAYSON PLAZA

菲隆奇站
PHLOEN CHIT
🏠中央百貨公司
🏠Central Embassy

藍砍漢站
RAMKHAMHEANG

碧差汶里站
PHETCHABURI

國立體育館站
NATIONAL STADIUM

暹羅站
SIAM

拉差當梅站
RATCHA DAMRI

那那站
NANA

蘇坤蔚站
SUKHUMVIT

席隆站
SILOM

克隆托伊站
KHLONG TOEI

阿索克站
ASOK

暹日維
🏠暹羅廣場
🏠暹羅中心
🏠Siam Discovery
Center
🏠暹羅夜市

華藍蓬
火車站
HUA
LAMPHONG

山燕站SAM YAN

莎拉當站
SALA DAENG
🏠帕蓬

倫披尼站
LUMPHINI

詩麗吉國際
會議中心站
QUEEN SIRIKIT
NATIONAL
CONVENTION CENTER

🏠Terminal21
🏠羅賓森百貨公司

鐘那席站
CHONG NONSI

恭吞武裡站
KRUNG THON
BURI

蘇叻沙克站
SURASAK

王威安亞站
WONGWIAN YAI

沙潘塔克辛站
SAPHAN TAKSIN

PHO NIMIT

TALAT PHLU

挽哇
BANG WA

WUTTAKAT

BANGKOK

Map of Bangkok

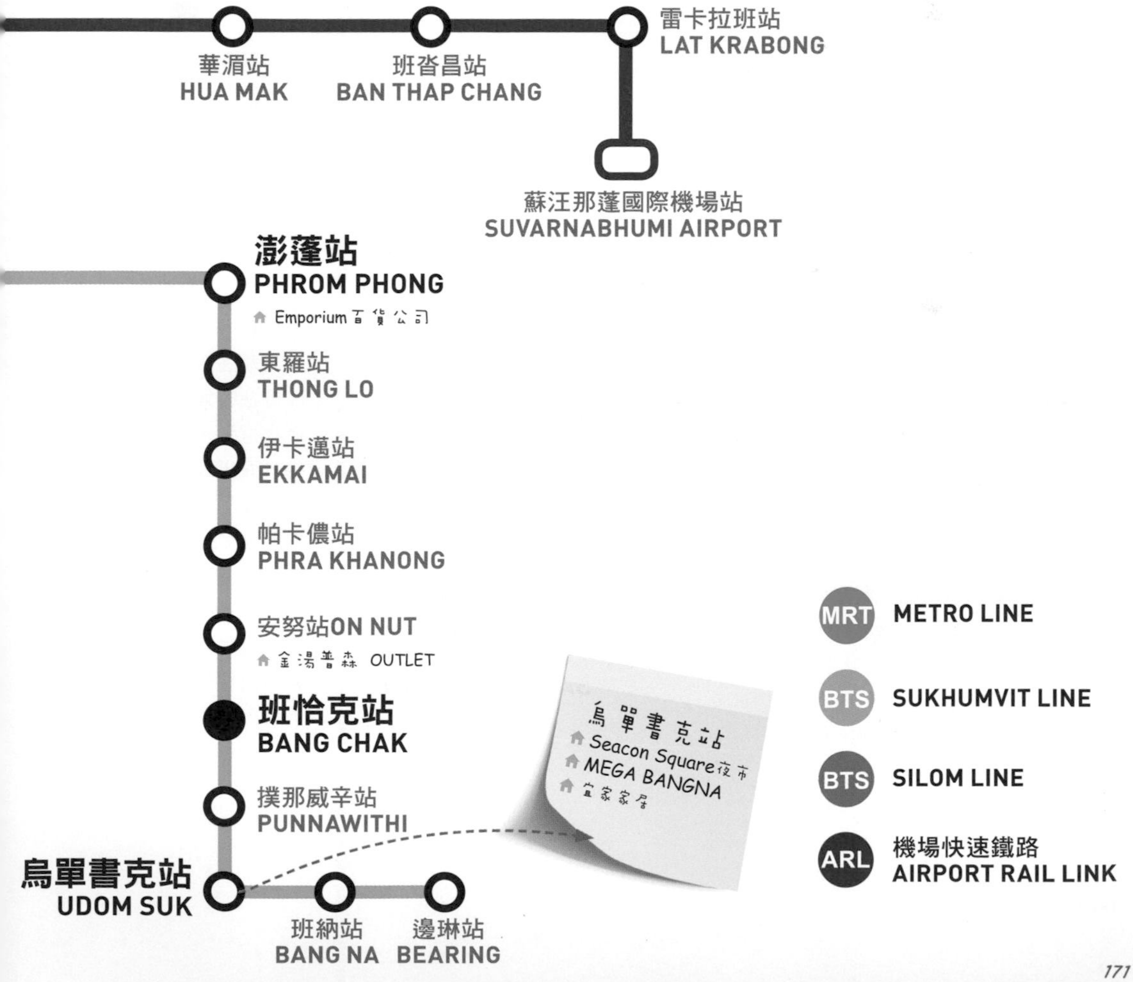

華湄站
HUA MAK

班沓昌站
BAN THAP CHANG

雷卡拉班站
LAT KRABONG

蘇汪那蓬國際機場站
SUVARNABHUMI AIRPORT

澎蓬站
PHROM PHONG
🏠 Emporium 百貨公司

東羅站
THONG LO

伊卡邁站
EKKAMAI

帕卡儂站
PHRA KHANONG

安努站 **ON NUT**
🏠 金湯普森 OUTLET

班恰克站
BANG CHAK

撲那威辛站
PUNNAWITHI

烏單書克站
UDOM SUK

班納站
BANG NA

邊琳站
BEARING

烏單書克站
🏠 Seacon Square 夜市
🏠 MEGA BANGNA
🏠 宜家家居

MRT METRO LINE

BTS SUKHUMVIT LINE

BTS SILOM LINE

ARL 機場快速鐵路
AIRPORT RAIL LINK

What

到曼谷可以買什麼？

泰國是台灣人的熱門旅遊國之一，不但離台灣近又是物美價廉的血拚天堂，因為在泰國的東西實在是太便宜了。但因進口關稅高，國際知名品牌售價偏高買不下手，但可以將購物焦點擺在當地商品上，一般人氣高的商品都會減價30~50%左右，尤其是他們當地洽圖洽傳統市場。1美元約可以兌換到32~33泰銖，有時候還可以兌換到40~41泰銖，出發前要先確認匯率。

1

LUXURY BRAND
知名品牌購物
♥♥

Bad 泰國對進口商品的課稅很高，所以在這購買國際名牌一般而言不太划算。曼谷市內主要的購物地區散佈在各區，大部份在各大酒店的附近，徒步可到。千萬別錯過曼谷的百貨公司，其中所販售的商品，除了當地製造外，也有進口商品。泰國本地知名品牌金湯普森（Jim Thompson）的泰國製品較其他國家便宜，若喜歡這個品牌，則可以省下很多採購預算。

曼谷購物樂趣評分
♥♥♥♥♥

great! 曼谷在購物旅遊公司暨世界最大免費旅遊購物指南出版商，環球藍聯集團（Global Blue）所出版的2012全球購物指南中，榮獲最佳購物城市第7名。藥妝店陳列滿滿的進口創意商品，以英國BOOTS最具代表性，販售家庭醫藥用品、生活必需品、化妝品、高級精油，此外還有泰國新銳設計師的商品，巧奪天工的設計讓觀光客直呼過癮。多家新開幕的零售購物中心、購物及休閒娛樂複合商場更進一步提升曼谷的購物體驗，例如Asiatique The Riverfront河濱夜市、Terminal 21、CentralPlaza Grand Rama 9及泰國IKEA等。

曼谷物價評分
♥♥♥♥♥

great! 曼谷的其中一項魅力，就是物價低。能以最便宜的售價採購到泰國製品，且物美價廉的好貨多，對於購物狂而言，曼谷是魅力十足的都市。

5
COSMETIC
化妝品購物
♥♥♥

so so~
對部分的泰國人來說，儘管進口的品牌選擇非常多，但還是喜歡使用國內生產的品牌，那是因為這些本土品牌都是專為亞洲人所量身打造的，重要的是價格也親民多了。天然材質的護膚用品或精油化妝品牌HARNN、涵庭（THANN）、禾本（ERB）等產品，值得觀光客們參考看看。也可以到2013年重新整修的暹羅廣場（Siam Square）裡面的絲芙蘭（Sephora）、維多利亞的秘密（Victoria's Secret）等專櫃逛逛。

3
LOCAL MARKET
傳統市場購物
♥♥♥♥

Good!
洽圖洽周末市集（chatuchak weekend market）
每週六及週日營業。有不少遊客及當地人專程到此逛街，抱著湊熱鬧及發現新寶物的心情，就可以消耗大半天。這裡以無所不賣有名，到處都陳列著物美價廉的服飾、飾品、手工藝品等，可以零買或批發，有不少本地商人會到這裡批貨。中國城裡販售服飾、鞋子、飾品、配件等各類型的商品。位於昭披耶河（Menan，Chao Phraya）河濱的歐風河濱夜市（ASIATIQUE），能以便宜的價格採購到各類商品。

4
DRUGSTORE
藥妝店購物
♥♥♥♥

Good!
曼谷市區的購物中心或大樓裡，至少會有一間英國藥妝店BOOTS，販售一些醫藥品，可以向駐店藥師諮詢後再做選擇。也有販售一些日常生活用品，英國分店販售的商品這裡都有。在街道上偶爾也可以發現在台灣也有多家分店的屈臣氏蹤跡。

2
SUPERMARKET
超市購物
♥♥♥♥

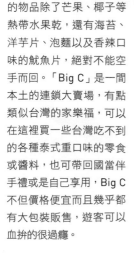
Good!
曼谷超市所販售的商品，除了當地製造外，也有進口商品。如果遇到大特賣，會有意想不到的收穫。最適合採購的物品除了芒果、椰子等熱帶水果乾，還有海苔、洋芋片、泡麵以及香辣口味的魷魚片，絕對不能空手而回。「Big C」是一間本土的連鎖大賣場，有點類似台灣的家樂福，可以在這裡買一些台灣吃不到的各種泰式重口味的零食或醬料，也可帶回國當伴手禮或是自己享用，Big C不但價格便宜而且幾乎都有大包裝販售，遊客可以血拼的很過癮。

WHEN

何時去曼谷最好玩？

每年6月16日~8月15日曼谷、清邁、普吉島、合艾（Haad Yai）、芭達雅（Pattaya）、蘇美島（Ko Samui）等地區的購物中心、百貨公司、免稅店等，都會舉行大規模的拍賣活動，最少減價10%，最多80%。這段減價期間稱為魅力驚喜泰國特賣會（Amazing Thailand Grand Sale）。特賣會期間不是只有商品會減價，就連SPA按摩店、航空公司、高爾夫球場也加入這個活動，刺激觀光客和當地人打開荷包消費。即使不在這段期間去泰國旅行，百貨公司和購物中心也經常舉行減價活動，所以一年365日天天可以隨時前往。

泰國的常年氣溫在19~38℃ 之間，平均氣溫約 28℃。一年分三季：涼季（11月至12月）、夏季（3月至5月）、雨季（6月至10月）。曼谷最涼爽的氣溫平均為 17 度；最熱為 4 月份，可以選擇非雨季時前往。

我很喜歡這個品牌的旅行箱，除了實用美觀之外，關懷地球的系列設計，提醒所有的人要愛護我們的地球。

CENTURION是全球唯一發行「地球關懷」系列的旅行箱品牌，以「海洋保護」、「森林保護」、「動物保護」三大主題，領導旅行箱界，重視地球關懷議題。圖為美國CENTURION旅行箱依據IUCN「國際自然保育聯盟」RED LIST 名單發行的全球瀕臨絕種動物系列之一。

Jan

1月

♥♥♥♥
WINTER BANGKOK MEGA SALE

☾ NEW YEAR'S DAY
新年
1月1日

新年的第一天為國定假日。舉行大規模的活動，以迎接新的一年。

☀ 春節
農曆1月1日

和台灣春節、韓國春節日期一樣是農曆1月1日。泰國境內有很多華裔，所以在這一天會舉辦各類型活動。特別是在華裔居住的中國城裡，裝飾得大紅大紫的，還會放爆竹。但這一天並非泰國的國定假日。

☂ 雨傘節
1月中旬

泰國北部清邁以紙、絲綢、竹線製成雨傘，每年都會舉行傳統的雨傘慶典，活動主要有各種不同商品展售，其中包括許多地方手工藝品。

Feb	**Mar**	**Apr**	**May**
2月	3月	4月	5月

CHIANG MAI FLOWER FESTIVAL
清邁花博會

2月第1個週末

泰國北部清邁的慶典活動。在2月的第1個星期舉行連續3天的活動，於2017年已經邁入第40屆。人們穿著各種傳統服裝或高山族服裝，和花車一起在街道上遊行。

MAKHA BUCHA DAY
萬佛節

2月15日

這是佛教國家泰國的三大佛教活動之一，於每年農曆正月15日舉行。為了紀念釋迦摩尼對1250位弟子傳道開示的日子，泰國各個寺廟舉行各種大小不同規模的活動。可以看到泰國民眾參與寺廟點蠟燭或手持花朵祈福遊行。

THAI NEW YEAR'S DAY SONGKRAN
潑水節

4月13~15日

是泰國最大節日慶典活動。慶典活動最先是佛教徒們在佛像上潑水的儀式開始，4月的泰國不下雨，天氣乾熱，以潑水活動，祈求一年的幸福和健康。這段期間整個清邁城市到處都充斥著慶典活動的熱鬧氛圍。在曼谷也到處都可以看到人或車潑水的景觀。有不少的旅客會到最可以享受慶典樂趣的高山路（Khaosan Road）去，在全身塗抹上灰色粉末，並進行潑水活動。

©泰國觀光局

VISAKA BUCHA
鞭炮節

5月

泰國90%以上的國民信奉佛教，佛曆5月15日是紀念佛陀解脫、冥寂的日子。每個寺廟都會舉行法會、燭光會。

♥♥♥♥♥

AMAZING THAILAND GRAND SALE
魅力驚喜 泰國特賣會

6月~8月

曼谷的年度購物大事「魅力驚喜特賣」約在6月開跑。大部份的商店與購物中心都將提供10%至80%的折扣，讓觀光客們可以好好逛個夠、買個夠。而曼谷主要的購物中心與商店皆鄰近捷運站，也方便遊客輕鬆購物。

泰國素食節

9月

每年農曆9月舉行9天的素食節。這是一個擁有150年歷史傳統的慶典活動，活動宗旨在於驅病、淨化心靈。活動期間穿著白色服裝，禁食、禁酒、禁慾、禁殺生。信徒在本週透過儀式上的痛苦考驗，藉以展現對宗教的虔誠，像是跑過燒紅的木碳，或是將各樣物品刺穿他們的身體。

©泰國觀光局

王妃誕辰日、 母親節

8月12日

將王妃誕辰日訂為國定假日，以示尊敬和謝意，在這天全國各地的大樓和街道上，都會掛上王妃的相片和花朵。

Oct
10月

Nov
11月

Dec
12月

©泰國觀光局

©泰國觀光局

©泰國觀光局

©泰國觀光局

©泰國觀光局

🪔 LOI KRATHONG
水燈節

11月

水燈節是在令人討厭的雨季結束後，為祈求豐收而舉行的慶典活動，在泰曆12月的滿月日舉行。泰國最具傳統風味的慶典，泰國人將木船做成蓮花狀，放在水中或溪上漂流，同時將清香的花和香柱、蠟燭或是一枚硬幣放在船中，表示對水神虔誠的敬意，也將前一年所犯的過錯洗滌乾淨。LOI KRATHONG在泰語中是「小船」的意思，據說水面上的燭光不滅時，就意味著願望將實現。

🎂 國王誕辰日、
父親節

12月5日

這一天是泰國視為父親般尊敬的國王蒲美蓬阿杜德（泰語：ภูมิพลอดุลยเดช；RTGS：Phumiphon Adunyadet）的誕辰日。在皇宮周圍、全國各地政府機關、大型建築物等，到處都掛著國王的照片已示紀念，並舉行大型煙火活動。

★ CHRISTMAS
聖誕節

12月25日

在佛教國家的泰國，聖誕節也是個特別的日子。各地區的購物中心都會以聖誕樹和五彩繽紛的燈光營造特殊氣氛。聖誕夜、聖誕節當天在曼谷的暹羅廣場、奇隆百貨（Central chidlom）、阿索克站（Asok Station）等地，都會舉行各類型的活動。

🔔 NEW YEAR'S EVE

12月31日

泰國也和世界各個城市一樣，舉行各種迎接新年的活動。以中央世界購物商場（Central World Plaza）前側的拉差阿帕森（Ratchaprasong）購物區，所舉行的活動規模最大，會有很多觀光客和當地人湧入，參與熱鬧的慶典活動。會有泰國著名歌手表演、放煙火等迎接新年的活動。

Know How

旅遊購物行前須知

以現金還是信用卡付費較好？

在匯率時升時貶的不穩定期間，使用現金付款會較好。在泰幣正在升值的期間，以現金支付為宜；若以刷卡付費，匯率換算是刷卡日2～3日後的匯率。在購物中心或藥妝店等可以刷卡，但在洽圖洽周末市集、河濱夜市（ASIATIQUE）、路邊攤等地無法刷卡，所以需準備一些泰銖。

B or $

要先兌換成泰銖，
還是要兌換成美元？

大家都知道泰國物價低、物美價廉，所以匯兌就是旅行前必做的功課之一，到底要怎麼換才聰明划算？目前台灣有提供換泰銖的銀行有台灣銀行、兆豐銀行，另一個則是泰國的盤谷銀行（目前全台灣只有3家），而泰國盤谷銀行的匯率又比另外兩家好一點點。如果出發前來不及跑銀行換泰銖，也可以直接拿台幣到泰國當地的匯兌所換泰銖；目前曼谷提供的匯兌的有4家營業所：VASU、SIAM、Super Rich橘和Super Rich綠。每一家的匯率不同，大家換匯之前可以先上網查看當天的匯率，千萬要記得帶著護照才能換錢！

另外切記，曼谷機場裡的Exchange櫃台匯率通常是最不划算的！通常是在上述方法都行不通的時候才使用的下下策，建議出發前還是要多做比較。

比台灣更便宜的商品種類

泰國製造或歐美品牌代工商品一般較台灣便宜。牙膏、香皂、沐浴乳、身體乳液等的售價，也是依照當地物價訂的，所以售價會較台灣便宜。知名品牌的特賣會上，也會出現一些較便宜的商品。

在泰國購物中心可以索取5%的旅行優惠券

購物中心一般都會發行5%的旅行優惠券，只要在服務台出示護照即可索取。購買的商品總金額越大，5%的減價優惠就能折扣很多。有效期限約10天左右，弄丟了或有效期限過期時，則無法使用。

採購電子用品須知

泰國電子產品和台灣一樣都是使用110瓦，所以可以安心購買不用擔心電壓的問題。

只有外國人才可以退還6～7%的消費稅，申請退稅須在同一間商店購買商品滿2,000泰銖以上，要請店員準備退稅文件，在返國前出關查驗護照後，在VAT REFUND OFFICE出示以上所有表格與文件以取得退稅款項。

到曼谷購買珠寶須知

很多人會到泰國買珠寶，但不太懂珠寶的人很容易被騙。比較安全的方法，是向有信譽口碑的商店購買，就算真的到有信譽的店家也不要忘記貨比三家。

在觀光客聚集多的地區尤其有很多假藉賣珠寶的騙子，千萬不可以在來路不明的管道購買或是相信店家告知產品有問題可在其海外代理商做退換貨，這些都是他們的騙術。如果發現商店有可疑行為，可連絡1155泰國觀光警察中心。

泰國製品值得信賴嗎？

泰國製品當中也有不少優良品，因此，常有來自世界各地的人特地來到這裡採購，尤其是棉織品、泰絲、皮革製品、成衣還有燕窩等，都受到觀光客的青睞。

在泰國購買國際精品划算嗎?

近年來曼谷被極力推崇為一個購物天堂,無論是款式、價格、精品或是當地名產,樣樣都各具文化特色,不輸給亞洲其他國家。

但因為進口商品及精品的進口關稅很高,所以這類商品的價位都很高,購買前可以多做比較。

在市場或攤販購物時需要殺價嗎?

只有在觀光景點,才會遇到刻意提高售價的情況,因此不妨多看多比較。大型百貨公司的售價是固定的,但在一般小商店或商場小店舖購物,都可以享受到殺價的樂趣,實際上商品的價格要比標價低二到三成。特別是在只有周末才有的洽圖洽周末市集帕蓬夜市(Patpong),一到晚上就變成人聲鼎沸的夜市,滿街上的服飾、飾品、手工藝品等等,付款前可以殺一下價。

請辦一張會員卡

在MK Suki、BOOTS等地方辦一張會員卡,但需繳會員費。會員卡有一年有效期限或無期限限制。持有藥妝店BOOTS的會員卡時,可以減價5%,而且有些商品只有會員才有優惠。若打算在BOOTS採購大量商品時,辦一張會員卡會比較划算。只要持有會員卡,之後到曼谷的親友們也可以使用。

泰國常舉行特賣活動

6~8月的魅力驚喜泰國特賣會期間,曼谷的許多購物中心都會舉行特賣活動。各種品牌舉行的特惠活動期間與折扣不盡相同,所以需先行研究一下。進入www.whereonsale.com,可以獲取各種特惠資訊。此外,進入百貨公司、購物中心的網站,也可以事先知道特惠活動相關資訊。

刷信用卡結帳時是用泰銖,還是用台幣結帳好?

不管到哪裡去旅行都一樣,在百貨公司或餐廳一般都使用當地貨幣結帳。若以台幣結帳,會先換算成當地貨幣,再換算成台幣,這些匯差無形中就讓你損失不少。

換匯的最佳方法!

比起小面額美鈔,100元美金的大面額鈔票適用較好的匯率。各個換錢所的匯率不一,比較之後再進行兌換。在曼谷市中心、購物中心、百貨公司,都有很多匯兌場所。

CHECK LIST

行前確認清單

☒ 國際名牌的商品售價一般較台灣貴。

☒ 非免稅國家，但外國觀光客購物滿2000泰銖以上可以申請退稅。

☒ 在路邊攤可以討價還價，但採定價制的購物地點不可殺價。

☒ 採購食品前，需先確認有效期限。

☒ 市場、路邊攤不可退貨，採購前需仔細檢查物品是否有瑕疵。

☒ 洽圖洽周末市集就只在星期六、星期日營業。

☒ 昭披耶河的河濱夜市在下午5點以後開始營業。

☒ 小額消費通常不可以刷卡。

How to

美食、購物一日行程推薦

曼谷市集&家居用品購物行程

逛夜市是來泰國旅遊一定不能錯過的行程，可以見識到許多新奇好玩的新鮮貨，讓這個旅程增添了趣味。

這個號稱世界最大的市集是在席隆站（Silom）與捷運莎拉當站（Sala Daeng）之間，或是蘇坤維路上的那那站（Nana）之間，主要販售各式泰國風情或獨具特色的首飾、手工藝品、高價位骨董等商品。

這是無論行程再怎麼緊湊都要造訪的市集，沒來過洽圖洽別說你來過曼谷！

LOFT、Room Concept Store販售各種實用商品，跟著我走一趟吧。

洽圖洽周末市集 ⟶ 暹羅百麗宮百貨公司 ⟶ LOFT ⟶ Room Concept Store ⟶ Propaganda ⟶ Nandakwang

1. 洽圖洽周末市集
亞洲最大的市集，聚集的商品包羅萬象，進去市集前請索取一張地圖，可以更有效率的逛街。

2. 暹羅百麗宮百貨公司
外觀為玻璃帷幕的SIAM PARAGON 暹邏百麗宮百貨公司。

3. LOFT
日本品牌，位於SIAM DISCOVERY CENTER。

4. ROOM CONCEPT STORE
一家創意商品的展示間，添購家具必買第一站，有許多超人氣可愛造型人物。

5. PROPAGANDA
充滿特殊設計的商品。

6. NANDAKWANG
店內陳列著琳瑯滿目的泰式商品。

不建議在曼谷購買國際品牌商品，建議購買風格鮮明且獨特的泰國本土設計師品牌商品，遊客來到曼谷之前務必先做功課，包含代購價格、官網價格、台灣是否有進此品牌，以及曼谷購物滿兩千可退稅的情況下，是否有更划算等等，比價過後就可以盡情的血拚了。

Terminal21 ⟶ 暹羅廣場Siam Square ⟶ 暹羅潮流中心 Siam Discovery ⟶ 暹羅百麗宮百貨公司Siam Paragon ⟶ 中央世界購物商場 Central World

1. TERMINAL21
交通方便。每個樓層以航廈為設計概念建造成的購物中心，每一層都有其不同風格，觀光客會在每一層花不少時間拍照留念。

2. 暹羅廣場SIAM SQUARE
暹羅廣場位於曼谷捷運暹羅站旁，宛如曼谷版的西門町，是泰國年輕人喜愛造訪的地方，在這有服飾、配件、鞋包等店家，美食餐廳也很多。

3. 暹羅潮流中心百貨
SIAM CENTER
主攻年輕、潮流服飾、特色餐廳、美食街。

4. 暹羅百麗宮百貨公司
SIAM PARAGON
地理位置方便，在捷運暹羅站出口。有各國名牌精品的購物中心。

5. 中央世界購物商場
CENTRAL WORLD
曼谷的節慶活動主要場地，由ZEN百貨、伊勢丹百貨、世貿中心三家百貨公司相連的購物天堂。

既然來到泰國 就來看看當地值得一買的美妝商品，一個是Big C，就是曼谷必逛的超市，另一個是EVEANDBOY，位於Siam Center商圈一間非常熱門的美妝店，愛美的妳絕不能錯過。如天然精油產品、護髮產品、香皂等都非常推薦。

絲芙蘭 ⟶ 維多利亞的秘密 ⟶ BOOTS ⟶ HARNN、涵庭、禾本

1. 絲芙蘭 SEPHORA
開架彩妝保養品一次到位！販售各種化妝品的商店，位於暹羅中心。

2. 維多利亞的秘密
美國的內衣品牌，也販售護膚商品，位於暹羅中心。

3. BOOTS
泰國擁有最多分店的藥妝店，販售各種醫藥品、化妝品等。

4. HARNN、涵庭、禾本
泰國本地品牌，販售品質優良的保養品、護髮產品。

返國前的伴手禮採購行程

依照個人的喜好挑選禮物，並非一件簡單的事，但在曼谷可以採購的紀念品種類多樣化。可以到洽圖洽周末市集選購禮物，若預算較高，可以到金湯普森品牌商店採購，Naraya品牌的包包更是伴手禮的首選。

洽圖洽周末市集 ⟶ 金湯普森 ⟶ Naraya ⟶ BOOTS ⟶ 河濱夜市

1. 洽圖洽周末市集
只在週末才營業，亞洲最大的市集，範圍達8個足球場以上，進去之前須做好動線規劃。

2. 金湯普森
JIM THOMPSON HOUSE
泰絲工藝是泰國文化重要的一環，而JIM THOMPSON金湯普森多年來全心投入在泰絲工藝，後人為了紀念他，故將原本JIM THOMPSON的舊宅改裝為泰絲博物館，繼續推廣泰絲，不讓泰國傳統失傳。

3. NARAYA
相信大家都對這個台灣人俗稱【曼谷包】NARAYA不陌生，出色的設計讓NARAYA的產品雖然平價，卻充滿著高貴感。

4. BOOTS
販售各種護膚用品、護髮用品等的藥妝店。

5. 河濱夜市
昭披耶河沿岸的夜市，販售各種美食、傳統手工藝品等。

美食採購行程

每間百貨公司都有高檔超市，在街道上也可以輕易看到Big C、特易購分店。

Goumet Market ⟶ Big C ⟶ 河濱夜市 ⟶ 7-Eleven

1. GOUMET MARKET
交通便利，位於暹羅百麗宮百貨公司。了解當地飲食生活，最直接快速的方式就是走進超市，一窺在地人平常吃什麼食物、買什麼東西。

2. BIG C
大型量販店，位於中央世界購物商場對面。

3. 河濱夜市
位於昭披耶河河畔的泰國傳統夜市。

4. 7-ELEVEN
大街小巷或飯店附近的便利商店。

週末觀光客們的超值購物行程

曼谷的購物中心主要集中在一個區域裡，所以逛起來較輕鬆。
但也不可錯過物美價廉的路邊攤、當地傳統市場。

Friday 星期五

| AM10:00 | PM1:00 | PM3:00 | PM5:00 |

暹羅廣場 ⟶ **Siam Discovery Center** ⟶ 暹羅中心 ⟶ 暹羅百麗宮百貨考山路

Saturday 星期六

| AM11:00 | PM1:00 | PM4:00 |

安帕瓦水上市場（**Amphawa Floating Market**）⟶ 美功鐵道市場（**Maeklong Railway Market**）⟶ 河濱夜市

Sunday 星期日

| AM10:00 | PM12:00 | PM3:00 |

洽圖洽周末市集 ⟶ **Terminal21** ⟶ 中央世界購物商場

📎 物美價廉的實用好物

暹羅廣場、中央世界購物商場周圍有很多路邊攤。商品種類繁多，包括手工製品、衣服、配件、飾品等。販售品項無奇不有，有泰國西門町之稱。

Shopping Here

曼谷購物懶人包

📎 逛逛獨特的泰國設計師品牌吧！

重新整修過的暹羅中心，外觀新穎，裡面有GREYHOUND、KLOSET、FLYNOWIII、SENADA、Wonder Anatomie等泰國設計師品牌。Zen百貨公司裡也設有泰國新銳設計師品牌專區，創新且獨特的設計讓消費者流連忘返。

📎 泰國女性內衣售價便宜，種類繁多

泰國最佳購物排行榜前三名的商品，就是內衣，如華歌爾、黛安芬等品牌的內衣，在泰國採代工生產的方式製造，能以更便宜的售價購買到商品，款式也更多樣化。

泰國必買的天然精油製品

在暹羅百麗宮百貨公司裡的Gourmet Market、洽圖洽周末市集、河濱夜市等地區，都不難看到這些質地溫和的天然精油精華液、藥草球、茶等各種商品，是來泰國的遊客絕不能錯過的必買品。

絕不能錯過的泰國手工藝品

在泰國能以超值的價格採購到純手工製品。籐製品及柳條製品享譽盛名，不但美觀耐用、手工精巧，而且款式多樣，充滿了泰國這個熱帶國家的文化風情。這些手工藝品都可以在洽圖洽周末市集、河濱夜市、路邊攤採購到。商品種類繁多，包括手提包、衣服、首飾品、配件、裝飾品等等。

生鮮水果禁止帶入境

在曼谷的市場、超市、路邊攤隨處可見熱帶新鮮水果，包括山竹、龍貢、紅毛丹、椰子，以及很多人不能接受的榴槤。若沒時間去買，可以改買水果乾。芒果、椰子、羅望子水果乾，也有荔枝水果罐頭等。

媽媽們讚不絕口的蜂蜜

送給長輩的最佳禮物就是蜂蜜，在泰國買蜂蜜要挑有國家認證的商品。超市有販售泰國政府認證的蜂蜜或高山地帶採集的蜂蜜。

觀光客必敗藥妝

強力推薦BOOTS藥妝店的天然精油、乳液、Soap&Glory、草本概念（Botanics）等商品。

在曼谷一年365天都可以採購到夏天商品

泰國人一般認為泰國有四季之分，分成熱（Hot）、非常熱（Very hot）、非常非常熱（Very very hot）、非常非常非常熱（Very very very hot）等四個季節。但對於台灣人而言，泰國只有夏天，在曼谷隨時可以採購到夏天商品。來到泰國之前若沒事先準備好泳衣，可以到達後再以較便宜的價格購買，泳衣款式多樣化，款式也齊全。

咖啡嗜好者

可以試著品嚐泰國高山地區栽培的咖啡DOI CHAANG、DOI TUNG、WAWEE，這是泰國三大本土咖啡品牌。可以品嚐看看泰北清萊（Chiang Rai）生產的咖啡味道。

曼谷是免稅區嗎?

NO

不是免稅區,泰國血拚魅力在於物價偏低,外國觀光客滿2000泰銖即可退還消費稅,但在傳統市場或一般商店的商品不可退稅。只有在可以退稅的購物中心或商店,才可以申請退稅。

知名品牌商品在泰國會較便宜嗎?

NO

若不是遇上特惠活動,因為進口關稅高,知名品牌商品售價一般偏高,但打折商品中除了給予減價優惠外,還可以退還6~7%的消費稅,出發前先查詢台灣的售價。

在曼谷傳統市場可以殺價嗎?

YES

觀光客常去的地方可以討價還價,但有些地方的商品上會貼上標價,就不可以殺價。洽圖洽周末市集有很多商品會貼上定價,但一次同時採購好幾個商品時,怎麼可以輕易的放過這個殺價的機會。

曼谷市場裡採購的物品可以退貨嗎?

NO

一般已經付費的商品無法退貨。買到瑕疵品時,有些老闆會提供顧客換貨服務,但有些不會,所以購買前需仔細確認商品狀況,慎重的選購。

YES OR NO

曼谷購物Q&A

在曼谷可以退還消費稅嗎?

YES

在貼上退稅標誌的商店或購物中心才可以退稅。採購金額達2000泰銖時,即可取得退稅收據,到機場提出退稅申請,領取退稅金額。

曼谷有跳蚤市場嗎?

YES

草根夜市(Saphan Phut Night Market)是著名的跳蚤市場。周末洽圖洽周末市集周圍的洽圖洽綠色市集、桑崙夜市(Suanlum Night Bazaar)都有販售二手商品。

曼谷有知名品牌OUTLET嗎?

YES

販售泰國高級絲綢的金湯普森OUTLET、百貨公司裡類似OUTLET的Pasaya皆位於曼谷市區。

曼谷有夜市嗎?

YES

與亞洲其他城市相較,曼谷的夜市規模大很多,曼谷曾經有個最大的桑崙夜市,但已經歇業,現在昭披耶河河岸有一個歐式風格的河濱夜市。自古就很有名的帕蓬夜市(Patpong Night Market)也值得去逛逛。

曼谷有批發市場嗎?

YES

中國城裡有各類商品的批發店,種類包括玩具、飾品、鞋子等。水門市場、洽圖洽周末市集的商家依照顧客人購買數量,決定以批發價或零售價販售。

曼谷免稅店商品比台灣免稅店便宜嗎?

NO

台灣的免稅店部份商品比曼谷便宜,所以還是要多比較以免吃虧。

在百貨公司、購物中心裡可以索取旅行優惠券嗎?

YES

在暹羅百麗宮百貨公司、中央世界購物商場、羅賓生百貨公司(Robinson Department Store)等,在服務台出示護照,即可以索取5%的旅行優惠券。

世界頂級的絲綢產品在泰國

YES

金湯普森品牌的泰國絲綢聞名國際,其中高價位商品的款式和品質皆受到世界認可。商品種類包括絲巾、衣服、手提包、飾品、人偶等。

泰國代工生產的商品便宜嗎?

YES

泰國主要是以代工生產為主的國家。譬如內衣品牌華歌爾、黛安芬等知名品牌的代工,所以能用超值的價格購買到這些品牌。

曼谷也有像大創(DAISO)一樣的低價商品嗎?

YES

台灣有39元起的商店,曼谷則有60泰銖起的低價位生活用品和食品商店。

國際知名品牌售價較台灣便宜嗎?

NO

在過去誤以為泰國貧窮、物價低,現在曼谷已非常繁榮了,且因為曼谷進口關稅高,購物中心的國際知名品牌商品售價偏高。

曼谷私房血拚地點特搜

Shopping In

Bang Kok

天然精油商品

HARNN

HARNN
🏠 991 Siam Paragon,
Rama 1 Road
☎ 0-2610-9715
🕙 10:00~20:00
🚇 BTS 暹羅站（Siam
Station）3、5號出口
🌐 www.harnn.com

THANN™

THANN
🏠 4F, Siam Discovery
Center, Rama 1 Road
☎ 0-2658-0550
🕙 10:00~20:00
🚇 BTS 暹羅站（Siam
Station）1號出口
🌐 www.thann.info

ERB
🏠 Central World, 1F,
Atrium Zone 4,
4 / 1-2, 4 / 4, Ratchadamri
Road
☎ 0-2252-5680
🕙 10:00~22:00
🚇 Central World, 1F,
2F出口
🌐 www.erbasia.com

panpuri

PANPURI
🏠 Gaysorn, LF, 999
Ploenchit Road
☎ 0-2656-1199
🕙 11:00~20:00
🚇 BTS奇隆站（Chit Lom
Station）1號出口
🌐 www.panpuri.com

泰國製天然精油

在曼谷著名購物中心、機場免稅店都有設立分店的HARNN、涵庭、禾本、PANPURI，就是泰國製造的本土代表性品牌。HARNN、涵庭在購物中心裡設立門市和使用自己品牌產品的高級SPA。使用天然檸檬草、富含維他命E的米糠油、迷迭香（rosemary）、胡椒薄荷、薰衣草等成分製成的護膚用品，散發出幽幽的香氣，令人身心放鬆。

BANGKOK

DESIGNER SHOP

可以找到富有特色的服飾和商品的地方

逛百貨公司或購物中心時，在泰國設計師自營商店裡可以找到一些特別的款式。暹羅中心、中央世界購物商場、Zen百貨公司都有進駐，其中Greyhound是泰國時尚服裝品牌，延續品牌風格開設了許多咖啡廳，每一家都很有設計感，東西也好吃，位在Siam Center，相當值得造訪。以櫥窗設計吸引人而聞名的FLYNOWIII，是泰國品牌Flynow的副牌，以奔放且天馬行空的設計概念設計服飾，無論是娃娃頭、昆蟲、動物等，都是設計師的創作元素。另外一個泰國設計師品牌Kloset，是由設計師Mollika Ruangkritya創始在2001年。據說她還是一個小女孩的時候就很有設計天賦，以色彩鮮艷的洋裝和散發少女氣息的女裝為主打款式。Wonder Anatomie的風格也是非常富有創意的設計，擅長以3D立體剪裁，搭配浮誇的顏色和材質，創造出新的潮流。

GREYHOUND

- 📍 L3, Siam Center, Rama 1 Road
- ☎ 0-2251-4917
- 🕐 10:00~21:00
- 🚌 BTS暹羅站（Siam Station）1號出口
- 🌐 www.greyhound.co.th
- 🏬 設立分店的購物中心

伊勢丹百貨、Emporium百貨、暹羅中心、暹羅廣場、曼谷拉杜普勞中環廣場（Centara Grand at Central Plaza Ladprao Bangkok）

KLOSET

- 📍 L3, Siam Center, Rama 1 Road
- ☎ 0-2658-1729
- 🕐 10:00~21:00
- 🚌 BTS暹羅站（Siam Station）1號出口
- 🌐 klosetdesign.com
- 🏬 設立分店的購物中心

暹羅中心、暹羅百麗宮百貨、中央世界購物廣場、中央百貨（Central Chidlom）、曼谷拉杜普勞中環廣場

FLY NOW III

- 📍 L3, Siam Center, Rama 1 Road
- ☎ 0-2658-1097
- 🕐 10:00~21:00
- 🚌 BTS暹羅站（Siam Station）1號出口
- 🌐 www.flynowiii.com
- 🏬 設立分店的購物中心

暹羅中心、暹羅百麗宮百貨、Emporium百貨公司、Zen百貨、中央世界購物廣場、曼谷拉杜普勞中環廣場、Central Plaza Pinklao

SENADA

- 📍 L3, Siam Center, Rama 1 Road
- ☎ 0-2252-2752
- 🕐 10:00~21:00
- 🚌 BTS暹羅站（Siam Station）1號出口
- 🌐 www.senadatheory.com
- 🏬 設立分店的購物中心

暹羅百麗宮百貨、中央世界購物廣場、中央百貨

DISAYA

- 📍 Siam Paragon, 991/1, Rama 1 Road
- ☎ 02-610-7899
- 🕐 10:00~20:00
- 🚌 BTS暹羅站（Siam Station）3、5號出口
- 🌐 www.disaya.com
- 🏬 設立分店的購物中心

Central Embassy、中央世界購物廣場、Emporium百貨、中央百貨

WONDER ANATOMIE

- 📍 L3, Siam Center, Rama 1 Road
- ☎ 02-658-1494
- 🕐 10:00~21:00
- 🚌 BTS暹羅站（Siam Station）1號出口
- 🌐 www.facebook.com/wonderanatomie
  www.wonderanatomie.blogspot.kr

BANGKOK

營造出泰式風格的家飾

NANDAKWANG
👤 4F, Siam Discovery
Center, Rama 1 Road
☎ 0-2658-0407
🕐 11:00~21:00
🚆 BTS暹羅站（Siam
Station）1號出口

DOI TUNG LIFESTYLE
👤 2F, Siam Discovery
Centre, Rama 1 Road
☎ 0-2658-0427
🕐 星期一~四 11:00~20:00
星期五~日 11:00~21:00
🚆 BTS暹羅站（Siam
Station）1號出口

泰國風格家居飾品NANDAKWANG、DOI TUNG LIFE STYLE

NANDAKWANG創立於1951年，主要販售泰北地區的手工藝品，泰式風格的
布料、毛巾、寢具、手提包、衣服、椅墊等，都是由泰國棉布製成的。在曼谷
有Sukhumvit Soi 23店、Siam Discovery Center店，在清邁地區也有一個大型
門市賣場。另外也極力推薦非常泰式風的DOI TUNG Life Style，除了是家居用
品品牌外，同時也是泰北地區金三角（golden triangle）的咖啡品牌。過去栽
培罌粟（Papaver somniferum）的原產地DOI TUNG地區，現在已經轉變成咖
啡栽培和製作手工藝品的地方。為了讓住在那個地方的高山族和居民可以重
新生活，於是推動了DOI TUNG計劃。不僅販售咖啡，也販售手藝佳的高山族
製造的家居服，促進當地的地區發展。

英系藥妝店

📎 **Tip**

申辦BOOTS會員卡的方法

採購金額達600泰銖時，可以免費成為會員，結帳時店員會問是否有會員卡。若想成為會員，只要填寫簡單的申請表，繳交50泰銖的會費，即可馬上成為會員，獲得減價的優惠。若採購的商品量很多時，所節省下來的錢會超過會費，而且還可以積點，點數沒有有效期限。

🌐 www.th.boots.com/thai

BOOTS

BOOTS 進駐的購物中心

暹羅百麗宮百貨公司 /
Terminal21
時代廣場（Times Square）/
中央世界購物商場
中央百貨 / Emporium百貨 /
Central Bangna /
Mercuryville /
CDC（Crystal Design
Center）
MBK CENTER / K VILLAGE
Mega Bangna / 暹羅廣場 /
SILOM COMPLEX / 曼谷廊
曼國際機場（Don Mueang
International Airport）/
蘇汪納蓬機場
（Suvarnabhumi Airport）

人氣英系藥妝店BOOTS

不管去到哪一個國家，藥妝店是必逛必買之地。曼谷大多數的百貨或購物中心裡都會有一間藥妝店，所以在逛街的過程中，就會很自然的逛到。值得推薦的品牌有BOTANIC、SABAI-AROM、THE SANCTUARY，都是採優良材料製成的優質產品。SOAP&GLORY是英國化妝品品牌，包裝盒散發著撫媚的設計感、香味清新，原本要到英國才可以買到的化妝品，現在只要到曼谷就可以採購到。店裡常有買一送一的活動，或買二送一的活動，來曼谷千萬不要錯過。

SUPERMARKET

到超市瞭解當地居民的生活習慣

以小錢享受快樂的超市購物

特易購是在泰國市佔率第一的連鎖超市,也是泰國當地人最常去的大型超市,包括位於Sukhumvit26店在內,共有數百間分店。此外,還有BIG C連鎖超市,以曼谷市區中央世界購物商場前的賣場規模最大,雖有販售一些進口商品,但仍以當地居民的日常用品為主。也可以在BIG C超市購買到售價較便宜的大包裝泰國泡麵和餅乾。位於暹羅廣場的GOURMET MARKET是最多觀光客造訪的賣場,陳列著各種刺激觀光客購買慾的商品。Emporium百貨公司、通羅(Thong Lor)區附近有很多日本外派人員居住,有專門販售日本製品的UFM FUJI SUPER,因是日系連鎖超市,所以日製品較便宜。

Tip
在超市可以找到品質優良的商品。賣場裡有個標示OTOP的陳列架,OTOP是One Tambon One Produc的縮寫,Tambon是泰國的區域名稱。這個陳列架是宣傳並販售小城市的中小企業製品。在OTOP陳列架能以便宜的價格買到和知名品牌品質相當的優良商品。極力推薦購買這裡的天然精油製品、香料、水果乾等。

TESCO LOTUS
📍 831 Rama I Road
☎ 0-2612-3960
🕐 09:00~23:00
🚌 BTS 國家體育館站（National Stadium Station）1號出口
🌐 www.tescolotus.com

BIG C
📍 97/11 Rajdamri Road
☎ 0-2250-4888
🕐 09:00~23:00
🚌 BTS奇隆站（Chit Lom Station）
1、2號出口
🌐 www.bigc.co.th

VILLA MARKET
📍 171 Soi Sukumvit 11, Sukhumvit Road
☎ 0-2255-6559
🕐 06:00~23:00
🚌 BTS那那站（NaNa Station）
3號出口
🌐 www.villamarket.com

GOURMET MARKET
📍 Siam Pargon G, 991/1, Rama 1 Road
☎ 0-2690-1000
🕐 10:00~22:00
🚌 BTS 暹羅站（Siam Station）
1號出口
🌐 www.gourmetmarketthailand.com

TOPS MARKET
📍 B1F, Robinson, 259 Sukhumvit Road
☎ 0-2651-3330~2
🕐 09:00~23:00
🚌 BTS阿索克站（Asok Station）
3號出口
🌐 www.tops.co.th

UFM FUJI SUPER
📍 593/29-39 Soi Sukhumvit 33/1, Sukhumvit Road
☎ 0-2258-0697~9
🕐 08:00~22:00
🚌 BTS 澎蓬站（Phrom Phong Station）3號出口
🌐 www.ufmfujisuper.com

迷人的泰國絲綢

JIM THOMPSON

JIM THOMSON
中央世界購物商場
🏛 4, 4/1-4/2, 4/4
Rajdamri Road
☎ 0-2613-1453~4
🕙 10:00~22:00 全年無休
🚇 BTS奇隆站（Chit Lom
Station）1、2號出口
🌐 www.jimthompson.com

📎 **Tip**
金湯普森減價活動
金湯普森一年不定期舉行
1~2次清庫存的減價活動。
BITEC BANGNA裡的各種
商品皆可以減價40%左右，
一般減價活動在5月底至6月
初、12月初舉行。而且還可以
申請退還消費稅，請記得攜
帶護照。

金湯普森泰絲博物館
中央世界購物商場 /
中央百貨公司暹羅廣場 /
Emporium百貨公司/
金湯普森Surawong店 /
伊勢丹曼谷廊曼國際機場 /
蘇汪納蓬機場

金湯普森

金湯普森絲綢是泰國代表品牌。金湯普森是美國人，在二次世界大戰後發現
泰國絲綢品質優良，並讓絲綢成為泰國重要的輸出商品。他去馬來西亞旅行
後失蹤，但以他的名字命名的品牌卻蓬勃發展。各種款式顏色的領帶是以高
級絲綢為布料，是上班族男士們的最佳配件。當女士們想轉換一下穿衣風格
時，絲巾是必備品之一，大象圖案的絲巾人氣最高。此品牌亦深受外國人的
喜愛，在暹羅廣場、中央世界購物商場、Emporium百貨公司等高級百貨公司
和購物中心都有門市。金湯普森品牌是可以退還消費稅的店家，若想以便宜
的售價購買到商品，可以造訪金湯普森OUTLET。

位於曼谷市區的OUTLET

金湯普森OUTLET

泰國金湯普森絲綢的商品風格以自然色澤、簡約、高級風格為主。人氣商品有絲巾、領帶、衣服、手提包，此外，還販售品質優良的棉製品。在曼谷有一間能以超值價格採購到此品牌商品的OUTLET賣場。金湯普森OUTLET的1至3樓是一般賣場難得見到的不織布商品，4樓販售絲巾、衣服、手提包、化妝包等，5樓販售家居飾品。若在金湯普森賣場裡有因為昂貴而捨不得下手的商品，可以到這裡看看，請記得攜帶護照，若消費金額達2000泰銖以上，可以退還消費稅。

JIM THOMSON OUTLET

🏠 153 Soi Sukhumvit 93, Bangchak, Phakanong
☎ 0-2332-6530~4, 0-2742-4601~3
🕘 09:00~18:00
🚇 從BTS 班恰克站（Bang Chak Station）5號出口走出來，經過Soi Sukhumvit95，就會看到Soi Sukhumvit93的標示，約步行5分鐘
🌐 www.jimthompson.com

最實用的曼谷禮品

NARAYA
⊕ www.naraya.com

中央世界購物商場
🏠 106-107, GF, Central
World,
4 Rajadamri Road
☎ 0-2255-9522
🕐 10:00~22:00
🚌 BTS奇隆站（Chit Lom
Station）1、2號出口

Sukhumvit Soi24店
🏠 654-8 Corner of
Sukhumvit 24,
Sukhumvit Road
☎ 0-2204-1145~7
🕐 09:00~22:30
🚌 BTS 澎蓬站（Phrom
Phong Station）3號出口

暹羅百麗宮百貨店
🏠 3F, Room No Siam
Paragon,3/17-19,
Rama 1 Road
☎ 0-2610-9418
🕐 10:00~22:00
🚌BTS 暹羅站（Siam
Station）3、5號出口與暹羅
百麗宮百貨相連

Tokyu MBK店
🏠 1F, Tokyu-MBK 444
Phayathai Road
☎ 0-2611-4580
🕐 10:00~21:00
🚌 BTS 國家體育館站
（National Stadium
Station）4號出口

Baan Silom店
🏠 Baan Silom. 651, A5&B4,
Silom Road
☎ 0-2266-2691
🕐 09:00~22:00
🚌 BTS鐘那席站（Chong
Nonsi Station）3號出口
或蘇叻沙克站（Surasak
Station）3號出口

觀光客必買的NARAYA

這個曾經紅極一時的曼谷包NARAYA，雖然熱潮已褪去不少，但仍然有很多人記得手提包前蝴蝶結的經典設計。手提包很實用、售價合理，是到泰國觀光時必買的商品之一。用布料製成的輕便手提包或鏡子化妝包，都是送禮的最佳選擇。高價位的商品中以高級絲綢製品最為有名，商品以手提包、飾品、家居用品、家居服等為主，在聖誕節或春節等特殊節日，會發行很多限量設計商品。這裡是造訪泰國時必去的地點，在中央世界購物商場和Emporium百貨公司附近的Sukhumvit Soi24店有設立分店。在暹羅廣場的Nara By Naraya分店，是NARAYA的旗艦店，記得去逛逛。

BANGKOK

歷史悠久的手工香皂

泰國製造的MADAME HENG 手工香皂

MADAME HENG是1949年創立的天然香皂品牌,最初的包裝帶點鄉土味,但內容物卻很實用。隨著名聲日益上升後,包裝也變漂亮了。中國人HENG氏移民到泰國後,使用泰國的天然材料手作自用香皂,之後常作為禮物送給他人,其名聲因此漸遠播。自開店以來已有60年以上的歷史,已傳承了好幾代,採用天然材料製成,並不斷努力研發新產品。香皂是使用有機的天然材料,適合洗臉,還可以預防青春痘和其他肌膚問題,送禮自用兩相宜。Siam Discovery Center、暹羅百麗宮百貨公司、Terminal21、通羅區的MARKET PLACE都有分店。泰國人平常使用的香皂則可以在超市裡採購到。

MADAME HENG
👤 1F Siam Discovery Center, Rama 1 Road
☎ 0-2559-3612
🕙 11:00~21:00
🚇 BTS 暹羅站 (Siam Station) 1號出口

BANGKOK

竹製廚具

讓我們一起沈醉在泰國的柚木魅力中

這是一間販售柚木廚具的品牌，手工廚具的簡約風格、高級品味，深受日本人的喜愛。在木製品的最外層塗抹上天然的油脂，凸顯木頭的質感，這類油脂對人體無害。商品種類繁多，包括盤子、容器、湯匙、叉子、筷子、桌布、罐子、兒童用品等。位於臘拋（Lard Prao）的本店，一般人很難前往，需撥出半天的時間才可以往返，但有很多特惠商品。建議可以到位於百貨公司、LOFT、Nandakwang等的分店。

ChaBatree

CHABATREE
📍 311 M. 10 Lard Prao
Wanghin Road,Lard Prao
☎ 0-2931-6093
🕐 星期一～五 09:00～17:00
🚇 在MTR樂拋站（Lat Phrao Station）下車，搭乘計程車
🌐 www.chabatree.com

🔗 分店

百麗宮百貨暹羅店4樓 / Siam Discovery Center 5樓 / Sukhumvit Soi24 Nandakwang分店 / EMPORIUM 5樓 / Sukhumvit Soi31 Peace Store / 水晶設計中心（Crystal Design Center）

曼谷的連鎖百貨公司

Central

CENTRAL
👤 1027 Ploenchit Road
☎ 0-2793-7777
🕐 10:00~22:00
🚇 BTS奇隆站（Chit Lom Station）1號出口

🔗 曼谷中央百貨分店
奇隆 / 拉杜普勞
Bingao/ Bangna /
Chaengwattana /
Palam2/ Palam3 / Silom
Complex

ROBINSON

ROBINSON

ROBINSON
👤 259 Sukhumvit Road
☎ 0-2252-5121
0-2651-1533
🕐 10:00~22:00
🚇 BTS阿索克站
（Asok Station）
🌐 www.robinson.co.th

🔗 曼谷羅賓森百貨
阿索克/挽叻/
Ratchadapisek/
Seacon Square /Palam3/
Mega Bangna

中央百貨公司、羅賓森百貨公司

曼谷到處都有連鎖百貨公司，其中最常見是中央百貨公司（CENTRAL
DEPARTMENT STORE）、羅賓森百貨公司（ROBINSON DEPARTMENT
STORE）。以中央世界購物廣場等中央系列百貨公司的賣場規模最大。
每一樓層販售的商品不同，可以輕鬆購買到想要的商品。但位於BTS沙潘
塔克辛站（Saphan Taksin Station）的挽叻（Bang Rak）店和拉差打披色
（Ratchadapisek）店，賣場規模較大，當地居民常去，值得去逛逛。這兩間
百貨公司離市區有點距離，規模大、物品種類更多，若時間充足時，可以去看
看。可以退還消費稅，有特惠活動時，還有機會得到禮品或更多折扣。

INTERIOR

不可錯過的幸福空間

擁有各種設計商品的LOFT、Room Concept Store、Propaganda

喜愛家居飾品的人,可以參觀一下位於暹羅中心旁邊的Siam Discovery Center。日系品牌LOFT則是觀光客和20~30歲年輕人最常造訪的地方,賣場裡陳列著美妝用品、文具、家居飾品、時尚配件、禮品、日常生活用品,在這裡可以採購到和日本賣場不同的便宜商品。Room Concept Store販售一些歐洲商品或風格新奇的商品,且有些商品常出現雜誌上,相當吸引人。Propaganda位於Siam Discovery Center,這個品牌是泰國設計師MR. P的創作,這裡的商品設計有趣又新潮,會刺激顧客的購買慾,需控管好自己的荷包。

BANGKOK

LOFT
📍 418-420, Siam Discovery Center, Rama 1 Road
☎ 0-2658-0328~30
🕐 10:00~22:00
🌐 www.loftbangkok.com

ROOM CONCEPTSTORE
📍 417, Siam Discovery Center, Rama 1 Road
☎ 0-2658-0410
🕐 10:00~22:00
🌐 www.facebook.com/roomconceptstore

Prōpagānda®

PROPAGANDA
📍 401, Siam Discovery Center, Rama 1 Road
☎ 0-2658-0430~1
🕐 10:00~22:00
🌐 www.propagandaonline.com

BANGKOK

背包客的天堂——高山路

曼谷的墾丁大街

一個有點類似台灣墾丁卻沒有海灘的地方，高山路是來自世界各地背包客都
喜歡的旅遊勝地，住宿費低廉，還可以享受美食、購物的樂趣。最初只有一
兩間商店，之後路邊攤不斷增加，最後就形成了複雜的高山路，高山路也曾
經在李奧納多、狄卡皮歐主演的電影【海灘】出現，故之後許多歐美國家的
背包客也隨之增加。在這也聚集了酒吧、餐廳、美食小吃、購物商店，因此除
了是背包客的天堂，同時也吸引著大批遊客前來朝聖，就連泰國當地居民也
喜歡來逛，常常人滿為患。

KHAOSAN ROAD
高山路
🚶 住址 Khaosan Road,
　　Banglamphu
🚇 在Tha Phra Arthit下車，
　　步行10分鐘

帕胡瑞市場

曼谷的印度街

帕胡瑞市場（Phahurat Market）是許多移民居住的城市。不僅有很多中國人，也有很多印度人居住。所以在中國城旁邊有個小小的印度帕胡瑞市場，市場規模並不大，以印度商人經營的店舖為主，可以購買到從印度進口的商品，種類繁多，包括印度首飾、手提包、鞋子、飾品、印度香料和食材等。喜歡音樂和跳舞的印度人也喜歡寶萊塢系列歌舞劇電影，所以有專門販售印度電影DVD、CD的商店和印度服飾店。

PHAHURAT
帕胡瑞市場

🏠 Phahurat, Talat Road, Talat Noi, Samphanthawong
🚤 搭乘昭披耶河的水上巴士，在Tha Saphan Phut碼頭下船，步行5~10分鐘

物美價廉的中國城

曼谷的中國市場

遊客可在中國城附近搭乘水上巴士，觀賞一下曼谷的異國風景，經過昭披耶河，到達Tha Ratchawong再走下船，參觀一下中國城裡人潮熙熙攘攘的巷弄。中國城裡有很多可以購買的商品，也是品嚐水果、小吃的天堂，還有專門販售燕窩、魚翅、藥材等昂貴食材商店，可說曼谷境內的中國市場。Samphantawong街也販售很多紀念品、服飾、髮夾、首飾等，還有各種材料的批發商，是物美價廉的好地方。

CHINA TOWN
中國城
🏠 Wanit Soi 1, Samphantawong
🚌 搭乘昭披耶河的水上巴士，在Tha Ratchawong碼頭下船，步行5~10分鐘，或搭乘MRT在華藍蓬站（Hua Lamphong Station）下車，或搭乘計程車。

佈置夢想中的家

全亞洲最大的設計據點

這是一間家居飾品店，內部空間區分成家具展覽場和購物空間，因離曼谷市區有點遠，一般觀光客不易到達。販售的商品種類繁多，包括高級家具、燈具、廚房用具、浴室用品、地板、壁紙、生活用品等。商品風格多樣化，有泰國本土商品、進口商品，顧客群以上流階層為主。此外，還有25間氣氛優的餐廳、咖啡館，泰國上流人士常聚集於此地。這裡的氛圍寧靜，有別於其他夜市的喧囂，能在這裡享受寧靜的周末。

▲ **CDC** | Crystal Design Center

CRYSTAL DESIGN CENTER
水晶設計中心

📍 1420/1 Praditmanutham Road, Klongjan
☎ 0-2101-5999
🕐 星期一～星期四
　　10:00~20:00
　　星期五、六、假日
　　10:00~21:00
　　市集星期五、六、假日
　　17:00~23:0
🚕 搭乘計程車
🌐 www.
crystaldesigncenter.c

2

一日水上市場旅行

DAMNOEN SADUAK水上市場

風格獨特的水上市場，大多位於曼谷西南部。DAMNOEN SADUAK水上市場是由小船沿著狹窄水路排成一列而形成的，在這裡可以品嚐到美食和水果、購買紀念品。時間上充足時，可以下船來，逛逛常出現在電影或電視劇中的水路附近的街道，並拍張照片留念。可以一大早就啟程感受到水上市場的熱鬧氣氛，可參考當地曼谷旅行社的水上市場一日遊。

DAMNOEN SADUAK FLOATING MARKET
🚌 每天早上7點出發，可以在旅行社或飯店報名參加相關旅行行程
🌐 hongiktravel.com
曼谷高山Hongik旅行社的一日之旅費用為250泰銖

BANGKOK

泰國市場

MAEKLONG美功鐵道市場和AMPHAWA水上市場

美功鐵道市場是一個泰國小鎮的傳統市場，常被世界各國的電視節目所介紹，最大的特色就是攤販們緊貼著鐵軌兩旁擺攤，鐵路就是市場的一部份，當火車鳴笛響起，小販們就會從容地收拾，接著等著火車慢慢地通過，然後小販們又不慌不忙的恢復原狀繼續營業，這前後不到5分鐘的獨特景象，觀光客就會在站在鐵軌上，拍攝紀念照。大多數的人是來參觀的，不是來購物的，因為這個特殊景象吸引了無數的觀光客前來美功鐵道市場，泰國著名景點AMPHAWA水上市場的魅力和DAMNOEN SADUAK水上市場不同，不是搭船在水道上逛商店，而是逛水道兩側的商店。而且營業時間只在星期五、六、日，在此可以品嚐到船上販售的新鮮海鮮料理和琳瑯滿目的道地泰式小吃，享受逛街吃美食的樂趣。也可以花費1個小時左右的時間，靜靜乘船觀賞閃閃發亮的螢火蟲，是值得一遊的泰國特色景點。

TALAT MAEKLONG& AMPHAWA FLOATING MARKET

🚉 MAEKLONG美功鐵道市場和AMPHAWA安帕瓦水上市場
星期五、六、日 下午1點 旅行社前出發
🌐 hongiktravel.com
曼谷高山Hongik旅行社的一日之旅費用為500泰銖

當地人喜愛的純樸水上市場

KHLONG LAT MAYOM水上市場

這是當地居民時常造訪的水上市場，其特色為天然的、非人工的、非商業化的傳統市場。雖然歷史並不悠久，到目前為止，和其他水上市場相較之下，並非那麼有名，但可以感受一些不同的風情，而且離曼谷市區也很近。搭船觀賞運河，體驗不同的異國文化，行程費用約為50泰銖。其中販售大蝦子和新鮮海鮮料理的餐廳最受歡迎，按摩費用也較市區便宜。

KHLONG LAT MAYOM FLOATING MARKET
KHLONG LAT MAYOM
空叻瑪榮水上市場
⌖ Khlong Latmayom Floating Market, Bang Ramat
🕐 星期五、六、假日 09:30~16:30
🚇 從BTS挽哇站（Bang Wa Station）出來，搭乘計程車20~30分鐘

即使遠離市區也值得造訪的TRAIN MARKET

BANGKOK

Seacon Square夜市

這個夜市在2013年6月14號晚上開始營業，是非常傳統道地的夜市，買的、賣的都是道地泰人。原本是從洽圖洽鐵軌開始發展的市場，於是有了TRAIN MARKET的稱呼。隨著名聲的遠播，漸成為觀光客和當地人喜愛的夜市，但後來因都市更新的關係，則搬遷到新的地點，但因離市區有點距離，所以觀光客不易抵達。有鄉村風格的商店、氣氛好的咖啡館、啤酒屋，是不會令觀光客失望的魅力十足市場。這裡有很多二手物品、充滿創意的家居飾品、服飾、手提包等商品，搭帳棚的路邊攤售價也很親民。此外，還有提升夜市魅力的小吃，Secon Square夜市裡除了攤位外，還有獨特的鄉村風格餐廳，可以感受到濃濃的異國風情。

TALAD RODFAI NIGHT MARKET
Secon Square夜市
🏠 Secon Square,
Talad RodFai
🕐 星期五、六、日
18:00~24:00
（每間商店的營業時間不同）
🚇 在BTS烏單書克站
（Udom Suk Station）或
Punnawithi站下車，搭乘計
程車於Secon Square Talad
Rod Fai前下車

🚇 BTS阿索克站（Asok Station）

交通便利的最佳歐式購物中心

📎 各樓層介紹

LG
CARIBBEAN
加勒比海
Gourmet Market /
Asia Book / Mos Burger/
Watsons / Boots

G
ROME 羅馬
Adidas / Camel Active /
GUESS ACCESSORIES /
Fox / KipLing / Levi's /
G2000 / Jaspal / Nike /
Roxy & Quiksilver /
Puma / Promod

M
PARIS 巴黎
H&M / Laura Mercier /
Charles & Keith /
Starbucks / The Paul Frank
Store / ALLZ / Esprit

1F – TOKYO 東京
2F – LONDON 倫敦
3F – ISTANBUL 伊斯坦堡

4F
SAN FRANCISCO
PIER 21 (FOOD CORT)
舊金山 PIER21
Coco lchibanya / Farm
Design / Fuji Japanese
Restaurant / MK
RESTAURANT /
Ootoya / Tony Roma's /
Swensen's / Seefah

5F
SAN FRANCISCO
PIER 21 (FOOD CORE)
舊金山 PIER21
Ice monster / KFC /
Dory / MIX RESTAURANT /
The Manhattan
Fish Market

6F
LOS ANGELES
洛杉磯
電影院 / 電信公司

TERMİNAL21

TERMINAL 21
🏠 5019, Terminal21,
Sukhumvit Soi 19,
Sukhumvit Road
☎ 0-2108-0888
🕙 10:00~22:00
（每間商店營業時間不同）
🚇 BTS阿索克站（Asok
Station）3、6號出口，與
TERMINAL21 相連
🌐 www.terminal21.co.th

散發世界名都的氛圍——Terminal21

2011年1月開幕的購物中心，位於BTS、MRT行經之地的交通樞紐。就如同購物中心的名稱一般，Terminal 21在每個樓層都設計成不同的航廈主題，風格鮮明，就連每層樓的廁所、清潔人員，都要符合那層樓的主題而換裝，中間由36公尺長的手扶梯連接，是Terminal21裡的重要景觀之一。Terminal21裡沒有昂貴的知名品牌，以年輕族群喜愛的中低價位品牌為主，有服飾、飾品、生活用品、超市、藥妝店、電影院、餐廳、甜點店、速食店、咖啡館、美食街、銀行、電信公司、飯店等商店進駐，應有盡有，觀光客會感到很便利。再加上位於交通樞紐，從這裡到其他地方的交通都很便利。位於Terminal21裡的600間店，為了讓顧客如同莅臨世界名都購物一般，每個層樓依照加勒比海、羅馬、巴黎、倫敦、伊斯坦堡、舊金山、洛杉磯等城市主題進行佈置，會擺設一些雕塑品、飾品營造氣氛，就連化妝室也佈置成有趣的格局。

BANGKOK

🚌 BTS 澎蓬站（Phrom Phong Station）

名聲遠播的知名百貨公司

BANGKOK

曼谷知名百貨公司EMPORIUM

曼谷Emporium購物中心就位於BTS Phrom Pong站出口，步行約3分鐘就可抵達，鄰近Hilton Sukhumvit Bangkok飯店。附近的購物中心雖然陸陸續續地開幕，但EMPORIUM百貨公司地位仍屹立不搖。在新羅廣場等高級百貨公司開幕前，這間百貨公司的奢華風格較濃烈，但現在則是可以帶著輕鬆心情悠閒購物的一般百貨公司。在1樓可以可以享用新加坡連鎖茶館TWG，更是推薦Emporium 5樓的美食街，窗明几淨選擇多。

EMPORIUM
🏠 622 Sukhumvit Road
☎ 0-2269-1000
🕐 11:00~21:00
🚌 BTS澎蓬站（Phrom Phong Station）2號出口
🌐 www.emporiumthailand.com

• 遷羅百麗宮百貨

遷羅百麗宮百貨是曼谷
最奢華的百貨，有各種
形形色色的知名品牌和
中低價位品牌進駐，顧
客群廣泛。

譯羅站

曼谷聖塔拉大酒店
(Centara Grand at Central World)

• SHIBUYA19　　彩虹雲霄酒店
(Baiyoke Sky Hotel)

Police
General
Hospital

ZARA
金湯簪森
Naraya
BOOTS
B2S
中央世界
購物廣場

彩虹酒店
(Baiyoke Suite Hotel)

Zen百貨公司

伊勢丹百貨公司

金時尚購物中心

曼谷阿瑪麗水門飯店
(Amari Watergate Hotel)

Gaysorn Plaza

阿諾瑪酒店
(ARNOMA HOTEL)

君悅酒店
(Grand Hyatt Hotel)

涵庭
(THANN)

Ratchadamri Rd

Big C Hotel

諾富特飯店
(Novotel Hotel)

• 水門市場

洲際酒店 (InterContinental Hotels)

Phetchaburi Rd

因地亞麗晶酒店
(Indra Regent Hotel)

中央世界購物廣場過去曾休
業一段時間，經過整修後重
新誕生，現在的主建築物兩
側有ZEN和伊勢丹百貨公司，
中間空間區分成A、B、C、D、E
區，進駐的品牌十分多。

水門市場是圍繞水門區
地標彩虹酒店周圍形
成的市場，經常有批發
商、外國遊客、當地居民
等熙熙攘攘人群。

中央百貨公司

菲隆奇站
Phloan Chit站方向

Soi Som Khit

• Central Embassy

🚌 BTS奇隆站（Chit Lom Station）

蓋頌廣場

歐美遊客最愛的奢華購物中心

位於四面佛對面、曼谷高級購物中心之一的Gaysorn，是曼谷藝人及歐美遊客最喜歡逛的購物中心。採低調奢華的設計裝潢，擁有頂級的服務。曼谷的關稅高，知名品牌商品售價昂貴，如有喜歡的商品，可以選擇在減價期間前往。

GAYSON PLAZA
🏠 999 Ploenchit Road
☎ 0-2656-1149
🕚 11:00~23:00
（各個店舖的營業時間不同）
🚌 BTS奇隆站（Chit Lom
　　Station）1、2號出口
🌐 www.gaysorn.com

🖉 品牌介紹

Louis Vuitton / Panpuri / Salon la prairie / Dior / Emilio Pucci / Emporio Armani / Ermenegildo Zegna / Montblanc / Prada / Salvatore Ferragamo / Judith Leiber / Brioni / TAG Heuer / Leica / The Mandarin Oriental Shop / Bally / Daks / GEOX / Max Mara / Hugo Boss / Aigner / Zsiska / Roger Dubui / Davidoff / Vertu / Cloud 9 / Della Spiga / Onitsuka Tiger / Fratelli Rossetti / Kwanpen / Tumi / Rimowa / Tango / THANN

BTS奇隆站（Chit Lom Station）

中央世界購物廣場

BANGKOK

泰國最大的購物中心

中央世界購物的ZEN百貨公司，在紅衫軍政治示威遊行的過程中，因大火而毀掉了，曾中斷營業一段時間。2010年經過整修後重新誕生的中央世界購物廣場，兩側有ZEN百貨和伊勢丹百貨公司，中間空間區分成A、B、C、D、E區，進駐的品牌十分多。賣場內有年輕族群喜愛的國際品牌，也有泰國本地品牌和其他進口品牌，與其他購物中心相較之下，這裡即時反應時尚潮流。從1樓到7樓，有化妝品、珠寶、時尚服飾等品牌進駐，NARAYA裡經常是擠滿外國觀光客人潮，位於附近的Cath Kidston櫃位也比其他分店規模大。販售文具用品和辦公室用品的大型賣場B2S，以及ZARA、Forever 21、Topshop等國際連鎖品牌也都有進駐。

⌂ Tip
Tourist Privilege Card
購物前在服務台出示護照，
會給予減價5%的
優惠券。

CENTRAL WORLD
中央世界購物廣場
⌖ Central World 4,4/1-
2,4/4 Rajdamri Road
☎ 0-2635-1111
🕙 10:00~22:00
🚈 BTS奇隆站（Chit Lom
Station）1、2號出口
🌐 www.centralworld.co.th

🚃 BTS奇隆站（Chit Lom Station）

水門市場

BANGKOK

曼谷最有人氣的批發市場

曼谷著名的本地批發市場——曼谷水門市場（Pratunam Market），是目前最大的成衣批發中心，可說是曼谷的五分埔，但是價格比台北的五分埔便宜許多。水門市場是在水門的地標彩虹酒店（Baiyoke Sky Hotel）周圍形成的市場。這裡是批發商、外國遊客、當地居民常造訪的地方。水門市場入口的街道上也有很多攤位，販售的商品以低價位服飾、鞋子、鐘錶、手提包、首飾等為主。在巷弄間和建築物裡閒逛時，會發現市場規模比想像中還大，也能找到物美價廉的泰式風格商品。

PRATUNAM MARKET
水門市場
👣 Pratunam market,
Ratchaprop and
Petchburi Road
🕙 10:00~21:00
🚃 BTS奇隆站（Chit Lom
Station）1、2號出口下車，
步行10~15分鐘

BTS奇隆站（Chit Lom Station）

水門批發商街

PLATINUM FASHION MALL
⌂ Platinum Fashion Mall, 222 Petchburi Road
☎ 0-2121-8000
◷ 星期三、六、日營業時間
08:00~20:00
星期一、二、四、五營業時間
09:00~20:00
（各個店舖營業時間不同）
🚇 BTS奇隆站（Chit Lom Station）1、2號出口
⊕ www.platinumfashionmall.com

泰版有冷氣的五分埔

曼谷位於連接歐洲大陸、中東、亞洲的交通樞紐，有非常多為了採購各種東南亞商品的批發商湧入這裡。除了傳統的批發市場外，也可以去逛逛離水門批發市場很近的PLATINUM FASHION MALL，擁有現代化的設施，每個樓層都有2099個店舖，販售各式各樣的商品，購買起來輕鬆愉快。位置約離中央世界購物廣場一個街區，交通方便。雖然是批發商街，但也能零售。此外還有餐廳、咖啡專賣店、餐廳等。最初只是一棟建築物，現在連諾富特飯店（Novotel Hotel）所在的建築物也成為購物中心的一部分。位於PLATINUM FASHION MALL對面的SHIBUYA19百貨、水門市場、中央世界購物廣場，都可以一併納入血拼地圖內。

SHIBUYA 19
⌂ 19 Phetchaburi Road
☎ 0-2257-3980
◷ 08:00~19:00
🚇 BTS奇隆站（Chit Lom Station）1、2號出口
⊕ www.shibuya-19.com

BANGKOK

CENTRAL EMBASSY

🏠 菲隆奇

🚇 BTS菲隆奇站（Phloen Chit Station）

新落成的曼谷知名品牌購物中心

頂級百貨CENTRAL EMBASSY

這幾年，曼谷的百貨真的如雨後春筍般冒出來，而這個2014開幕的六星級貴婦百貨 Central Embassy，是曼谷目前最頂級的百貨公司，在這邊可以看到世界各國名牌之外，地下1樓的超市、美食街也很出色，進駐Central Embassy的美味餐廳也不少，像建興酒家、NARA泰國菜，台灣餐飲品牌鼎泰豐以及英式下午茶的HARRODS。在外觀獨特的建築物裡，每個樓層散發著舒適的寬敞空間及完美的購物動線。有CHANEL、GUCCI、PAUL等品牌的專櫃，還有巴黎化妝品公司Sephora專櫃、紐約客喜愛的Dean & Deluca超市等。

CENTRAL EMBASSY

CENTRAL EMBASSY
📍 Central Embassy 1031 Ploenchit Road
☎ 0-2119-7777
🕙 10:00~22:00
🚇 BTS菲隆奇站（Phloen Chit Station）5號出口
🌐 www.centralembassy.com

SIAM PARAGON

BTS暹羅站（Siam Station）

奢華的暹羅百麗宮百貨

稱霸市中心的經典百貨

Siam－Paragon是泰國本土設計品牌跟頂級精品最齊全的百貨公司，不只是曼谷指標性百貨公司，一直以來也都穩坐暹邏商圈的龍頭寶座。曼谷最奢華的暹羅百麗宮百貨，有各種知名品牌和中低價位品牌，國際名牌的華麗陳設擄獲了不少精品朝聖者的心，CHANEL、HERMES、LV、LOEWE等都進駐，而Salvatore Ferragamo、Marc Jacobs、PRADA等常會不定期舉行特賣會。還有提供兩項優惠給外國觀光客，一是旅行減價卡，只要在服務台出示護照，即可申辦一張，採購物品時可以減價5%。若行程緊湊，沒時間申辦時，也可以在結帳時，向店員請求提供減價優惠，但各個專櫃適用的減價辦法不同，需留意。這張旅行減價卡在暹羅中心、Siam Discovery Center、Emporium百貨公司等皆可以使用，只要在使用期效內使用，即可獲得減價優惠，強力推薦觀光客們申辦一張。但有些店舖不會提供減價優惠，所以購物前需事先詢問清楚。二是退還消費稅，請記得購物後提出申請。

暹羅百麗宮
🏠 991 Siam Paragon
Rama 1 Road
☎ 0-2610-8000
0-2690-1000
🕙 10:00~22:00
🚇 BTS暹羅站（Siam
Station）3、5號出口
🌐 www.siamparagon.
co.th

📎 Tip

申辦一張旅行減價卡，節省消費金額

在服務台前出示護照，即可申辦一張旅行減價卡。結帳時，請記得出示，才可享優惠。暹羅百麗宮百貨公司除電子商品外的其他商品皆可減價5%，但在藥局、Wine Cellar、Food Hall、美食街、外帶區、Park Food Hall、Gallery Food Hall、售後服務店、租賃店等不能享有優惠。在暹羅百麗宮購物中心裡可減價5~70%。採購物品時一定要記得出示旅行減價卡。

暹羅百麗宮可以退還消費稅

這間百貨公司的消費總金額達2,000泰銖時，可以退還消費稅。最後可以在GF、4F的退稅櫃台申請退稅收據，但只限當日採購的物品才可退稅。在GOURMET MARKET採購時，不僅可以退還在一般超市不會退還的消費稅，而且出示旅行減價卡時還給予減價5%的優惠。在超市裡加工產品可以退還消費稅，但蔬菜、水果等不能退稅。

M集點卡

這張集點卡是泰國當地居民消費時必備的的卡。在Emporium百貨公司、暹羅百麗宮裡採購特價品或新品時，都可以累積點數，有效期限為兩年。點數可以在消費時作為點數扣抵或現金使用。在百貨公司、Home Place Mart、GOURMET MARKET採購商品時，每消費25泰銖就可以累積1點。時常去曼谷的血拼族，不妨考慮申辦一張。

📎 各樓層介紹

BF
OCEANARIUM
暹羅海洋世界

GF
GOURMET PARADISE
GOURMET MARKET /
美食街 /
餐廳 / FOOD HALL /
MK Gold Suki

MF
THE LUXURY
Dolce&Gabbana /
HERMES /
Giorgio Armani / Fendi /
Marc Jocobs / Jimmy
Choo/ LOEWE
Yves Saint Laurent /
BURBERRY/ LV
CHANEL / Tod's /
CARTIER/ BVLGARI/
Franck Muller/Dupont /
Montblanc

1F
FASHION AVENUE
ZARA / H&M / MNG / Fly
Now/ Paul Smith/ Coach/
Hugo Boss/Emporio
Armani / Grey Hound /
GAP / JASPAL /
Swarovski / Pedro

2F
LIFE STYLE & LEISURE
Bang&Olufsen / ASIA
BOOK / BOOTS/
Pioneer Corporation /
Samsung

3F
LIVING & TECHNNOLOGY
I STUDIO / NARAYA / True
Coffee Shop

4F
**PARAGON PASSAGS & IT
WORLD**
SPA

5F
**THE GLOBAL
ENTERTAINMENT**
電影院 / 百麗宮大廳 /
保齡球場

BANGKOK

🚉 BTS暹羅站（Siam Station）

法國化妝品專賣店

BANGKOK

來自法國的絲芙蘭

1969年最初只是在法國設立小店面的絲芙蘭，現在寬敞的曼谷分店，華麗裝飾、排列整齊的商品超吸睛，連只是經過櫥窗的路人都想進去逛一下。美甲系列商品架上陳設著各種顏色的指甲油，讓愛美的女性無法自拔，可以試用各種商品後，再購買適合自己的。而且公司的行銷策略是店員不強力推銷、給予舒服無壓力的購物環境，因此，絲芙蘭最近躍升為化妝品界的新指標。

SEPHORA

絲芙蘭
🏠 1F, Siam Center, Rama 1 Road
☎ 0-2268-1000
🕙 10:00~21:00
🚉 BTS暹羅站（Siam Station）1號出口

🚌 BTS暹羅站（Siam Station）

女人的神祕倉庫

BANGKOK

維多利亞的曼谷1號店

這是美國的知名內衣品牌，模特兒最想站上其服裝秀伸展台的品牌。不論從賣場規模或產品吸睛度來看，維多利亞的祕密分店絕對是觀光客不可錯過的購物地點。吸引顧客進門的原因就是商店外面的電視牆，放映的華麗時尚服裝秀，像是動感十足的舞台劇般夢幻、光彩奪目，完全擄獲了女人的心。商品種類包括各種款式的內衣和護膚產品，女人就該好好愛自己，買一套犒賞自己吧！

VICTORIA'S SECRET

維多利亞的祕密
👤 1F, Siam Center, Rama 1 Road
☎ 0-2268-1000
🕐 10:00~21:00
🚌 BTS暹羅站（Siam Station）1號出口

🚊 BTS暹羅站（Siam Station）

展現流行時尚的年輕品牌

BANGKOK

國際知名品牌最先進駐的暹羅中心

這是一間相當適合年輕人的購物中心，暹羅熱門購物點。它位於暹羅百麗宮和 Siam Discovery Center的中間，經過重新整修後，室內裝潢變得更加繽紛耀眼，聚集了眾多流行品牌。有家居創意、時尚服飾、食品、餐廳等曼谷最受歡迎的品牌進駐。國際知名品牌會在這裡設立第一間分店，例如維多利亞的祕密、絲芙蘭等在購物中心重新整修過後，也在這裡設分店。此外，還有手提包、鞋子、泰國本地知名設計師自創品牌等。

SIAM CENTER
暹羅中心

🏠 Siam Center,
Rama 1 Road
☎ 0-2658 1000
🕙 10:00~21:00
🚊 BTS暹羅站（Siam
Station）1號出口
🌐 www.siamcenter.co.th

🔗 品牌介紹

1f Adidas / Armani Exchange / Forever 21 / Cath Kidston / Estee Lauder / MAC / Sephora / Victoria's Secret / PULL&BEAR
2f CHARLES & KEITH / FOX / JASPAL / KIEHL'S / KIPLING / LYN / SHU UEMURA / Steve Maden / VNC
3f Fly Now III / KLOSET / GREYHOUND Original / Saka London / Singha Life / Senada / Wonder Anatomie

🚅 BTS暹羅站（Siam Station）

年輕人的購物聖地

BANGKOK

泰國的西門町──暹羅廣場

這裡有點類似台灣西門町的街道，離泰國名校朱拉隆功大學（泰語：จุฬาลงกรณ์มหาวิทยาลัย，英語：Chulalongkorn University）很近，有很多販售大學生喜愛的服飾和飾品。在街道對面有曼谷最奢華的暹羅百麗宮百貨公司和年輕族群品牌雲集的暹羅中心。最近幾年因增加了許多高樓大廈，舊有的小巧玲瓏氛圍已消失。逛暹羅廣場時兩旁的小巷弄也不能錯過，有服飾、首飾、皮鞋等商店，可以瞭解泰國的流行趨勢，而且售價低廉。小吃店Som Tam Nua和曼谷最知名的芒果甜點專賣店Mango Tango等，是暹羅廣場裡最受學生喜愛的知名美食店之一。隨著2014年SIAM SQUARE ONE這個文化和購物空間的開幕，為暹羅廣場揭開第二春。

SIAM SQUARE
暹羅廣場
🏠 Rama 1 Road, Pathumwan, Bangkok
🚅 BTS暹羅站（Siam Station）2、4、6號出口

🚇 BTS暹羅站（Siam Station）

最新潮的商場

BANGKOK

特殊建築物的文化空間

2014年不負曼谷市民所望，在曼谷暹羅的繁華街道舊暹羅廣場又誕生了一棟壯觀的新建築物，名為SIAM SQUARE ONE。到暹羅逛街時，相當值得來看看。雖然沒有國際知名品牌專櫃，但寬敞的空間逛起來令人舒服無壓迫感。SIAM SQUARE ONE 也有高級餐廳進駐，可以在這悠閒的用餐。

SIAM SQUARE ONE
🏠 388 Rama I rd.
Pathumwan Bangkok
☎ 0-2255-9999
🕙 10:00~22:00
（各個商店營業時間不同）
🚇 BTS暹羅站（Siam Station）2、4號出口

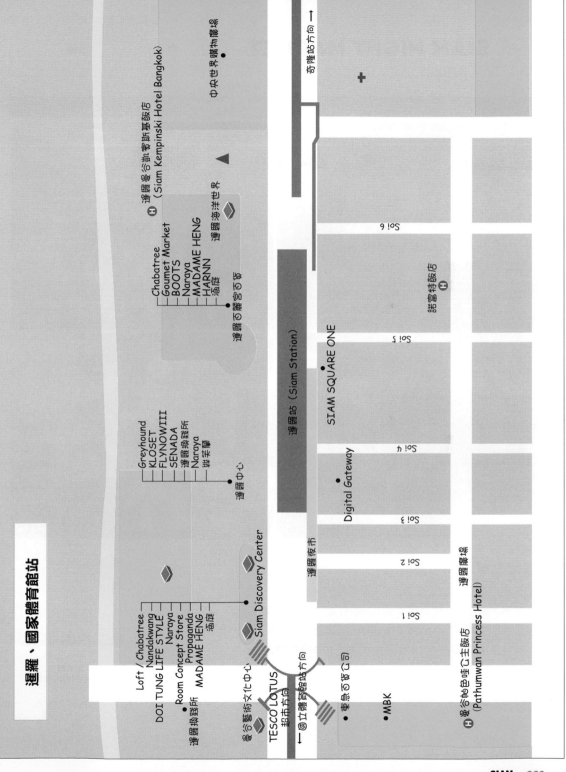

暹羅、國家體育館站

Loft / Chabatree
Nandakwang
DOI TUNG LIFE STYLE
Naraya
Room Concept Store
Propaganda
暹羅換錢所 MADAME HENG
涵庭

Siam Discovery Center

暹谷藝術文化中心

TESCO LOTUS
超市方向

← 國立體育館站方向

東急百貨公司

●MBK

暹谷帕色乞主飯店
(Pathumwan Princess Hotel)

Greyhound
KLOSET
FLYNOWIII
SENADA
暹邏換錢所
Naraya
娃采蘭

暹邏中心

Digital Gateway

Soi 1

Soi 2

Soi 3

暹邏夜市

Soi 4

暹邏站 (Siam Station)

SIAM SQUARE ONE

暹邏廣場

Soi 5

諾富特飯店

Soi 6

Chabatree
Goumet Market
BOOTS
Naraya
MADAME HENG
HARNN
涵庭

暹邏百麗宮百貨

暹邏晏谷凱賓基飯店
(Siam Kempinski Hotel Bangkok)

暹邏海洋世界

中央世界購物廣場●

奇隆站方向 →

🚃 BTS暹羅站（Siam Station）

必逛的特色路邊攤和夜市

暹羅廣場前的街頭夜市

曼谷真的有很多路邊攤。而這裡都是得到政府營業許可的攤位，有些只在晚上營業，有些是一整天都營業，都是打造曼谷新夜市的功臣。暹羅廣場前的街道是BTS轉乘點，擠滿了路邊攤，而商品種類包羅萬象，有首飾、衣服、布偶等各種手工藝品。暹羅廣場是年輕族群聚集的地方，這些街道上的路邊攤，每天的攤位都會些微的更動，若看到感興趣的商品，就要馬上下手，不然明天也許就找不到了。而這個夜市遇到雨天、公定休假日、管制日、示威遊行日就暫停營業。

**SIAM
NIGHT MARKET
暹羅夜市**

📍 Siam Square,
1 Rama Road
🕐 17:00~23:00
🚃 BTS暹羅站（Siam
Station）2、4、6號出口

🚇 BTS 國家體育館站（National Stadium Station）

曼谷藝術文化中心

參觀各種展覽的藝術空間

當走到「藝術文化中心」附近，你就會漸漸感受到藝術文化氣息。泰國的設計聞名世界，理念為新奇、實用、獨特、成熟，而這些設計之所以能站上世界舞台，是由於政府致力於新銳設計師的培養，推動藝術領域的發展。這裡是可以觀賞到現代美術展與特殊展覽的地方，位於暹羅的中心點。可以參觀到各種類型的展覽，還可以逛逛獨特設計的商店，十分新鮮有趣，所以常有藝術、設計等相關科系的學生聚集。

bacc

**BANGKOK ART AND
CULTURE CENTRE**
曼谷藝術文化中心

🏠 Bangkok Art and Culture
Centre, 939 Rama 1 Road
☎ 0-2214-6630~8
🕙 星期二~日 10:00~21:00
（各個商店的營業時間不同）
🚇 BTS 國家體育館站
（National Stadium Station）
3號出口
🌐 www.bacc.or.th
Green Thai Product的官網
www.facebook.com/
greenthaiproduct

BANGKOK

群橋商業中心

泰國人喜愛的MBK Center

電子商品、手機、手機配件等商店皆雲集於此。從G樓到7樓有販售時尚服飾、紀念品、食材、電子產品等商店。此外，還有電影院、保齡球館等，受到泰國當地居民的喜愛。逛街逛累了，可以到按摩店休息一會兒。在MBK Food Island和各種餐廳裡常擠滿了外食的當地居民，一些知名餐廳裡也常見拿著號碼牌大排長龍的場面。此外，還有販售最受觀光客歡迎的香酥榴槤脆片、椰子脆片、魚脯等。G樓的活動廣場，華歌爾、黛安芬、中低價位內衣品牌等，常會舉辦過季減價活動，另外可以在6樓的Souvenir區採購紀念品。

MBK
🏠 MBK 444 Phayathai Road
☎ 0-2620-9000
🕐 10:00~22:00
（各個商店不同）
🚆 BTS 國家體育館站（National Stadium Station）4號出口
🌐 www.mbk-center.co.th

📎 **Tip**
在MBK的 G樓和2樓服務台出示護照，即可索取旅行減價卡。

仿冒品市場

BANGKOK

曼谷夜市的始祖——帕蓬夜市

曼谷的Patpong 帕蓬夜市也算小有知名度，偏好夜生活的人，想要喝杯酒放鬆一下，可以來這體驗一下泰國的夜生活。帕蓬夜市街道白天和夜晚是完全不同的雙重面貌。晚上才開始的成人秀是這個夜市的特色之一，這裡也是泰國同志的聚集點。逛路邊攤時，容易遇上一些夜店職員以成人秀拉客，需小心注意。白天帕蓬街道周圍擠滿了白領階級上班族和路邊攤，幾乎連走路的縫隙都沒有。但夜晚比白天更為華麗，接二連三出來擺設的路邊攤，在某一天就自然轉變為夜市，販售世界知名品牌仿冒包、仿冒錶、仿冒服飾等，以及各式各樣的紀念品。因為帕蓬的主要客戶群是觀光客，所以購買時是一定要殺價的。

PATPONG
帕蓬夜市
🏠 Patpong Rd, Silom and Surawong Road
BTS莎拉當站（Sala Daeng Station）3號出口

233

CHATUCHAK WEEKEND MARKET

🏠 蒙奇

🚇 MRT甘帕安碧車站（Kamphaeng Phet Station）

亞洲最大的周末市場

CHATUCHAK WEEKEND MARKET
洽圖洽周末市集
🏔 Kampaengphet 3 Road, Khwaeng Lat Yao, Khet Chatuchak
🕙 星期六、日10:00~18:00
🚇 MRT甘帕安碧車站（Kamphaeng Phet Station）1號出口，BTS蒙奇站（Mo Chit Station）1號出口
🌐 www.chatuchak.org

📎 **Tip**
旅行行程緊湊的話，儘量早上提早去逛逛，才可以避開炎熱的天氣。到了下午2~3點時，有可能會因炎熱的天氣感到身心疲憊，這時需坐下來休息，吃點水果、補充水份。

周末才營業的洽圖洽周末市集

這裡是曼谷最大的零售和批發市場。只有在周末才營業的洽圖洽周末市集，簡稱為JJ市場。洽圖洽周末市集的舊址在舊城王家田廣場（Sanam Luang），但隨著市場規模的擴大，於1982年搬遷至現在的位置，發展成泰國最大的市場。以無所不賣聞名全國，但只在星期六和星期日營業，所以稱為周末市集。夜市裡的大街小巷如同迷宮一般，若不小心就很容易迷路。共有27個區域、9000間商店和路邊攤，若有想要購買的商品，事先查看地圖，規劃要逛的區域。售價分成零售價和批發價，當大量採購時，能給予批發價。商品種類繁多，包括衣服、首飾、家居雜貨、骨董、裝飾品、碗盤、陶器、精油商品、二手物品、動植物、各種零件等，逛一整天都逛不完。洽圖洽周末市集裡的服務台備有免費觀光指南，可事先索取。

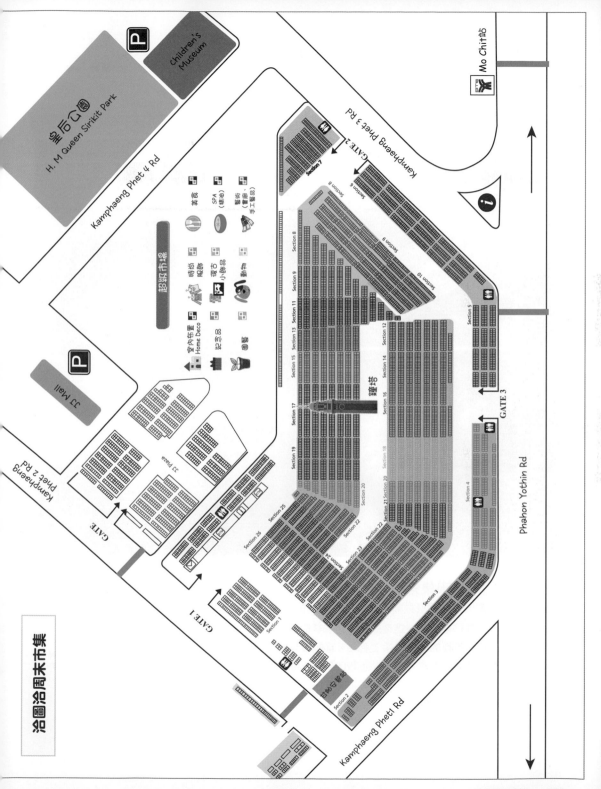

CHATUCHAK WEEKEND MARKET

🏠　　蒙奇

🚇 MRT洽圖洽公園站（Chatuchak Park Station）或BTS蒙奇站（Mo Chit Station）

洽圖洽綠色市集

位於洽圖洽周末市集旁的綠色市集

這個夜市跟洽圖洽一樣都只在周末營業，而且離市中心不遠。在天氣炎熱的曼谷裡，夜市比其他國家多，這裡販售各式各樣的物美價廉商品，包括鄉村風物品、二手貨、各種的個性風手工藝品。喜歡現場演唱氣氛和喝酒的泰國年輕人，三五成群地在餐廳裡玩樂。還可以看到由貨櫃改造成的飲料車和路邊攤等，商店在平日白天也有營業。白天逛完洽圖洽周末市集後，晚上可以到洽圖洽綠色夜市，品嚐一下路邊小吃，用泰式夜生活結束一天的生活。

JATUJAK GREEN NIGHT MARKET
📍 Kamphaeng Phet 3, Chatuchak Green
🕐 星期五、六、日 18:00~23:00
🚇 MRT洽圖洽公園站（Chatuchak Park Station）或BTS蒙奇站（Mo Chit Station）下車
🌐 jjgreen.com

河濱夜市

BANGKOK

昭披耶河河畔的夜市

對於曼谷人來說，昭披耶河有著不可分割的情感，自從1782年，拉瑪一世國王把首都從西岸的吞武里搬到東岸的曼谷市，並在此開發建設，昭披耶河就像是條大動脈般，源源不斷的把養分往曼谷這個心臟輸送，也造就出今日繁華的曼谷市。2012年4月開張的河濱夜市是將過去的工廠改建而成的購物地點，日落時分昭披耶河畔的這座夜市和江上泛著美麗的餘暉融為一體，增添浪漫氣息，是泰國男女約會的人氣場所之一。河濱夜市分成四個區域，Charoenkrung District有1000個店舖，Town Square District有2000多個，Factory District有500多個，Waterfront District則有餐廳。

ASIATIQUE
河濱夜市
🏠 Asiatique, 2194 Charoenkrung Road, Wat Prayakrai
☎ 0-2108-4488
🕐 17:00~24:00
（各個商店的營業時間不同）
全年無休
📺 從BTS沙潘塔克辛站
（Saphan Taksin Station）
走出來，在沙吞碼頭（Tha Sathorn）搭乘接駁船
（16:00~23:00，間隔30分鐘，免費搭乘）
🌐 www.thaiasiatique.com

🚇 BTS烏單書克站（Udom Suk Station）→ 接駁車

曼谷最大的購物中心

東南亞最大的Shopping Mall

這個號稱全東南亞最大購物商城的MEGA BANGNA，有IKEA、Big C、羅賓森百貨公司、HOME PRO、Top Supermarket等品牌進駐。MEGA BANGNA裡面包含了800多個品牌的商店，8000個停車位，還有最重要的一點，全曼谷唯一的IKEA也進駐於此。而這裡應有盡有，服飾店、3C、Big C超市、傢俱賣場、餐廳、美食街、髮廊、書店，還有電影院，來一趟就可以滿足全家大大小小的需求。MEGA BANGNA裡的購物中心有曼谷其他地區看不到的品牌，包括澳洲品牌Cotton on、Fox、Rib Curl，巴西皮鞋品牌Havaianas，及其他品牌5CM、G2000、www.izzue.com、佐丹奴、ZARA、Forever 21、ALDO、Guess、GAP，義大利品牌CROCS，泰國品牌JASPAL，新加坡品牌CHARLES & KEITH、NINE WEST等。

MEGA BANGNA
🏠 39 Moo 6 Bangna-Trad
Road, Km.8 Bangkaew,
Bangplee, Samutprakarn
☎ 0-2105-1000
🕐 09:00~23:00
（各個商店的營業時間不同）
🚇 在BTS烏單書克站（Udom
Suk Station）5號出口搭
乘MEGA BANGNA接駁車
07:00~23:00
🌐 www.mega-bangna.com

BANGKOK

🚇 BTS烏單書克站（Udom Suk Station）→接駁車

來自丹麥的泰國1號店

BANGKOK

宜家家居東南亞最大規模的曼谷分店

1943年創立於瑞典，在全球38個家擁有316間分店的IKEA，終於在泰國開幕了，IKEA主要販售美觀實用、選擇類型多、且價格合理的傢俱家飾產品，我想台灣人對它一點都不陌生。曼谷宜家家居的最大魅力在於賣場規模像香港或新加坡等其他亞洲賣場一樣大，還有餐廳和超市。參觀完展示空間後，可以到餐廳裡暫時休息一下。所以逛曼谷最大型購物中心MEGA BANGNA時，附近的Big C、HOME PRO等商場也不要錯過。

宜家家居
🏠 38 Moo 6 Bangna-Trad
km. 8, Bangkaew Sub-
District, Bangplee District,
Samutprakarn
☎ 0-2708-7999
🕙 10:00~22:00
餐廳09:30~22:00
🚇 從BTS烏單書克站（Udom
Suk Station）5號出口出來，
搭乘MEGA BANGNA接駁車
（往烏東素站的第一班車為
10:00，往MEGA BANGNA的
最後一班車為23:00）
🌐 www.ikea.com/th

Guam

來個三天兩夜的
關島度假血拼之旅

香港是亞洲的免稅購物中心，關島是南太平洋的免稅購物中心。香港屬於繁華的都會型態購物天堂，關島則屬於美麗的度假型態購物伊甸園。關島的世界知名品牌、平價品牌、原住民手工藝品等，不論男女老少皆適合。再加上關島是免稅區，更凸顯了其魅力。就讓我們一起來感受一下，這個免稅購物天堂及悠閒度假的關島魅力。

What

到關島可以買什麼？

關島是美國的領土，請記得將美國品牌商品列入購物清單裡。服飾、時尚雜貨、首飾、醫藥品、食品等，過去直接透過國外購物網購買或海外代購的美國品牌商品，皆能以親民價格購買到。時尚服飾品牌有 POLO RALPH LAUREN、Calvin Klein、Tommy Hilfiger、GUCCI、Michael Kors、Tory Burch、GAP等；美妝或護膚品牌有雅詩蘭黛（Estee Lauder）、倩碧（Clinique）、契爾氏（KIEHL'S）、小蜜蜂爺爺（Burt's Bees）、舒特膚（Cetaphil）等；健康食品品牌有善存（Centrum）、萊萃美（Naturemade）、維他命世界（Vitamin world）等；食品品牌有卡夫食品（Kraft Foods）、納貝斯克（Nabisco）、InsureE等。嬰兒服飾、鞋子、沐浴用品、學步機、嬰兒車等品質佳的知名品牌嬰兒用品，能以超值的售價採購到。所以來到關島的準媽媽們，千萬不能錯過這些育嬰兒用品。

1

LUXURY BRAND
國際精品購物

♥ ♥ ♥

世界知名品牌或美國品牌，在特賣會期間，減價幅度約為40~50%，而且在初期人氣商品很快就會銷售一空，所以每當中意某件商品時，肯定要以最快速度購入。

運氣佳時，能在T GALLERIA（舊稱DFS GALLERIA）或TUMON SANDS PLAZA裡以一半的價格購買到商品，在MICRONESIA MALL、GUAM PREMIER OUTLET裡也能以較海外代購更便宜的價格購買到各種美國品牌商品。

關島購物樂趣評分
♥ ♥ ♥ ♥ ♥

great!

關島在地理位置上離亞洲很近，對亞洲人而言，是個魅力十足的購物天堂，其最大的魅力是可直接購買到美國品牌商品。這裡是一個遠離塵囂的渡假勝地，在購物之餘，仍能享受寧靜。當地物價不會太貴，有些從美國本土運送過來的商品售價還比美國本土更便宜，但並非所有的美國品牌皆在關島設立分店。

關島物價評分
♥ ♥ ♥

so so~

關島的物價雖較其他東南亞度假勝地高，但與夏威夷或美國本土相較之下，並非太高。第一，關島是免稅區，所以能以更便宜的價格採購到美國本土品牌。對於外國觀光客而言，物價的高低與匯率息息相關，出發前要確認當時匯率。

3

LOCAL MARKET
本地市場購物
♥♥♥

 so so~ 在CHAMORRO VILLAGE MARKET這個關島當地人經營的傳統夜市裡可以感受不同的關島風情。

而這裡是只在每週三晚上營業，不僅可參觀到當地的民俗手工藝品，並品嚐到當地的美食。周末早上營業的迪迪多早市（DEDEDO MORNNG MARKET）是散發著濃濃的人情味市場。

2

SUPER MARKET
超市購物
♥♥♥♥♥

 great! 24小時營業的K MART是關島最大的美系量販店，販售的商品種類繁多，從食材到服飾應有盡有，可在這裡一次購足購物清單中的超市商品和紀念品。

4

DRUG STORE
藥妝店
♥♥♥♥

 Good! GNC、CENTRUM、NATURE MADE、VITAMIN WORLD等北美品牌、健康食品、營養劑等，可在購物中心的專賣店、K MART、ABC STORE等，或是無須醫師處方的各種醫藥品（感冒藥、解熱劑、消化劑）、化妝品、有機保養商品（小蜜蜂爺爺、John Masters、布朗博士[Dr. Bronner's]），都能以超值的價格購買到。

5

COSMETIC
彩妝品
♥♥♥♥

 Good! 可在免稅店T GALLERIA或MACY'S百貨公司裡，以超值價格採購到來自世界各地的化妝品，出國前可先在台灣比價過後再到這裡購買，更能聰明省錢。

When

何時去關島最好玩？

關島一年365天都是夏天，年平均溫度約為27.2℃，不管什麼時候去，都可以享受在溫暖的陽光下盡情購物樂趣。7月至11月是雨季，下完短暫陣雨後就馬上停止，所以對於戶外活動不會造成太大的不便。7~8月舉行夏季特賣會，11~1月間舉行關島購物嘉年華，在這段時間到關島時，即可享受各種減價商品的購物樂趣。自1667年起關島被西班牙統治了350年，故帶有西班牙色彩的傳統宗教慶典也流傳至今。共有19個村落，一年約舉行30多個大小不一的慶典活動。最大的慶典是每年12月8日在亞加納（Agana）舉行的紀念聖母卡瑪琳（Santa Marian Kamalen，又稱為聖塔瑪利亞聖卡瑪琳）紀念活動，這一天則是關島國定假日。

Jan 1月	Feb 2月
NEW YEAR'S DAY 新年 1月1日	聖露德聖母教堂 紀念日 2月10日 伊戈（Yigo）
MARTIN LUTHER KING DAY 馬丁·路德·金紀念日 馬丁路德金恩（Martin Luther King Jr.） 牧師的生日 1月第3個星期日	**PRESIDENT'S DAY** 總統節 2月第3個星期日
聖維多力斯 慶典活動 1月13日 杜夢	

Jul 7月	Aug 8月
INDEPENDENCE DAY 獨立紀念日 7月4日	
迦密山的 女神紀念慶典 7月14日 亞卡特（Agat）	**SUMMER SALE** 夏季特賣會 配合夏季休假潮而舉辦的特賣會，期間約為兩個月左右，觀光客能帶著更輕鬆的心情來血拼。奢華知名品牌或美國品牌產品的減價幅度約為40~50%，人氣商品大多在特賣會初期就銷售一空，採購動作要快。

Mar	**Apr**	**May**	**Jun**
3月	4月	5月	6月

聖若瑟節
3月19日
伊納拉漢（Inarajan）

聖文森特紀念慶典
3月24日
巴里加達（Barrigada）

©關島觀光局

聖馬迪斯紀念慶典
4月21日 馬利索（Merizo）

關島主保節
19日 聖里塔
（SANTA RITA）

⚓ **MEMORIAL DAY**
陣亡將士紀念日
5月第4個星期一

聖安東尼節
(The Feast of Saint Anthony)
6月2日

←------------------

♥♥♥♥♥♥
SUMMER SALE

Sep	**Oct**	**Nov**	**Dec**
9月	10月	11月	12月

聖拉蒙紀念慶典
9月1日

⚓ **LABOR DAY**
巴里加達
(Barrigada)
LABOR DAY
勞動節
9月第1個星期一

聖母瑪利亞
紀念節慶
9月8日 亞加納

聖米格爾紀念慶典
9月22日
泰拉福福（Talofofo）

⚓ **COLUMBUS DAY**
哥倫布日
(COLUMBUS DAY)
10月第2個星期一

亞西西的方濟各
(Francis of Assisi)
紀念慶典
10月6日
尤納村（Yona Village）

聖迪奧尼西奧
紀念慶典
10月13日
烏美德（Umatac）

♥♥♥♥♥♥
GUAM SHOPPING FESTIVAL
關島購物嘉年華

每年自11月第4個星期四感恩節的隔日，即黑色星期五起約40天左右，是關島最大的購物嘉年華，奢華的知名品牌、中低價位品牌、關島本土品牌等，約有180多個商店參與特惠活動。

⚓ **THANKS GIVING DAY**
感恩節
11月第4個星期四

←------------------

塔穆寧
(Tamuning)聖母
卡瑪琳慶典活動
12月8日 亞加納

★ **CHRISTMAS**
聖誕節
12月25日

Know How

旅遊購物行前須知

美國品牌的服飾、時尚雜貨、醫藥品、食品、健康食品等，能以較台灣更便宜的售價買到。若遇上特賣會、感恩節活動時，大多數的商品都會打折，一趟大血拚，幾乎可省下一張來回機票。

在關島刷信用卡時是以美金(US$)還是台幣(NT$)結帳？

以用當地貨幣美金來結帳為宜。不管去到哪一個國家，一定要用當地貨幣來結帳。因為以台幣結帳時，等於須多付一次的手續費，這是消費者有可能會忽略的部分，須注意。

TAX FREE

關島是免稅購物天堂

美國商品最終售價是定價外加消費稅（SALES TAX）。因此，各類商品的消費稅會有一些差異，但最終售價是包括5~10%的消費稅在內，所以每個地區的商品售價會不同。關島無需繳交消費稅，商品種類雖沒有美國本土那麼多樣化，但大多數服飾的基本款都能以較美國本土更划算的價格採購到。

避開人潮，輕鬆購物

避免在星期日晚上逛K MART，這個時段是當地居民和觀光客人潮最多的時段，非常吵雜。最佳的購物時間是平日晚上11點以後或白天12點以前。也避免星期六去逛ROSS，這是一個星期內最人潮洶湧的日子，購物時會變得困難重重。須避開此時段，才可享受到舒適的購物樂趣。

請到K MART購買巧克力禮盒

K MART的巧克力禮盒售價是全關島中最便宜的，想送巧克力給親朋好友時，記得到K MART採購。

請善加利用優惠券或免費服務

MICRONESIA MALL的服務台提供優惠券給外國觀光客，請記得索取。T GALLERIA（舊稱DFS GALLERIA）有免費的接駁車，讓觀光客輕鬆來回附近的飯店或觀光景點，請多加利用。

採購後如需退換貨須出示收據與信用卡，並在產品未使用的情況下才能退換貨。惟已事先告知無法退貨的商品，才會無法退貨。

採購家庭號商品更物超所值

巧克力、餅乾、點心、咖啡、醬汁等，建議採購家庭號包裝。COST U LESS的家庭號包裝售價比K MART或Payless Supermarket更超值。

信用卡背面須本人簽名

幾乎所有商店皆可使用信用卡。結帳時店員會確認簽帳單上的簽名，是否與信用卡背面的一致，所以信用卡上的簽名，最好簽上和護照一致的簽名。結帳金額大時，為了確認是否為本人，有時會要求出示護照，請記得隨身攜帶護照。

不同品牌的育嬰、生產等相關用品的售價會有些微的差異，須貨比三家後再採購。生產、育嬰、兒童等用品可以在K MART採購與GUAM PREMIER OUTLET（GPO）的ELMAR FOR KIDS採購。

維他命和營養劑隨著品牌的不同，售價也會不同，採購前須貨比三家。例如，善存品牌的部分營養品售價是K MART比ABC STORE便宜，Omega-3是以維他命世界最便宜。

採購電子商品時的注意事項

關島（美國）跟台灣一樣都使用110V的電壓，可安心採購電器產品。

在關島以現金還是信用卡結帳好呢？

關島是美國的領土，所以須使用美元。兌換所需的美金金額，若消費太多現金不足時，再用信用卡結帳，但還是以現金結帳划算。

K MART比ABC MART更便宜

ABC MART的優點是大多位於飯店附近，交通便利。以GUAM PREMIER OUTLET、廣場購物中心（THE PLAZA）的賣場規模最大，值得去逛逛。商品售價是K MART較便宜，可以事先比價一下。

Shuttle Bus

關島的接駁車

關島有來回購物中心、飯店的接駁車。這是專門為觀光客設計的省錢交通工具，可以輕鬆到達想要去的目的地。關島觀光局GMTA巴士星期一～六營運，每隔1~1個半小時一班車。古典的紅色巴士Red Guahan將觀光景點、飯店、購物中心串連起來，須付費搭乘。T Galleria Express是T GALLERIA（舊稱DFS GALLERIA）經營的的接駁車，是串連各個飯店和T GALLERIA的交通工具，可免費搭乘。接駁車的時刻表常會有更動，所以搭乘前最好確認一下。

杜夢接駁車
Tumon Shuttle

🕘 9:30~22:30

週遊券費用為US$10 / 一日券費用為US$6 / 二次券費用為US$3。當車子駛入停車站時，須揮手招車。

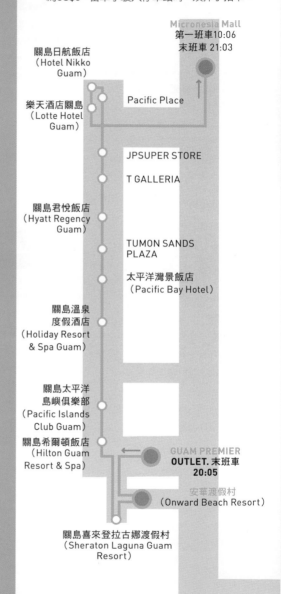

Micronesia Mall
第一班車10:06
末班車 21:03

關島日航飯店（Hotel Nikko Guam）

Pacific Place

樂天酒店關島（Lotte Hotel Guam）

JPSUPER STORE

T GALLERIA

關島君悅飯店（Hyatt Regency Guam）

TUMON SANDS PLAZA

太平洋灣景飯店（Pacific Bay Hotel）

關島溫泉度假酒店（Holiday Resort & Spa Guam）

關島太平洋島嶼俱樂部（Pacific Islands Club Guam）

關島希爾頓飯店（Hilton Guam Resort & Spa）

GUAM PREMIER OUTLET. 末班車 20:05

安華渡假村（Onward Beach Resort）

關島喜來登拉古娜渡假村（Sheraton Laguna Guam Resort）

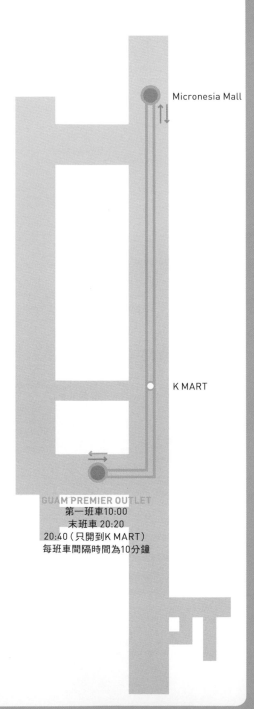

購物中心接駁車
Shopping Mall Shuttle

◎ 每日皆有營運，票價為US$4（來回票）

Micronesia Mall

K MART

GUAM PREMIER OUTLET
第一班車10:00
末班車 20:20
20:40（只開到K MART）
每班車間隔時間為10分鐘

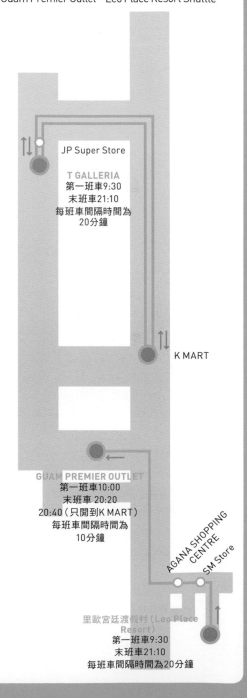

T GALLERIA─K MART 接駁車
T GALLERIA─K MART Shuttle

◎ Guam Premier Outlet –里歐宮廷渡假村
（Leo Place Resort）接駁車
Guam Premier Outlet – Leo Place Resort Shuttle

JP Super Store

T GALLERIA
第一班車9:30
末班車21:10
每班車間隔時間為
20分鐘

K MART

GUAM PREMIER OUTLET
第一班車10:00
末班車 20:20
20:40（只開到K MART）
每班車間隔時間為
10分鐘

AGANA SHOPPING
CENTRE
SM Store

里歐宮廷渡假村（Leo Place
Resort）
第一班車9:30
末班車21:10
每班車間隔時間為20分鐘

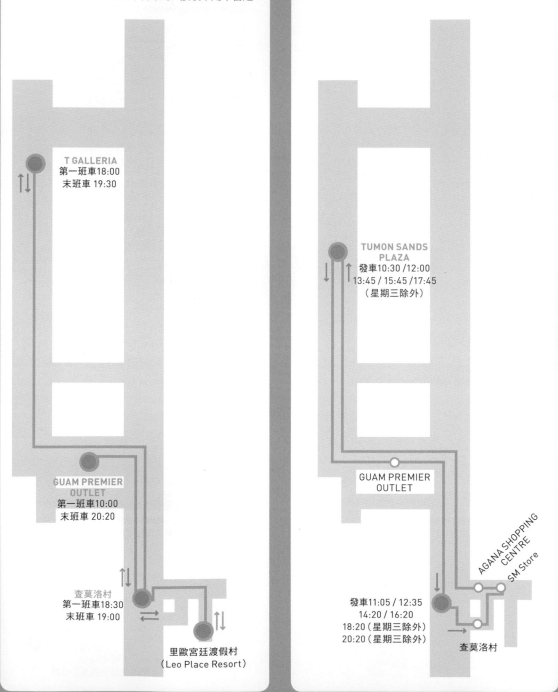

查莫洛傳統市場接駁車
Chamorro Village Market Shuttle
◎每周三營運，票價為US$7（來回票）

下雨或其他特定假日夜市不營業時，接駁車則不營運

T GALLERIA
第一班車18:00
末班車 19:30

GUAM PREMIER OUTLET
第一班車10:00
末班車 20:20

查莫洛村
第一班車18:30
末班車 19:00

里歐宮廷渡假村
（Leo Place Resort）

查莫洛村接駁車
Agana Chamorro Village Shuttle
◎每日營運，價為US$7（來回票）

TUMON SANDS PLAZA
發車10:30 /12:00
13:45 / 15:45 /17:45
（星期三除外）

GUAM PREMIER OUTLET

AGANA SHOPPING CENTRE

SM Store

發車11:05 / 12:35
14:20 / 16:20
18:20（星期三除外）
20:20（星期三除外）

查莫洛村

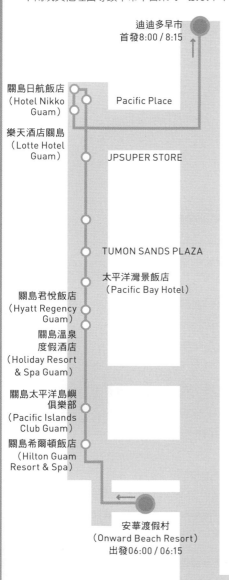

迪迪多早市接駁車
Dededo Moring Market Shuttle

每周六~日營運
票價為US$7（來回票）
下雨或其他理由導致早市不營業時，接駁車不營運

迪迪多早市
首發8:00 / 8:15

關島日航飯店
（Hotel Nikko
Guam）

Pacific Place

樂天酒店關島
（Lotte Hotel
Guam）

JPSUPER STORE

TUMON SANDS PLAZA

太平洋灣景飯店
（Pacific Bay Hotel）

關島君悅飯店
（Hyatt Regency
Guam）

關島溫泉
度假酒店
（Holiday Resort
& Spa Guam）

關島太平洋島嶼
俱樂部
（Pacific Islands
Club Guam）

關島希爾頓飯店
（Hilton Guam
Resort & Spa）

安華渡假村
（Onward Beach Resort）
出發06:00 / 06:15

Rental Car

關島租車方法

關島交通建設做得很好，道路上的車流量不大，交通也不複雜，即使初次到關島的觀光客，即便沒有導航也可以輕鬆開車上路。購物中心的停車場設施完善，可以輕易找到停車位。若想要擁有更彈性的購物方式時，建議租車觀光。

STEP ❶
出發前透過租車公司官網，預約租車

透過各個租車公司官網進行預約或利用旅行社的租車服務。須針對租車費用貨比三家，因每間租車公司的租賃費皆不同。

STEP ❷
到達機場後到預約好的租車櫃台報到

領車前須確認汽車的外觀狀況和油箱中的汽油存量。投保車險並非必須選項，但為了預防交通事故發生，最好事先投保。

STEP ❸
在機場歸還車子時，須將油箱加滿

申請國際駕駛執照
需在台灣事先換好國際駕照，可在關島駕駛30天。
行程當中若只有某幾天要租車時
租車公司會提供顧客在飯店領車和歸還的服務。
汽油費用
關島的油價約台灣的四分之一，一樣有服務人員的加油站及自助加油的方式。
加油方法
用現金付費時，請到櫃台告知要加油金額和加油機的號碼，並進行繳費後，再回到加油機前自行加油。
刷卡付費時，直接刷卡後，按下本人地址的郵遞區號後，再選擇要加油的油種，再開始進行加油。

GUAM

CHECK LIST

行前確認清單

☒ 須事先瞭解美國的衣服尺寸，建議試穿後再購買。

☒ 除已明確標示不可退貨的商品外，一般皆可憑收據退貨。

☒ 以信用卡結帳時，建議以當地貨幣結帳。

☒ 避開當地人潮多的星期五晚上、星期六上午等假日時段。

☒ 購買食品類商品時，須先確認是否可攜帶入境，再決定是否購買。

☒ 關島的電壓110V與台灣相符。

☒ 採購化妝品、醫藥品時須確認有效期限。

☒ 同款式商品，但不同尺寸或容量時，售價可能有些微的差異，須仔細比較。

☒ 事先調查清楚要購買的商品在國外購物網的售價，若關島賣得較便宜時，就可放心購入。

☒ 不同賣場的同一商品售價可能不一樣，所以購買前須貨比三家。

How to

美食、購物一日行程推薦

精品購物行程

關島的最大魅力在於能以划算的價格購買到美國品牌。可逛逛設有國人喜愛的
知名品牌專櫃的美系連鎖購物中心、超市、OUTLET。

JPSUPER STORE → Micronesia Mall → MACYS → K MART → GUAM PREMIER OUTLET

1. JPSUPER STORE
關島唯一的時尚&生活複合
式品牌商店。

2. MICRONESIA MALL
關島的美系購物中心。

3. MACY'S
位於MICRONESIA MALL的
美系連鎖百貨公司。

4. K MART
能一次購足各類商品的美系
量販店。

5. GUAM PREMIER OUTLET
關島最大OUTLET。

饕客購物行程

可在美系超市連鎖品牌K MART、Payless Supermarket、COST U LESS等超市，以便宜價格購買到食品、
營養補充品、護膚用品等各類商品，而COST U LESS的家庭號商品較其他量販店划算。

Payless Supermarket → K MART → COST U LESS

1. PAYLESS SUPERMARKET
專為觀光客開設的
超級市場。

2. K MART
24小時營業的美系量販店。

3. COST U LESS
倉庫型量販店。

GUAM

挑戰國際知名品牌的低價

運氣好的話，在販售知名品牌的T GALLERIA（舊稱DFS GALLERIA）、TUMON SANDS PLAZA等購物中心裡，常能以定價的一半價格購買到想要的商品。

Shopping Here

關島購物懶人包

關島的美國必敗品牌

過去需要賴以海外代購或在國外購物網採購的服飾、雜貨、化妝品、食品等，在關島有機會以較便宜的價格購得。美國有5~10%的消費稅，因關島是免稅區，使得商品售價更便宜。在Micronesia Mall、GUAM PREMIER OUTLET能以划算的價格購買到各種美國品牌商品。

不買會後悔的品牌

一定要購買ABC販售的John Masters Organics的護髮商品，售價合理、品質佳，極力推薦購買。若想買到美國風格的實用休閒鞋時，就要到GUAM PREMIER OUTLET的Naturalizer分店。

購買夏季度假商品

關島一年四季都是夏天，渡假村受到觀光客的喜愛，在購物中心處處可見關島海洋風的清涼服裝，讓人心曠神怡。

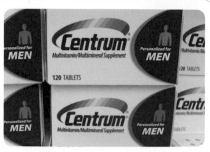

美國善存健康食品

善存商品售價較台灣便宜60%以上，適合作為送給家人、朋友、同事的禮物。

逛折扣商店ROSS的訣竅

看到喜歡的商品就立即放入手推車裡，否則等到想買，走回來想拿時已銷售一空了。不買沒關係，先將商品放入推車裡，是這裡的採購秘訣。香水和手錶是必買的商品，知名品牌商品約有50~60%的折扣。

適合帶回國的小型電子商品

若旅行箱裡還有空位時，可在K MART裡採購吐司麵包機、鬆餅機、小型烤箱等。電壓與台灣相同，皆是110伏特。

一定要造訪的ROSS分店

對於想以較便宜的價格購買到知名品牌，ROSS分店是一個受歡迎的地方，新上市的商品經常是瞬間銷售一空，每週二則固定都會有新品上市。

關島是美國的領土嗎?

YES

位於南太平洋的美國領土。有小夏威夷之稱,可同時享受到度假和購物的樂趣,入境手續簡便,不像入境美國本土那般繁雜。

關島是免稅區嗎?

YES

美國雖不是免稅區,但同為美國領土的關島則是免稅區,許多商品的售價較美國本土更便宜,很適合血拚族。

關島一年四季都是夏天嗎?

YES

關島一年365天都是夏天,適合喜歡到海灘渡假的觀光客。

YES OR NO

關島購物Q&A

關島有沒有24小時營業的超市?

YES

24小時營業的大型超市K MART,讓有租車的觀光客們,可以利用夜晚的時間繼續採購。

關島市區有免稅店嗎?

YES

關島是個很適合採購的免稅區。其中以購物聖地T GALLERIA為代表,為觀光客提供免費的接駁車等各種服務。

關島有美系百貨公司嗎?

YES

在美國擁有最多分店的MACY'S百貨公司。

關島有OUTLET嗎?

YES

關島有OUTLET。規模雖然不像美國本土那麼大,但所販售的商品品牌眾多,是一個能以超值價格購買到品質優良商品的地方。

去關島,須持有美國簽證嗎?

NO

持有台灣護照者,無須美國簽證,可免簽入境關島30天。申請到美國旅行許可(ESTA)時,可居留3個月。持有ESTA的觀光客人數較無簽證的觀光客少,所以入境通關檢查的速度較快。

關島有原住民傳統市場嗎?

YES

關島有原住民經營的市場,有早上營業的迪迪多早市(Dededo Market)和週三晚上經營的查莫洛夜市(Chamorro Night Market)。

在關島購買醫藥品或營養補充品時須醫師的處方嗎?

NO

和台灣一樣,家中所需的簡單醫藥品或營養補充品等,無須醫師的處方,都可在超市購得。

關島有提供免費接駁車的購物中心嗎?

YES

並非所有的購物中心都有免費的接駁車,T GALLERIA(舊稱DFS GALLERIA)有提供免費的接駁車。但搭乘環繞關島的接駁車,可更輕鬆到達各個景點,但須付費。

關島有能使用台幣的地方嗎?

NO

在關島用美元消費最好。美金都用完或無法使用信用卡時,當地機場或是購物中心都有兌幣櫃台,不過匯率不划算,還是建議在台灣先兌換。

關島的美國品牌商品更貴嗎?

NO

在美系百貨公司、購物中心、OUTLET可購買到各種美國品牌商品。大多數美國品牌商品較美國本土便宜,但也有少數例外的情況。

在關島的購物中心可索取到外國人專用的優惠券嗎?

YES

在MICRONESIA MALL服務台可索取到10%的優惠券。先去逛GUAM PREMIER OUTLET的TOMMY HILFIGER分店,也可索取到Calvin Klein的優惠券。

關島有大型量販店嗎?

YES

有一間類似美國好市多的COST U LESS,是以販售家庭號包裝為主的大型量販店。也有像台灣的大潤發或家樂福一樣的K MART。

關島私房血拚地點特搜

Shopping In Guam

關島必敗品牌

NINE WEST

美國中低價位的時尚鞋子品牌。在台灣雖有多家分店,但關島的商品是直接從美國當地運送過來,在款式上較台灣更多樣化,售價也較便宜。鞋子大多能以30~60美金購得,女孩們與蜈蚣族絕不可錯過。

🧍 NO 25, Guam Premier Outlets, 199 Chalan San Antonio, Tamuning
☎ 671-647-6463 🕙 10:00~21:00
🚌 搭乘杜夢接駁車、購物中心接駁車

COACH

這不是高價位的美國品牌,但商品實用性高、售價合理,深受顧客喜愛。商品有女性服飾、男性服飾等,以手提包的人氣最高。

🧍 L/PF, The Plaza, 1225~1275 Pale San Vitores Rd, Tumon
☎ 671-646-1140 🕙 10:00~23:00
🚌 與Tumon Outrigger Hotel Lobby相連,可搭乘杜夢接駁車,在Tumon Outrigger Hotel前下車

🔖 **Tip** 設立分店的購物中心
MACY'S / T GALLERIA

從引領潮流的國際知名品牌到實用型美國品牌

關島是離亞洲最近的美國領土,在這裡可享受到以比購物網更便宜的價格,購買到美國原裝商品的樂趣,既是一個購物天堂,也是一個度假勝地。商品種類繁多,有適合男士、女士、兒童的商品。在夏天或年底的特賣會期間造訪關島,能以超乎想像的親民價格購得中意的熱銷商品。GUCCI、TORY BURCH、Polo Ralph Lauren等美國品牌,是最須關注的商品。也可去逛逛人氣高的GAP、Izod、Tommy Bahama等品牌專櫃,商品售價很吸引人。

MUST BUY BRANDS

IZOD

標榜實用性的美國休閒品牌，售價合理、品質優良。商品種類繁多，包括家居服、運動服、戶外休閒服等。隨著高爾夫運動的普及，高爾夫服飾的需求也隨之提升，此外，還有襯衫、丹寧布服飾、內衣等商品，逐漸發展為全方位品牌。

🏬 Guam Premier Outlets, 199 Chalan San Antonio, Tamunig
☎ 671-989-4963 🕐 10:00~21:00

🔗 設分店的購物中心
Guam Premier Outlets

TOMMY BAHAMA

以舒適自然的愛爾蘭度假風為主的美國休閒品牌，過去二十多年來一直受到美國人的喜愛。以打破平日和度假隔閡的設計概念為主，給予現代人像休假般舒適感的時尚品牌。清涼感的椰子樹圖案T恤等為暢銷款式，布料採用通風佳、吸汗力強的棉或亞麻布等，強力推薦給尋找度假休閒服的各位。

🏬 Guam Premier Outlets, 199 Chalan San Antonio, Tamunig
☎ 671-989-5704 🕐 10:00~21:00

🔗 設分店的購物中心
Guam Premier Outlets

CALVIN KLEIN

CALVIN KLEIN以自己名字創立的品牌，成立於1968年，現已成為美國代表性時尚品牌。衣服種類大致區分成最高檔的黑色標籤、灰色標籤、白色標籤等服裝。此外，還有牛仔褲（Calvin Klein Jeans）、運動服、寢具和家飾用品（Calvin Klein Home）、香水、手錶（CK WATCH）、首飾（CK Jewelry）、內衣等各種時尚商品。在Guam Premier Outlets能以更便宜的價格購得各種商品。

🏬 Guam Premier Outlets,199 Chalan San Antonio, Tamunig
☎ 671-989-2540 🕐 10:00~21:00

🔗 設分店的購物中心
Guam Premier Outlets

TORY BURCH

美國時尚款式TORY BURCH是2004年創立的人氣品牌。已在台灣設有鞋子、皮包等專櫃，建議入手特惠商品為主。在關島機場免稅店裡也設有專櫃。

🏬 C, T Galleria, 1296 Pale San Vitores Rd, Tumon
☎ 671-646-9640~1, 671-649-8097
🕐 10:00~23:00

🔗 設分店的購物中心
Guam Airport Free Shop

ESTEE LAUDER
雅詩蘭黛

以褐瓶裝的特潤修護肌透精華露（Advanced Night Repair）而有名的美國化妝品品牌。在這裡有些商品的售價較台灣免稅店便宜。

🏬 A, T Galleria, 1296 Pale San Vitores Rd, Tumon
☎ 671-646-9640 🕐 10:00~23:00

🔗 設分店的購物中心
Macy's

BCBGMAXAZRIA

這是活躍於巴黎和洛杉磯時尚界的設計師Max Azria在美國自創的品牌，現在已發展成為美國代表性的國際知名品牌。BCBG MAXAZRIA以社會大眾的名牌作為主要經營裡念，深獲時尚狂的支持。全世界共有570多個分店，也在英美等國家得到不少人的推崇與愛戴。

🏬 Guam Premier Outlets, 199 Chalan San Antonio, Tamunig
☎ 671-646-0112 🕐 10:00~21:00

🔗 設分店的購物中心
Guam Premier Outlets

GAP

有不少在台灣難得一見的款式或顏色，售價也較台灣便宜30~40%，讓你的荷包不會感到有負擔。每間分店都有特惠區，能以親民的價格購買到滿意商品。

🏠 The Plaza, 1225-1275 Pale San Vitores Rd, Tumon
☎ 671-649-1275 ⏰ 10:00~23:00

🔗 設分店的購物中心
Micronesia Mall

TOMMY HILFIGER

美國時尚設計師Tommy Hilfiger在1985年創立的美國傳統休閒品牌，和POLO RALPH LAREN同為美國代表性的實用服飾品牌。除了男士服、女士服外，還有童裝、手提包、鞋子、手錶、香水等各種商品。在MACY'S百貨公司和GUAM PREMIER OUTLET都有設櫃，建議各位到商品種類多樣化、售價合理的GUAM PREMIER OUTLET分店逛逛，售價較它國分店便宜40~60%。

🏠 Guam Premier Outlets,199 Chalan San Antonio, Tamunig
☎ 671-969-1310 ⏰ 10:00~21:00

POLO RALPHLAUREN

台灣人最喜愛的美國品牌之一，有人到關島的目的就是為了購買POLO RALPH LAUREN品牌商品。與台灣的分店相較之下，這裡的一般商品售價約便宜30~40%，特價約便宜50~60%以上。出示觀光客專用MACY'S優惠券，可再減價10%。成人服飾、童裝、嬰兒服等只要有喜歡的商品，都是不能錯過的必敗商品。

🏠 1F/2F, Macy's, 1088 West Marine Dr, Dededo
☎ 671-637-9416 ⏰ 10:00~21:00

🔗 設分店的購物中心
Micronesia Mall

GUAM

NEUTRALIZER

這是1927年在美國創立的品牌，秉持著「製造美麗的舒適鞋」的創業精神，製造出「穿一整天也完全不會感到疲勞的鞋子」，至今仍堅持這樣的傳統。最初以舒適鞋款為主，而現今商品種類已擴展至首飾、圍巾、手提包等。

🏠 Guam Premier Outlets, 199 Chalan San Antonio, Tamunig
☎ 671-646-0553 ⏰ 10:00~21:00

🔗 設分店的購物中心
Guam Premier Outlets

TOYS R US

美國最大的玩具公司及兒童用品連鎖店，天天都在販售便宜的玩具。關島的店面雖沒有美國本土那麼大，但販售各年齡層玩具，售價也較台灣便宜40~50%。這裡極力推薦給有親子同行的觀光客。

🏠 1F/C4, Micronesia Mall, 1088 W. Marine Corps Dr, Dededo
☎ 671-632-8697 ⏰ 10:00~21:00

JUICY COUTURE

這是好萊塢影星喜愛的運動服飾，名氣因而逐漸上升，服飾特色是少女般的感性與獨特風格，平凡中散發出高雅感。商品種類擴展至首飾、海灘裝、香水等，受到20歲至30歲女性朋友的喜愛。

🏠 JP Superstore 1328 Pale San Vitores Rd, Tumon
☎ 671-646-7803 ⏰ 10:00~23:00

🔗 設分店的購物中心
JP Super Store

杜夢

Gun Beach

關島日航飯店 (Hotel Nikko Guam) H

Pacific Place

奧特瑞格關島海灘度假村 (Outrigger Guam Beach Resort) H

JP SUPER STORE

關島 DFS GALLERIA
- Tory Burch
- Cucci
- Estee Lauder
- LOUIS VUITTON
- Prada
- Hermès · Tiffany & Co.
- Chanel

MICRONESIA MALL
- MACY'S
- GAP
- Toys RU
- Papaya
- STILETTO
- CITY COLLECTIONS
- BEAUTY BAR 維他奇世界
- Polo Ralph Lauren

COST U LESS

Bottega Veneta
CUCCI
Bally
GAP
ABC Store

The Plaza

關島君悅酒店 (Hyatt Regency Guam) H

Tumon Bay

關島希爾頓飯店 (Hilton Guam Resort & Spa) H

TUMON SANDS PLAZA
- Paul Smith
- Lacoste
- Marimekko
- ANTEPRIMA
- Hubert de Givenchy
- Balenciaga

K MART

關島國際機場

Pale San Vitores Rd

關島皇家蘭花飯店 (Royal Orchid Guam Hotel) H

Chalan San Ave

Gov Carlos G Camacha Rd

關島皇家蘭花飯店 (Royal Orchid Guam Hotel)

GUAM PREMIER OUTLET
- Ross
- ABC Store
- Neutralizer
- Nine West
- IZOD
- Tommy Bahama
- Calvin Klein
- BCBG
- Tommy Hilfige

S Marine Corps Dr

位於夢門購物中心的龍頭老大TT GALLERIA，小小一個角分了30多個空間為各大名牌，這裡應有盡有住東方華人，空門小、五B中古宮宮子，滿日貨幣多繼續來。

關島最大的Outlet，此地販售價50~70%的折價商品，可購入各種美國品牌，的服飾或是手提包、皮件、手錶等。

🚌 搭乘杜夢飯店接駁車

關島的購物聖地

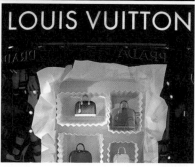

📎 Tip
提供給觀光客的特別服務項目

01 免費交通服務
要求飯店服務台呼叫
T GALLERIA的計程車
或要求飯店服務台打電話到
T GALLERIA提供免費
接駁服務（671-649-8097）。

02.預購服務
巧克力、餅乾、咖啡、酒類等要
購買的商品，在機場提領時，可
再減價10~15%。

03 飯店送貨服務
在T GALLERIA購買的商品可
免費送達觀光客住宿的飯店。
請在下午四點前提出申請。

04 ATM／外幣兌換服務
在T GALLERIA賣場裡有ATM
或外幣兌換服務台，不過匯率
不划算，建議在台灣先兌換足
夠現金。

05 口譯服務
購物時若覺得溝通不良時，只
要提出口譯服務要求，就會有
中國職員提供中文口譯服務。

GUAM

T
GALLERIA
ⓓ

T GALLERIA
📍 1296 Pale San Vitores Rd,
Tumon
☎ 671-646-9640~1
671-649-8097
🕐 10:00~23:00
🚌 奧瑞格度假飯店（Tumon
Outrigger Hotel）對面
🌐 www.dfs.com

免稅名牌購物中心—T GALLERIA

T GALLERIA是關島最具代表性的精品購物中心。舊稱DFS GALLERIA，已改名為T GALLERIA。位於關島最繁華的杜夢（Tumon）地區的中央位置，交通非常便利。這是免稅的百貨商場，區分成四個區域，由精品店所構成的精品世界（Boutique World）、以流行設計為中心的時尚世界（Fashion World）；世界知名美妝品牌的美麗世界（Beauty World）；各種觀光紀念品、葡萄酒、巧克力等各種食品所構成的目標世界（Destination World）。提供外國語口譯、外幣兌換、運送等各種服務給觀光客，以期營造出更舒適的購物環境。

Boutique World | 全世界最高檔的知名品牌LOUIS VUITTON、CHANEL、HERMES、GUCCI、PRADA、Tiffany & Co.
Fashion World | 以時尚商品為主的知名品牌Armani、Marc Jacobs
Beauty World | 世界知名化妝品牌蘭蔻、香奈兒、迪奧、雅詩蘭黛、植村秀、MAC、倩碧
Destination World | 關島紀念品、咖啡、巧克力、葡萄酒、餅乾、糖果等食品

🚌 在杜夢灣搭乘接駁車

複合式品牌精品館

GUAM

超人氣品牌齊聚一堂──JP SUPER STORE

位於杜夢購物區，關島唯一的時尚生活複合式精品館。商品種類繁多，包括引領世界最新流行、最受歡迎的知名設計師品牌，有流行服飾、休閒服、鞋子、手錶、香水、首飾、化妝品等，還有家居用品、咖啡、巧克力、餅乾、糖果、關島紀念品。有因好萊塢影星穿著後而聲名大噪的Juicy Couture、Cath Kidston、See by Chloe、Anna Sui、G Star Raw等品牌，這裡可說是關島境內最多精品和休閒品牌的購物中心。

JP SUPERSTORE
📍 1328 Pale San Vitores Rd, Tumon
🕐 09:00~23:00
🚌 搭乘杜夢接駁車，在JP SUPER STORE前下車
🌐 guamplaza.com/psuperstore

🚌 在杜夢搭乘杜夢接駁車

從飯店大廳即可開始購物

GUAM

一次購足平價品牌和高檔名牌的THE PLAZA

這棟購物中心與杜夢T GALLERIA對面的奧瑞格度假飯店大廳相連。從Bottega Veneta、GUCCI、Bally等知名品牌，到Morgan、Folli follie、Gap、Lesportsac、Footlocker等中低價位品牌都有，還有手提包、鞋子等各種品牌專櫃進駐。極力推薦購入TictacToc的兒童或嬰兒用品，以及ABC Store的點心、飲料、紀念品。在Hard Rock Café Store裡，可購買眾多周邊商品，如紀念品、鑰匙圈等。

✐ 推薦必買的品牌

Aerosoles 兼具時尚和舒適的新概念鞋子品牌。Stussy 加州風格的海邊休閒服飾專賣店。Rimowa 可以以親民的價格購到各種款式的旅行手提包。Beauty Bar 世界護膚商品，可在這個地方一次購足。Bally 手提包或皮夾等減價商品非常多，是一個絕佳的採購機會。

THE PLAZA
🏠 1225~1275 Pale San Vitores Rd, Tumon
☎ 671-649-1275
🕙 10:00~23:00
🚌 與杜夢奧瑞格度假飯店大廳相連，搭乘接駁車時，在奧瑞格度假飯店下車
🌐 theplazaguam.com

TUMON SANDS PLAZA

🏠 　　杜夢

🚐 在杜夢搭乘接駁車

小而美的舒適購物中心

嚴選的奢華品牌

這座購物中心的賣場規模雖較T GALLERIA小，是由30多個奢華品牌所構成的，顧客可在這私密空間中享受舒適的購物樂趣。還有眾多歐系品牌Givenchy、Balenciaga、Paul Smith、Lacoste等，以及在亞洲難得一見的Anterrima、Marimekk等品牌專櫃。各種品牌的門市經常舉行各種過季商品減價活動，仔細在商品堆中翻找後，一定可找到品質佳的商品。有免費的接駁車、WIFI、嬰兒車租賃服務。

🔖 推薦必買的品牌

Paul Smith 關島唯一的店面，販售男女服飾。
Lacoste 關島唯一的店面，商品售價較台灣便宜30%左右。
Mariemekko 北歐簡約風格的代表性品牌。
以編織包有名的Anticrime品牌商品也能以超值價格採購到。

TUMON SANDS PLAZA
📍 1082 Pale San Vitores Rd,
Tumon
☎ 671-646-6801
🕙 10:00~22:00
🚐 關島君悅酒店（Hyatt Regency Guam）對面
🌐 www.guamtsp.com

🚐 搭乘前往迪迪多早市的接駁車

迪迪多早市

關島周末早晨的跳蚤市場

這是每個周末早晨在迪迪多地區營業的跳蚤市場，是關島歷史最悠久的跳蚤市場，有三十多年之久，可從中感受到濃濃的傳統氣息。在簡陋的帳篷底下有海鮮、熱帶水果、二手服飾、零食等各種商品。原本只是當地人的市場，現在成為受到觀光客青睞的市場。早市的營業時間是從早上6點到10點，記得要早點前往。因觀光客多，常會出現哄抬價格的情況，所以貨比三家是必須的。在下雨天或氣候不佳的日子，市場規模會變小，所以觀光客們最好選在星期六或星期日的晴天去逛。租車的觀光客可輕鬆到達此市場，但停車場較小，很快就客滿了，所以需要提早出發。迪迪多早市的接駁車行經關島各大飯店，對於觀光客是很方便的選擇。

DEDEDO MORNING MARKET
迪迪多早市
🏠 Dededo, Guam
🕐 星期六、星期日
06:00~10:00
🚐 只在周末營業的迪迪多早市
（接駁車行經杜夢等關島各大飯店）

GUAM

MICRONESIA MALL

🚌 搭乘杜夢接駁車、購物中心接駁車

密克羅尼西亞購物中心

📎 **推薦的品牌**

ABC STORE
從美食到紀念品都販售的超
市型賣場

Aerosoles
兼具時尚和實用性的
鞋子專賣店

Beauty Bar
知名品牌化妝品專賣店

Vitamin World
販售各種超值
且品質優的維他命

Toys Rus
販售各種親民價格的
玩具專賣店

關島唯一的美式購物中心

這有美國的代表性百貨公司MACY'S百貨公司。有Levi's、Benetton等服飾品牌；Payless Shoe Source等鞋子品牌；Toys R Us、KD Toys等玩具品牌；Le Sportsac、Folli follie、Swarovaski等品牌。此外，還有主題樂園Funtastic Park、電影院、美食街、超市、各式風味料理餐廳，逛一整天都逛不完。

MICRONESIA MALL
📍 1088 W. Marine
Corps Dr, Dededo
☎ 671-632-8881
🕙 10:00~21:00
🚌 搭乘杜夢接駁車、
購物中心接駁車時，
在MICRONESIA MALL前下車
（接駁車營運時間為
星期一～六10:00~21:00
星期日 10:00~20:00）
🌐 www.micronesiamall.
com

📎 **Tip**

血拚結束後，可再逛逛美食街，品嚐一下美國料理、中國料理、韓國料理、日式料理、披薩、漢堡、三明治等。美國的中式快餐連鎖餐廳熊貓快餐（Panda Express）也很符合亞洲人口味，不妨試吃看看。

PAPAYA

關島最低價位的時尚品牌，在當地有很高的人氣。每個星期將美國本土最新的流行商品直接運送過來，商品種類包括很適合熱帶氣候的海灘裝、夏季休閒服等。

📍 1F/C3, Micronesia Mall, 1088 W. Marine Corps Dr, Dededo
☎ 671-633-4515 🕐 10:00~21:00

BEAUTY BAR

關島唯一的複合式護膚品牌。有人氣品牌小蜜蜂爺爺（Burt's Bees），以及Koh Gen Do、Art Deco、Juice Beauty等各種國際護膚品牌。

📍 1F/C4, Micronesia Mall, 1088 W. Marine Corps Dr, Dededo
☎ 671-632-2142 🕐 10:00~21:00

CITY COLLECTIONS

這是一間販售鞋子和手提包的複合式商店，有很多前衛款式、顏色獨特的商品。鄉村風和吉普賽風的手提包最熱賣。

📍 1F/C3, Micronesia Mall, 1088 W. Marine Corps Dr, Dededo
☎ 671-637-0056 🕐 10:00~21:00

BENCH

有菲律賓佐丹奴之稱的人氣休閒品牌，用低廉的價格販售各種流行服飾商品。其中沐浴和護膚相關商品也很受歡迎。

📍 1F/C4, Micronesia Mall, 1088 W. Marine Corps Dr, Dededo
☎ 671- 637-2624 🕐 10:00~21:00

VITAMIN WORLD
維他命世界

能以最便宜的售價購買到各種維他命商品的會員制專賣店。所有的維他命和健康食品皆較台灣便宜50%以上，觀光客一定記得到這裡購買。人氣商品有維他命C、Omega3、葡萄糖胺（Glucosamine）、巴西莓（Acai Berry）等。很適合作為送給家人、親戚、朋友的禮物。

📍 1F/C4, Micronesia Mall, Marine Corps Dr, Dededo
☎ 671- 633-2547 🕐 10:00~21:00

STILETTO

販售好萊塢最新流行時尚服飾，是MICRONESIA MALL裡唯一的複合式品牌商店。除了時尚服飾外，還販售首飾、有機產品等各種雜貨，最近成為最熱門的商店。

📍 2F/C3, Micronesia Mall, 1088 W. Marine Corps Dr, Dededo
☎ 671-637-5477 🕐 10:00~21:00

GUAM

🚌 從杜夢搭乘杜夢接駁車、購物中心接駁車

梅西百貨

美國知名的連鎖百貨公司

美國最大連鎖百貨公司，本店設在紐約，因每年贊助11月感恩節慶典活動而聲名大噪。全館分成男仕館、女仕館、家居生活館，以合理價格販售各種美國品牌商品。雅詩蘭黛（Estee Lauder）、倩碧（Clinique）、Polo Ralph Lauren、Samsonite、Calvin Klein、Coach、Michael Kors等知名品牌的化妝品、時尚服飾、首飾、鞋子，此外，還有Gucci、Boss等精品手錶，商品種類繁多。有提供觀光客減價10%的優惠券（在MICRONESIA MALL服務台索取）。Polo Ralph Lauren、Tommy Hilfiger的童裝和嬰兒服款式多樣化，可前往選購。

📎 **Tip** 購物前請記得在MICRONESIA MALL服務台索取減價10%的優惠券。

梅西百貨
🏠 1088 West Marine Dr, Dededo
☎ 671-632-8881
🕐 星期一~六 10:00~21:00
星期日 10:00~18:00
🚌 在杜夢搭乘杜夢接駁車、購物中心接駁車，需10分鐘車程
🌐 www.micronesiamall.com

🚌 從杜夢搭乘杜夢接駁車、購物中心接駁車

GPO購物廣場

🔖 推薦的品牌

Calvin Klein
經過整修後，賣場規模擴大。
除了男女流行服飾外，還有內
衣、手提包、首飾、香水等，且
售價比台灣便宜40~50%。

Tommy Hilfiger
商品款式及尺寸豐富，也有女
性手提包或鞋子，比台灣的
Outlet便宜達40%。

Nine West
販售各種最新流行款式的鞋
子，售價19美元起。

Vitamin World
能以低廉價格購得各種品質優
良的維他命，是關島最佳的維
他命專賣店。

ABC STORE
這裡的ABC STORE是所有關
島分店中，販售的品牌和商品
項目最多的。有之前紅極一時
的小蜜蜂爺爺、美國有機護膚
品牌John Masters Organics、
在台有販售的布朗博士等品牌
商品，能以超值的價格購得。

GUAM

關島最大的OUTLET

各種美國品牌服飾、鞋子、珠寶、首飾、手錶等，皆能以減價50~70%的
價格購得。大部分是庫存商品、過季商品，但在款式或顏色上，和當季商
品並無太大的差異。有BCBG、Calvin Klein、Anntaylor、Guess、Tommy
Hilfiger等品牌，Nine West等鞋店也值得逛逛，此外，還有知名品牌鞋子折
扣店Famous Footwear、Levi's、Nike Store等。身為美國三大大型折扣店的
Ross，是最受當地人和觀光客歡迎的購物地點。

GUAM PREMIER OUTLETS
📍 199 Chalan San Antonio,
Tamuning
☎ 671-649-3205
🕐 星期一~六 10:00~21:00
星期一 10:00~20:00
🚌 在杜夢搭乘杜夢接駁車、
購物中心接駁車，需20分鐘車程
🌐 www.gpoguam.com

🔖 Tip
每個星期二Ross都會有新品上市，所以在星期二造訪時，可挑選到熱騰騰的商品。每個星期六
在OUTLET的中央廣場，都會舉辦關島民俗表演，若時間上充裕時，可先血拚再觀賞表演。

🚌 在杜夢搭乘杜夢接駁車、購物中心接駁車

除了減價還是減價的倉庫型賣場

享受在沙漠中尋找珍珠的快感

Ross與Marshalls、TJ Mexx並列為美國三大大型折扣商店。知名品牌專櫃運送過來的庫存商品都聚集在此，可以說是一間折扣商品百貨公司。商品種類繁多，包括流行服飾、首飾、化妝品、香水、手提包、鞋子、手錶、珠寶、家居創意小品、傢俱、童裝、廚房用具、食品等數千種商品，約可減價50~80%。此外，還有Polo Ralph Lauren、COACH、Calvin Klein、Michael Kors、Tommy Hilfiger、Kenneth Cole、Nike、Puma、Elizabeth Aden、Estee Lauder、小蜜蜂爺爺（Burt's Bees）、契爾氏（KIEHL'S）、Cole Hann、Rockport等知名品牌商品。這裡是倉庫型賣場，商品陳列並非井然有序，需帶著在沙漠中尋找珍珠的精神來血拼。

ROSS

🏠 199 Chalan San Antonio
Suite 200, Tamuning
☎ 671-647-7677
🕐 星期一~六 08:30~22:00
星期日 09:00~21:30
🚌 位於GUAM PREMIER
OUTLET內
🌐 www.gpoguam.com

🚌 搭乘從T GALLERIA出發的接駁車

24小時營業的購物天堂

GUAM

買到手軟也買不夠的K MART

關島最大的美系量販店，販售服飾、生活雜貨、食品、電子商品等，是一個可一次購足各類商品的的地方。對觀光客而言，這裡是採購懷孕、嬰兒、兒童用品，營養補充品、咖啡、巧克力等商品的最佳地點，全年無休，可隨時享受自由購物的樂趣。在觀光客當中人氣最高的是善存品牌商品，依年紀、性別，細分為銀髮族、男性、女性營養品，顧客可依據年紀，購買適合的商品。

K MART
🏠 404 North Marine Corp Dr,
　　Tamuning
☎ 671-632-8881
🕐 24小時
🚌 搭乘從T GALLERIA
　　出發的接駁車
🌐 www.kmart.com

📎 Tip

在K MART裡購物時會看到寫著聰明品味（smart sense）的商品。是指省掉廣告費和行銷費的品牌商品，包括生活雜貨、維他命、醫藥品等。

🚌 在杜夢搭乘杜夢接駁車、購物中心接駁車

關島的綠洲超市

兼具便利商店和超市功能的ABC STORE

這是一間以夏威夷和南太平洋島為經營重心的零售商店（Retail Store）。商品種類繁多，包括一般雜貨、食品、服飾、紀念品、酒、醫藥品、化妝品、護膚產品等。

ABC STORE
🏠 No 12, Guam Premier
Oulet, 199 Chalan San
Antonio, Tamuning
☎ 671-647-1134
🕐 10:00~21:00
🚌 在杜夢搭乘杜夢接駁車、
購物中心接駁車，
需20分鐘的車程

🔗 設分店的購物中心
Guam Premier Oulet / Micronesia Mall / The Plaza

GUAM

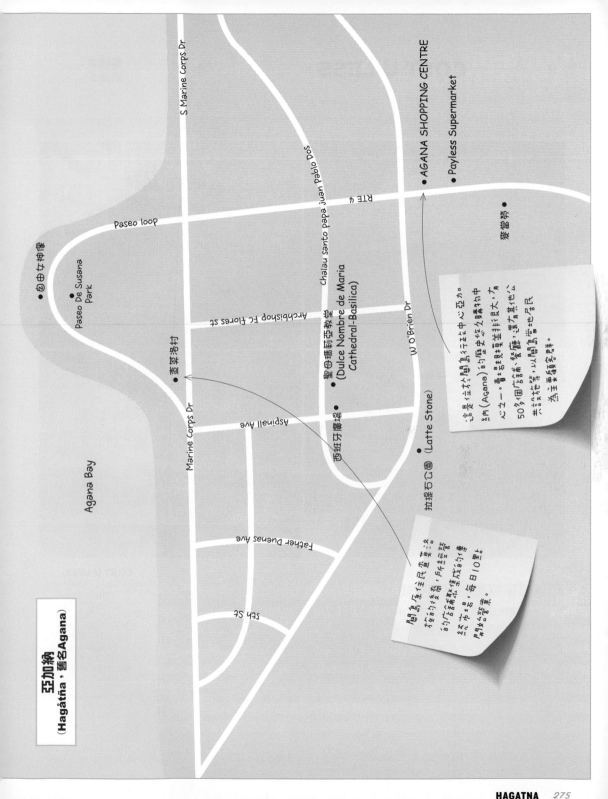

亞加納
（Hagåtña，舊名Agana）

Agana Bay

白由女神像

Paseo De Susana Park

Paseo loop

查莫洛村

Marine Corps Dr

S Marine Corps Dr

Chalau santo papa juan Pablo Dos

RTE 4

● AGANA SHOPPING CENTRE

● Payless Supermarket

麥當勞

Archbishop FC Flores St

聖母瑪利亞教堂
(Dulce Nombre de Maria
Cathedral-Basilica)

西班牙廣場

W O'Brien Dr

Aspinall Ave

拉提石公園 (Latte Stone)

Father Duenas Ave

5JS 475

這是一個大島，位於行政正中心。亞加納（Agana）的歷史悠久，文化資源也相當豐富。中文的番芭蕾很好，餐廳、酒吧非常多，有大，大約有50多間店舖，以及購物商場，還有其他，共有大大大等，以關島當地的居民為主要消費族群。

關島原住民古老的皇室，大家的穿衣，斤兩式的簡，的廣東莆話，未成了非常引車式，一串串日，每日10點，門可安心安坐業。

🚕 在GUAM PREMIER OUTLET、MICRONESIA MALL搭乘計程車

倉庫型量販店

超划算家庭號商品這裡買

這是一間類似美國Costco、Sam's Club的倉庫型量販店，以販售家庭號包裝為主，當地居民常來，適合長期居留或想採購家庭號商品的消費者。因為是家庭號商品，所以商品售價較其他超市更便宜。商品種類包括服飾、電子商品、傢俱等，和其他大型量販店大同小異。店裡的咖啡、葡萄酒、巧克力、堅果的售價便宜，在迪迪多、杜夢有兩間分店，觀光客可選擇到離住宿飯店較近的分店去逛逛。

COST U LESS

📍 265 Chalan San Antonio, Tamuning
☎ 671-649-4744
🕐 星期一~六 09:00~21:00
　星期日09:00~19:00
🚕 在GUAM PREMIER OUTLET、MICRONESIA MALL搭乘計程車，需5分鐘的車程

迪迪多分店

📍 615 Harmon Loop Road, Dededo
☎ 671-632-2532
🕐 星期一~六 09:00~21:00
　星期日09:00~19:00
🚕 在MICRONESIA MALL搭乘計程車，只需5分鐘的車程。

📎 Tip

與迪迪多分店相比，杜夢分店的交通更為便利。先到GUAM PREMIER OUTLET血拼後，再順便到COST U LESS逛逛，二個購物中心非常近。這裡的葡萄酒非常便宜，可以買一些回去品嚐。

GUAM

🚌 搭乘亞加納（Agana）循環公車

關島歷史最悠久的購物中心

GUAM

亞加納購物中心

這是位於關島行政中心亞加納（Agana）歷史悠久的購物中心之一。賣場規模並不大，有50多個店舖、餐廳、公共設施等，顧客群以關島當地居民為主。購物中心裡有販售女性服飾Esprit、SM Store、以營養劑有名的GNC、維他命世界、各種加工食品、點心等的Payless Supermarket，值得去逛逛。此外，可在Tony Romas、Wendy's、Taco Bell、Shirley's Coffee、Subway等各種餐廳，享用各式風味餐點。

Agana Shopping Center

亞加納購物中心
🏠 302 South Route 4 O'Brien Drive, Hagatna
☎ 671-472-5027~8
🕐 星期一~六 10:00~20:00
　星期日 10:00~18:00
🚌 在杜夢搭乘計程車，需20分鐘的車程；或搭乘亞加納循環公車，在AGANA SHOPPING CENTRE下車
🌐 www.aganacenter.com

🔖 Tip
離關島中心地區杜夢地區20多分鐘的距離，若是三天兩夜、四天三夜的短暫旅行行程，行程有可能很緊湊。最好在週三晚上逛查莫洛夜市前，先到這裡逛逛。

📍 搭乘查莫洛村（Chamorro Village）接駁車、查莫洛村傳統市場購物中心

來自菲律賓的最大連鎖購物中心

平價親民的購物中心

這是一間位於 AGANA SHOPPING CENTRE 旁的美式購物中心。商品種類繁多，包括中低價位時尚服飾、首飾、手提包、鞋子、生活雜貨、家居創意商品、紀念品、食品等，是一個能以親民的價格進行一次購足的地點。商品的整體售價和 Payless Supermarket 差不多，但較 K MART 稍微貴一些，若到特惠區逛時，有機會採購到便宜商品。另有 SM 總公司直接透過外包方式進貨的服飾、鞋子、時尚雜貨、生活用品等，商品物美價廉、款式選擇多。

SM STORE
🏠 302 South Route 4 O'Brien
Drive, Hagatna
☎ 671-475-2825
🕙 星期一~六 10:00~21:00
星期日 10:00~20:00
🚌 搭乘接駁車到達查莫洛村
傳統市場購物中心

GUAM

CHAMORRO VILLAGE MARKET

🏠 查莫洛村

🚌 搭乘查莫洛村接駁車、查莫洛村傳統市場接駁車

只在每週三晚上營業的夜市

GUAM

體會當地風俗民情的查莫洛夜市

這裡是關島原住民查莫洛族後裔經營的傳統市場，每天10點開始營業。比起白天的市場，每週三營業的夜市更受觀光客青睞。在這裡可以買到關島原住民親手製作的各式各樣手工藝品，也有查莫洛族的傳統串燒或烤肉料理店，既可體驗關島本地市場的氛圍，又可度過特別的夜晚。

CHAMORRO
VILLAGE MARKET
查莫洛夜市
🏠 Paseo Loop, off Marine
Corps Dr., Hagatna, Guam
☎ 671- 475-0376
🕐 星期三 17:00~21:00
（查莫洛村）10:00~18:00
🚌 搭乘查莫洛村接駁車或搭
乘從 T GALLERIA 出發的查莫
洛村傳統市場接駁車

🔗 **Tip**
在星期三晚上逛查莫洛村時，因觀光客人潮多，不易找到停車位，開車去的觀光客需提早到。
查莫洛村裡有販售各類商品的商店，每天從早上10點營業至下午6點，可去逛逛。
每年6月和7月舉辦嘉年華會，有許多熱鬧有趣的活動，值得一去的景點。

CENTURION®
百夫長®旅行箱

CENTURION®

x

Andox & Box 聯名款旅行箱

歡迎 知名企業/知名品牌/總藝節目/電視電影/運動賽事,
洽詢合作：centurion1978us@gmail.com

寿満趣 收麻吉

收納的好麻吉

手捲式壓縮袋
日本製

- 超滑順夾鍊滑片，好拉好開真順手
- 超耐用強化纖維，重複使用不爆柔
- 超科技排氣專利，衣物收納不復胖
- 超貼心雙洩氣閥，優雅收納不費力

▶ 輕鬆收納四步驟

放

步驟一：
將衣物晾乾後
平整放入壓縮袋中

拉

步驟二：
利用滑片將夾鍊口
確實封閉

壓

步驟三：
用雙手由上而下
擠壓出袋中空氣

步驟四：
壓縮袋由上而下捲起
將剩餘空氣從袋底排出

▶ 換季好幫手

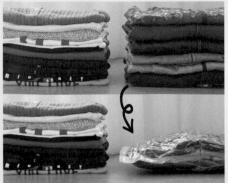

▶ 尺寸對照表

XL :90x110cm

L :78x95cm

M :50x70cm

S :40x50cm

特特吉國際有限公司
www.somuch.tw

ADD：新北市汐止區福德一路392巷22弄1號
TEL：(02)2700-3713
service@somuch.tw

寿滿趣 Q

一生一次的怦然私旅
心動濟州：
七大主題風情，從五感深度體驗濟州的精彩！

韓國的夏威夷─濟州島，
是一年四季都好玩的美麗小島，
春天賞櫻不夠還有整遍油菜花田、
夏天玩水浮潛釣魚玩不停、
秋天楓葉飄落如拍偶像劇、
冬天皓皓白雪如同置身仙境！

這本書，交織著濟州島的「風情‧生活‧夢想」，
不僅是韓國人最愛的跳島旅行首選書，
更是從沒到過濟州島的你，
或是已經去過濟州的旅人，
最好的深度旅遊書！

第一次東京親子自由行好好玩：
超人氣親子團達人帶路！跟著芊爸帶孩子暢玩東京！

★超人氣親子團達人，獨家親子行程、推薦景點公開！
★萬名粉絲相挺，場場秒殺、破百場的親子團經驗曝光！
★史上最詳細東京親子旅遊攻略，
　帶孩子出國一點都不難！

害怕帶孩子出國自由行嗎？
行程該怎麼安排，才能讓大人輕鬆、小孩開心？
超人氣親子團達人芊爸，分享上百場親子旅遊經驗，
獨家規劃東京親子自助旅遊行程，
從各景點出站路線地圖、遊玩攻略全公開！
親子自由行懶得做功課？帶這本書出國就OK！

史上最強！親子露營制霸攻略：
達人嚴選20大親子營地，
手繪地圖✕各區攻略✕野炊食譜大公開

史上最強！最實用的露營攻略書登場，
達人實地探訪，嚴選20大親子營地，
手繪營區地圖、各區攻略完整公開！
手繪地圖x營區攻略x野炊食譜
史上最實用、最必備的露營工具書
露營新手&老手一定要擁有！

120道親子野餐料理全攻略：
飯糰、壽司、手捲、沙拉、三明治、鬆餅點心，
大人小孩都愛吃的幸福美味！

還在煩惱野餐要吃什麼？
買現成點心怕不營養？想自己動手做又怕難上手？
最多變‧最簡單‧最營養的親子野餐食譜大公開！
人氣親子部落客-小潔，帶來120道手作野餐健康食譜，
美味營養又好吃！
壽司、飯糰、手捲、披薩、三明治、沙拉、肉餅肉丸、清爽飲品，
電鍋、烤箱、平底鍋輕鬆完成！

邊旅行邊賺錢，世上最爽的工作：
變身旅遊作家必修的5堂課！

冰島看極光、尼泊爾爬喜馬拉雅山、
非洲沙漠跳傘、在法國吃米其林餐廳、
印度聖城上瑜珈課……
通通只要0元？
是什麼樣的好康，讓你能邊玩邊賺錢？
韓國知名旅遊作家，傳授5堂關鍵必修課，
想變身超人氣旅遊部落客，一定要看這本書！

減醣烘焙：營養師教你做！
蛋糕、奶酪、餅乾、麵包、中西式早餐，
美味不發胖

吃甜食＝容易發胖嗎？
其實選對食材，就能自製健康美味的營養點心！
跟著營養師這樣做！減醣烘焙3步驟

1 用「全穀食物」取代精緻麵粉
2 用「天然甜味劑」取代一般砂糖
3 用「植物油及堅果」取代動物油

熱量低、營養價值高，美味與健康更加倍！
高營養＋低熱量＋飽足感，55道健康烘焙自己做！
善用減醣美味法則，
烘焙甜點不再是高糖高油的代名詞！
麵包蛋糕、奶酪餅乾、饅頭飯糰、年節糕點，
都能吃得健康又美味！

瘦身主廚特製！81道常備瘦身料理：
沙拉也能吃得飽又健康！
米其林主廚教你做簡單易學・豐盛美味・
健康營養的瘦身常備菜

沙拉＝吃不飽、沒營養？
米其林超人氣瘦身主廚，破解你對沙拉的迷思！
只要掌握高營養・低熱量・飽足感三大瘦身關鍵，
就能吃得飽又吃不胖！
沙拉也能吃得飽又健康！
瘦身主廚精心設計81道活力營養沙拉、
充滿飽足感的豐盛海鮮沙拉、療癒心靈的爽口沙拉……
再特別收錄低卡美味的牛排、濃湯、燉飯、義大利麵，
減肥也能安心吃！

Orange Travel 13

代購網拍必去的四大購物天堂
香港、大阪、曼谷、關島 這樣買讓你停不下來

作者：蘇宰暎・盧昭妍

出版發行　橙實文化有限公司

粉絲團 https://www.facebook.com/OrangeStylish/

MAIL: orangestylish@gmail.com

作　　者	蘇宰暎・盧昭妍	
譯　　者	譚妮如	
總 編 輯	于筱芬	CAROL YU, Editor-in-Chief
副總編輯	謝穎昇	EASON HSIEH, Deputy Editor-in-Chief
行銷主任	陳佳惠	Iris Chen, Marketing Manager
美術編輯	亞樂設計	
製版／印刷／裝訂	皇甫彩藝印刷股份有限公司	
贊助廠商		

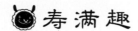

Original Title: 해외 쇼핑 TOP LIST 710

Shopping Abroad Top List 710 by Noh Soyeon & So Jaeyoung

Copyright © 2015 Noh Soyeon & So Jaeyoung

All rights reserved.

Original Korean edition published by Gilbut Publishing, Co., Ltd. Seoul, Korea

Traditional Chinese Translation Copyright 2017 by CHENG SHI Publishing Co., Ltd.

This Traditional Chinese edition published by arranged with Gilbut Publishing, Co., Ltd. through LEE's Literary Agency

編輯中心

33743桃園市大園區領航北路四段382-5號2樓

2F., No.382-5, Sec. 4, Linghang N. Rd., Dayuan Dist., Taoyuan City 337, Taiwan (R.O.C.)

TEL／（886）3-381-1618　FAX／（886）3-381-1620

經銷商

聯合發行股份有限公司

ADD／新北市新店區寶橋路235巷弄6弄6號2樓

TEL／（886）2-2917-8022　FAX／（886）2-2915-8614

初版日期 2019年5月

Orange Travel

激安必敗700
Shopping Top List 700

特色商場、精品名牌、美妝小物、私房景點全蒐羅，
700項達人推薦，不買會氣死的必敗好物！

香港・大阪・曼谷・關島 海外購物聖經
HONG KONG　OSAKA　BANGKOK　GUAM

必買700個
好物推薦&精選地圖

蘇宰暎・盧昭妍——著　譚妮如——譯

職業旅人推薦必遊
香港・大阪・曼谷・關島！

☑ 離台灣近
☑ 航班直飛
☑ 好吃又好買

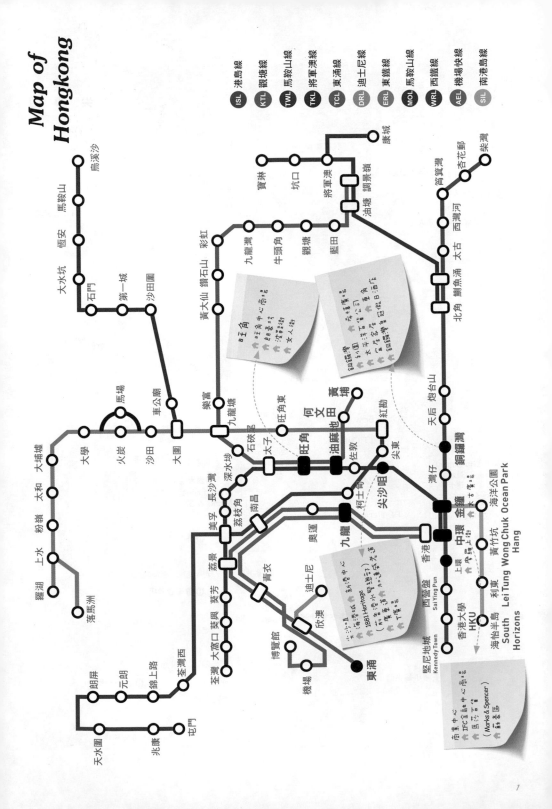

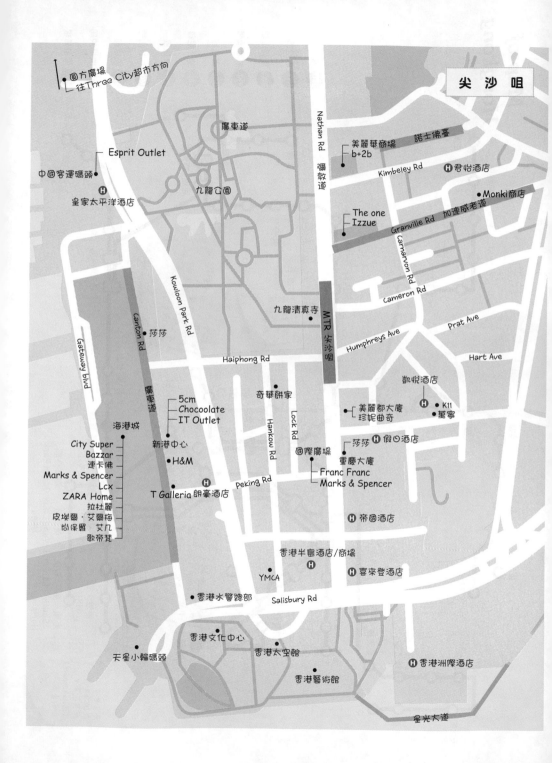

尖沙咀

圓方廣場
往Three City超市方向

Esprit Outlet

中國客運碼頭

皇家太平洋酒店

廣東道

九龍公園

Nathan Rd 彌敦道

美麗華商場　諾士佛臺
b+2b

Kimbeley Rd　Ⓗ 君怡酒店

Ⓗ Monki商店

The one
Izzue

Granville Rd 加連威老道

Carnarvon Rd

Cameron Rd

九龍清真寺

Kowloon Park Rd

Canton Rd

Gateway blvd

莎莎

MTR 尖沙咀

Humphreys Ave

Prat Ave

Hart Ave

Haiphong Rd

凱悅酒店

廣東道

5cm
Chocoolate
IT Outlet

奇華餅家

Lock Rd

Hankow Rd

美麗都大廈
珍妮曲奇

Ⓗ K11
萬寧

海港城

City Super
Bazzar
連卡佛
Marks & Spencer
Lcx
ZARA Home
拉杜麗
皮埃爾·艾爾梅
尚保羅　艾几
歌帝梵

新港中心

H&M

莎莎　假日酒店

Ⓗ

重慶大廈
Franc Franc
Marks & Spencer

國際廣場

T Galleria 朗豪酒店

Peking Rd

Ⓗ 帝國酒店

香港半島酒店/商場

YMCA

Ⓗ

喜來登酒店

香港水警總部

Salisbury Rd

天星小輪碼頭

香港文化中心

香港太空館

Ⓗ 香港洲際酒店

香港藝術館

星光大道

2

香港
Hong Kong

BEST SHOPPING ITEMS
148

001
星巴克馬克杯
(Starbucks Mug Cup)
HK$103～

002
God眼罩
(God Eye Patch)
HK$105～

003
God茶具組
(God Tea Pot Set)
HK$159

004
星巴克雪克杯
(Starbucks Tumbler)
HK$103

005
星巴克玩偶
(Starbucks Doll)
HK$180

006
God 雪克杯
(God Tumbler)
HK$198

007
God滑鼠墊
(God Mouse Pad)
HK$60

008
God杯組
(God Cup)
HK$295

001 香港獨家販售的馬克杯，滿足世界各城市馬克杯的搜集者。　**002** 睡覺時使用的God眼罩。　**003** 激起喝茶慾望的God茶具組。
004 攜帶方便的星巴克雪克杯。　**005** 星巴克玩偶。　**006** 香港本土品牌God也製造許多特殊造型的商品。濃濃中國風味的雪克杯。
007 中國風味的滑鼠墊。　**008** 易收納的杯組。

009
香奈兒耳環
(Chanel Earrings)
HK$2300

010
奇華餅家餅乾
(Kee Wah Cookies)
HK$68〜

011
上海灘
(Shanghai Tang)
HK$590〜

012
思加圖
(Staccato Boots)
HK$1113〜

013
拉杜麗果醬
(Laduree Jam)
HK$170〜

015
奇華餅家餅乾
(Kee Wah Cookie)
HK$63〜

014
馬卡龍
(Pierre Herme Macaron)
HK$180〜

019
Prada包
(Prada Bag)
HK$3700

017
上海灘包
(Shanghai Tang Bag)
HK$1500〜

018
馬卡龍
(Laduree Macaron)
HK$23

016
上海灘毛衣
(Shanghai Tang Sweater)
HK$174〜

021
Prada包
(Prada Bag)
HK$9950

020
珍妮曲奇餅乾
(Jenny Cookie)
HK$190

025
Cath Kidston保溫瓶
(Cath Kidston Vacuum Bottle)
HK$140

022
Zara外套
(Zara Jacket)
HK$899

023
Zara襯衫
(Zara Blouse)
HK$399

024
Marc Jacobs涼鞋
(Marc Jacobs Sandal)
HK$180

SUMMER 13

009 香奈兒的耳環款式較台灣的多，售價也較便宜。 **010** 奇華餅家的熊貓餅乾是最佳伴手禮。 **011** 香港本土品牌上海灘手錶。 **012** 觀光客口耳相傳的香港品牌思加圖（Staccato）舒適鞋子。 **013** 從法國飄香過來的甜味拉杜麗果醬。 **014** 法國品牌Pierre Hermé馬卡龍。 **015** 香港奇華餅家的餅乾禮盒。 **016** 100%喀什米爾羊毛製成的柔軟上海灘毛衣。 **017** 上海灘奢華風手提包。 **018** Laduree馬卡龍。 **019** 香港OUTLET販售的PRADA包。 **020** 珍妮曲奇的代表商品堅果餅乾。 **021** PRADA OUTLET中搶購到的減價商品之一，皮包款式多樣化。 **022** ZARA基本款外套。 **023** ZARA可愛紅色襯衫。 **024** Marc Jacobs風格涼鞋。 **025** 旅行時適合帶著走的Cath Kidston保溫瓶。

026
Vivienne Westwood鞋
(Vivienne Westwood Shoes)
HK$495

027
Vivienne Westwood手提包
(Vivienne Westwood Bag)
HK$5950

028
帽子 (Cap)
HK&359

029
Zara夾克
(Zara Jacket)
HK$899

030
猴子圖案鞋
(Monki Shoes)
HK$350

031
Zara褲
(Zara Pants)
HK$399

032
Mel涼鞋
(Mel Shoes)
HK$295

033
造型立可帶
(Deco Rush)
HK$35～

034
蠟燭
(Candle)
HK$132～

035
香港巴士模型
(Gift Shop Bus Mini-Ature)
HK$79.8

036
小鴨造型扇
(B.duck Electric Fan)
HK$250

037
Esprit洋裝
(Esprit One Piece)
HK$299

038
Paul Lafayet馬卡龍
(Paul Lafayet Macaron)
HK$180

039
夾鏈包
(Ziper Bag)
HK$68

040
茶
(Tea)
HK$128

041
夾鏈包
(Ziper Bag)
HK$68

042
茶
(Or Tea?)
HK$120～

043
Jijp Japa鞋
(Jijp Japa Shoes)
HK$1390

044
龍貓玩偶
(Totoro Mei Doll Shop)
HK$190

045
滑鼠墊
(Mouse Pad)
HK$145

026 在新海怡廣場裡買到的Vivienne Westwood鞋。 027 Vivienne Westwood經典手提包。 028 可愛毛帽。 029 騎士風夾克。 030 可愛猴子造型鞋。 031 休閒褲。 032 各式風格涼鞋。 033 日本進口美麗圖案立可帶。 034 令人捨不得使用的造型蠟燭。 035 香港巴士模型紀念品。 036 適合擺放在書桌前的小鴨造型扇。 037 ESPRIT OUTLET無袖洋裝。 038 香港本地品牌Paul Lafayet馬卡龍。 039 特殊拉鍊造型鉛筆袋。 040 香港機場販售的盒裝茶。 041 特殊拉鍊造型皮夾。 042 各種中國茶。 043 香港本地品牌女鞋。 044 龍貓系列玩偶。 045 可愛造型滑鼠墊。

115
維妮雅唇蜜
(Nivea Lip Care)
HK$16.5～

116
彈性OK繃
(Elastoplast Band)
HK$19.9～

117
爽健腳部產品
(Scholl Shoes
Invisible Gel Sore)
HK$28.9～

118
虎標萬金油
(Tiger Balm)
HK$67～

119
卡蜜兒護手霜
(Kamill Hand Cream)
HK$20.8～

120
虎標藥膏貼布
(Tiger Balm Plaster)
HK$25～

121
曼秀雷敦唇膏
(Mentholatum Lip)
HK$24.9～

122
使立消舌錠
(Strepsils)
HK$20.5～

123
薇婷
(Veet)
HK$106.7～

124
卡尼爾櫻花透白面膜
(Garnler Sakura White)
HK$45～

125
澳門餅乾
(Macau Cookie)
HK$19.5～

126
Scholl二合一灰指甲藥膏
(Scholl Fungal Nail)
HK$214～

127
Colca唇蜜
(Colca Lip Balm)
HK$110～

128
爽健去硬皮機
(Scholl Velvet Smooth)
HK$360～

129
和興白花油
(Hoe Hin White Flower)
HK$16.5

130
珍寶珠唇蜜
(Chupa Chup Lip Gloss)
HK$60～

131
枇杷潤喉糖
(Herbal Candy)
HK$19.5

115 保濕性強的維妮雅唇蜜，讓嘴唇維持滋潤。　**116** 貼在傷口上的可愛造型OK繃。　**117** 在藥妝店販售各種腳部護理的產品。這是讓腳舒適，防止繭生成的產品。　**118** 肩膀痠痛或腰痛時常使用的虎標萬金油。不同顏色的藥膏，藥效也會略有顯著的不同。　**119** 卡蜜兒護手霜。　**120** 虎標藥膏貼布最好用。　**121** 保濕力強的唇膏，分成棒型和軟管型兩種。　**122** 喉嚨疼痛時，效果滿分的使立消舌錠。　**123** 以除毛產品聞名的薇婷。　**124** 卡尼爾櫻花透白面膜。　**125** 澳門風味餅乾。　**126** 有效去除真菌、灰甲的足部護理藥膏。　**127** 莎莎販售的可口可樂造型瓶裝的Colca唇蜜。　**128** 護理腳部的必需用品。　**129** 萬靈藥白花油。　**130** 乍看之下會以為是棒棒糖，事實上是香草香味的唇蜜。　**131** 香港人愛吃的枇杷喉糖，在連鎖藥妝店或香港藥妝店裡皆有販售。

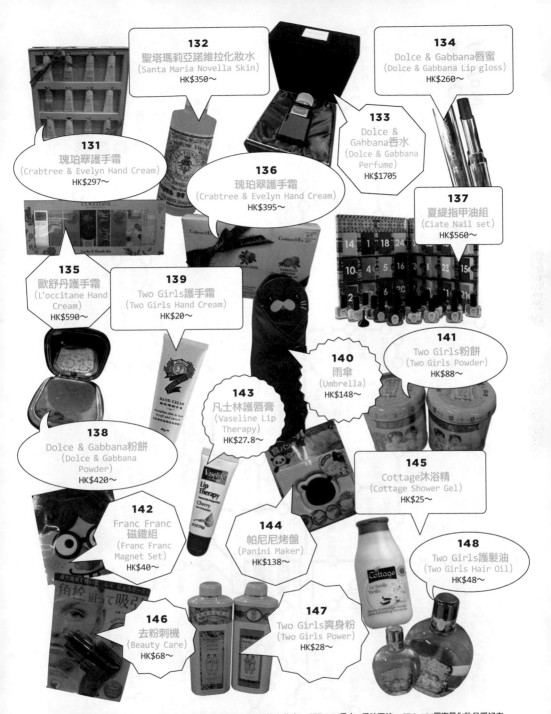

132
聖塔瑪莉亞諾維拉化妝水
(Santa Maria Novella Skin)
HK$350～

134
Dolce & Gabbana 唇蜜
(Dolce & Gabbana Lip gloss)
HK$260～

133
Dolce & Gabbana 香水
(Dolce & Gabbana Perfume)
HK$1705

131
瑰珀翠護手霜
(Crabtree & Evelyn Hand Cream)
HK$297～

136
瑰珀翠護手霜
(Crabtree & Evelyn Hand Cream)
HK$395～

137
夏緹指甲油組
(Ciate Nail set)
HK$560～

135
歐舒丹護手霜
(L'occitane Hand Cream)
HK$590～

139
Two Girls 護手霜
(Two Girls Hand Cream)
HK$20～

141
Two Girls 粉餅
(Two Girls Powder)
HK$88～

140
雨傘
(Umbrella)
HK$148～

143
凡士林護唇膏
(Vaseline Lip Therapy)
HK$27.8～

138
Dolce & Gabbana 粉餅
(Dolce & Gabbana Powder)
HK$420～

145
Cottage 沐浴精
(Cottage Shower Gel)
HK$25～

142
Franc Franc 磁鐵組
(Franc Franc Magnet Set)
HK$40～

144
帕尼尼烤盤
(Panini Maker)
HK$138～

148
Two Girls 護髮油
(Two Girls Hair Oil)
HK$48～

146
去粉刺機
(Beauty Care)
HK$68～

147
Two Girls 爽身粉
(Two Girls Power)
HK$28～

131 瑰珀翠護手霜12瓶組合。 132 玫瑰香味的聖塔瑪莉亞諾維拉化妝水。 133 D&G香水，香味獨特。 134 D&G唇蜜是化妝品愛好者的最愛。 135 歐舒丹的眾多商品中，護手霜最受歡迎，在香港販售8瓶組。 136 瑰珀翠護手霜3瓶組。 137 聖誕節限量版商品。 138 粉餅。 139 方便攜帶的香港品牌Two Girls護手霜。 140 東蓪城名店倉販售的可愛雨傘。 141 Two Girls粉餅。 142 有趣的磁鐵組。 143 保濕性強的護唇膏。 144 大人小孩都喜歡的熊貓圖案的帕尼尼烤盤。 145 各式各樣的沐浴精。 146 去除鼻頭上礙眼粉刺的去粉刺機。 147 Two Girls的大容量爽身粉。 148 Two Girls 護髮油。

Map of Osaka

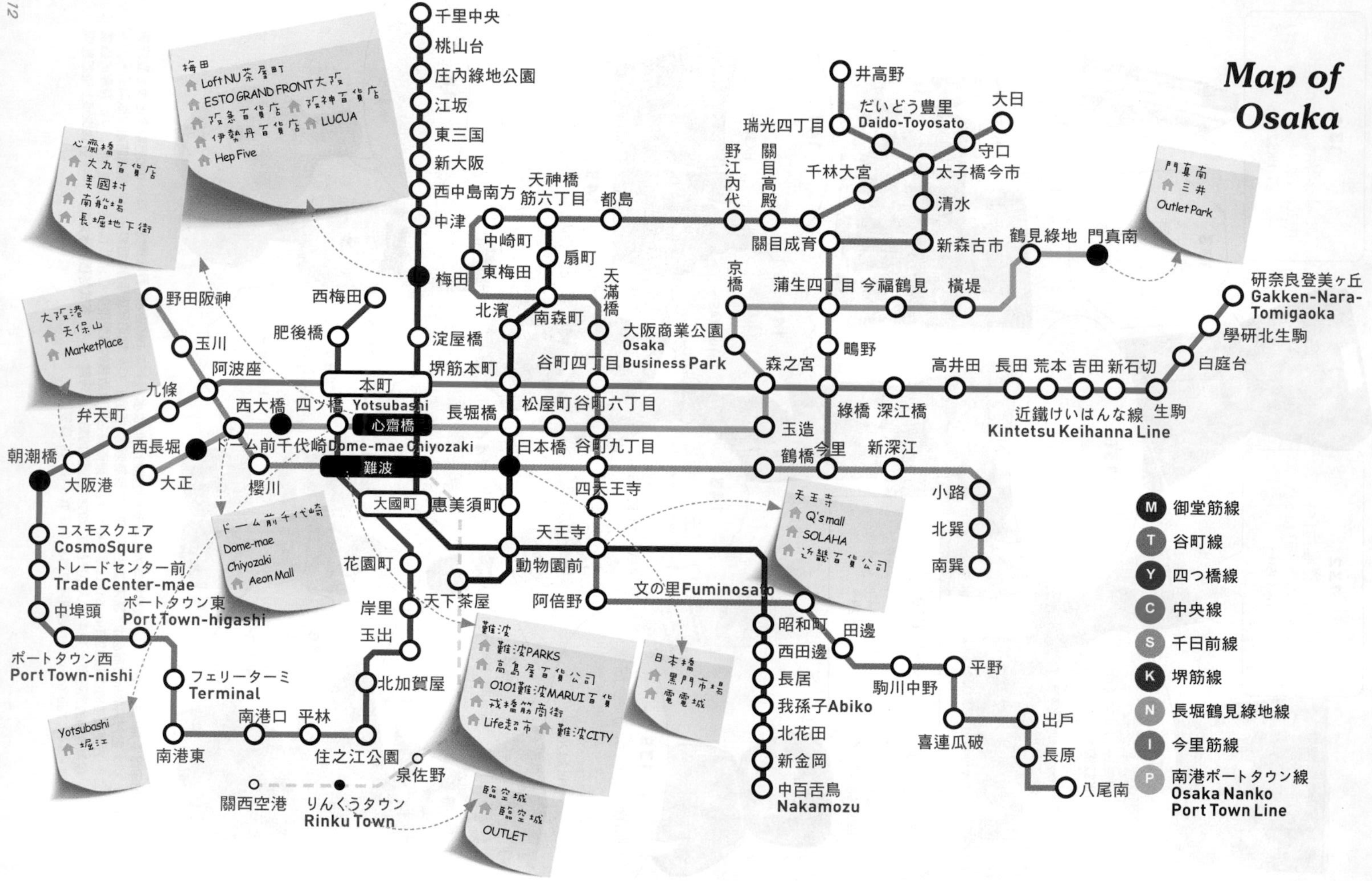

千里中央
桃山台
庄內綠地公園
江坂
東三国
新大阪
西中島南方
中津
梅田
淀屋橋
本町
心齋橋
難波
大國町
堺筋本町
長堀橋
日本橋
惠美須町
動物園前
天下茶屋
天神橋筋六丁目
扇町
南森町
北濱
中崎町
東梅田
都島
野江內代
關目高殿
關目成育
瑞光四丁目
井高野
だいどう豊里
Daido-Toyosato
大日
守口
太子橋今市
千林大宮
清水
新森古市
鶴見綠地
門真南
京橋
蒲生四丁目
今福鶴見
横堤
鴫野
天滿橋
大阪商業公園
Osaka Business Park
谷町四丁目
森之宮
玉造
鶴橋
今里
綠橋
深江橋
新深江
小路
北巽
南巽
高井田
長田
荒本
吉田
新石切
生駒
白庭台
學研北生駒
研奈良登美ヶ丘
Gakken-Nara-Tomigaoka
近鐵けいはんな線
Kintetsu Keihanna Line
松屋町
谷町六丁目
谷町九丁目
四天王寺
天王寺
阿倍野
文の里Fuminosato
昭和町
西田邊
長居
我孫子Abiko
北花田
新金岡
中百舌鳥
Nakamozu
田邊
駒川中野
平野
喜連瓜破
出戸
長原
八尾南
西梅田
肥後橋
野田阪神
玉川
阿波座
九條
弁天町
朝潮橋
大阪港
西大橋
四ツ橋
Yotsubashi
西長堀
ドーム前千代崎Dome-mae Chiyozaki
大正
櫻川
花園町
岸里
玉出
北加賀屋
住之江公園
平林
南港口
南港東
フェリーターミ
Terminal
ポートタウン東
Port Town-higashi
ポートタウン西
Port Town-nishi
中埠頭
トレードセンター前
Trade Center-mae
コスモスクエア
CosmoSqure
泉佐野
關西空港
りんくうタウン
Rinku Town
梅田
Loft NU茶屋町
ESTO GRAND FRONT大阪
阪急百貨店
阪神百貨店
伊勢丹百貨店
LUCUA
Hep Five
心齋橋
大丸百貨店
美國村
南船場
長堀地下街
大阪港
天保山
MarketPlace
ドーム前千代崎
Dome-mae
Chiyozaki
Aeon Mall
Yotsubashi
堀江
難波
難波PARKS
高島屋百貨公司
0101難波MARUI百貨
戎橋筋商街
Life超市
難波CITY
日本橋
黑門市場
電電城
天王寺
Q's mall
SOLAHA
近鐵百貨公司
臨空城
臨空城
OUTLET
門真南
三井
Outlet Park
M 御堂筋線
T 谷町線
Y 四つ橋線
C 中央線
S 千日前線
K 堺筋線
N 長堀鶴見綠地線
I 今里筋線
P 南港ポートタウン線
Osaka Nanko Port Town Line

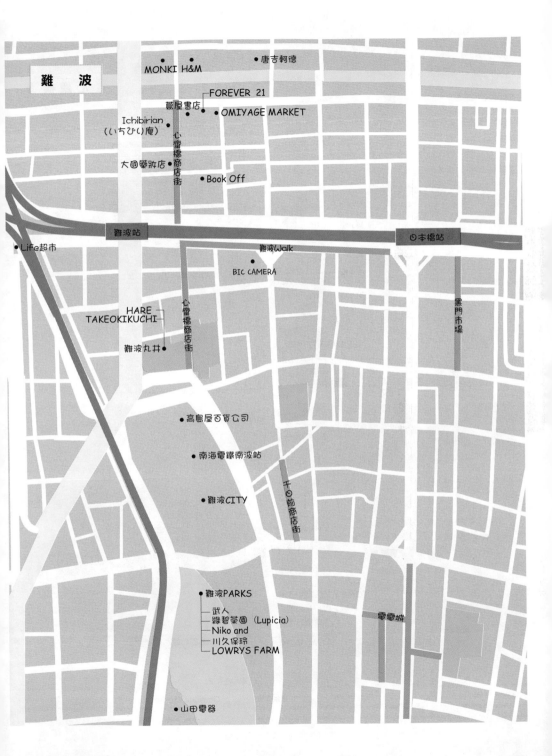

難波

MONKI H&M
唐吉軻德
FOREVER 21
蔦屋書店
OMIYAGE MARKET
Ichibirian
(いちびり庵)
心齋橋商店街
大國藥妝店
Book Off

難波站
日本橋站

Life超市
難波Walk
BIC CAMERA

黑門市場

HARE
TAKEOKIKUCHI
心齋橋商店街
難波丸井

高島屋百貨公司

南海電鐵南波站
千日前商店街

難波CITY

難波PARKS
武人
蹑碧茶園 (Lupicia)
Niko and
川久保玲
LOWRYS FARM
電電城

山田電器

WEEKEND

大阪
Osaka
BEST SHOPPING ITEMS
147

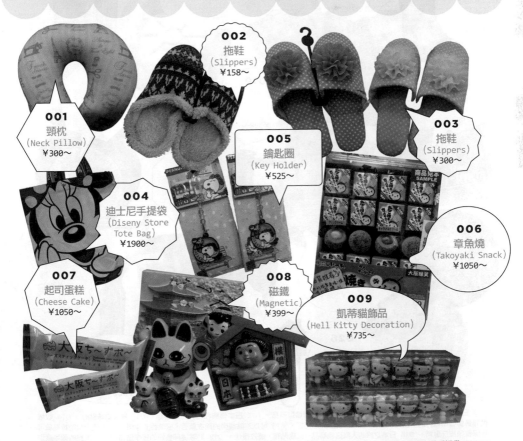

001
頸枕
(Neck Pillow)
￥300～

002
拖鞋
(Slippers)
￥158～

003
拖鞋
(Slippers)
￥300～

004
迪士尼手提袋
(Diseny Store Tote Bag)
￥1900～

005
鑰匙圈
(Key Holder)
￥525～

006
章魚燒
(Takoyaki Snack)
￥1050～

007
起司蛋糕
(Cheese Cake)
￥1050～

008
磁鐵
(Magnetic)
￥399～

009
凱蒂貓飾品
(Hell Kitty Decoration)
￥735～

001 國外旅行的必備頸枕。　**002** 3Coins在聖誕節期間販售的拖鞋。　**003** 室內花朵拖鞋。　**004** 大尺寸的米老鼠手提袋。　**005** 可愛的史努比是日本人喜愛的卡通人物，種類繁多的鑰匙圈可作為旅行紀念品。　**006** 由章魚燒製作而成的餅乾。　**007** 大阪半熟起司蛋糕。　**008** 可作為送給親朋好友做為紀念品的磁鐵。　**009** 日本造型人物凱蒂貓。

011 懶懶熊筆盒
(Rilakkuma Pencil case)
¥892〜

013 Pocky餅乾
(Pocky Snack)
¥1050〜

012 凱蒂貓飾品
(Hello Kitty Decoration)
¥315〜

010 懶懶熊布偶
(Rilakkuma Doll)
¥788〜

017 洗髮精
(Shampo)
¥690〜

015 星巴克馬克杯
(Startbucks Mug Cup)
¥1436〜

016 泡澡劑
(Bath Preparation)
¥50〜

014 星巴克保溫杯
(Startbucks Tumbler)
¥1400〜

018 Roihi Tsuboko 疲痛貼布
(Roihi Tsuboko Plaster)
¥588〜

019 休足時間
(Coll Refresh Sheet)
¥398〜

020 水果刀
(Cutter)
¥200〜

021 廚房計時器
(Kitchen Timer)
¥300〜

022 筆
(Pen)
¥100〜

024 壓瓶
(Liquid Soap Bottle)
¥300〜

023 螢光筆
(Highlighter Pen)
¥200〜

025 馬鈴薯刀
(Potato Peeler)
¥200〜

027 迴紋針
(Clips)
¥200〜

026 眼藥水
¥248〜

028 Tiger Copenhagen保溫杯
(Tiger Copenhagen Tumbler)
¥400〜

010 日本可愛懶懶熊布偶。 **011** 懶懶熊商店裡陳列著造型商品。 **012** 日本傳統和服造型凱蒂貓。 **013** 抹茶口味點心。 **014** 收集世界各個城市發行的星巴克保溫杯。 **015** 星巴克馬克杯。 **016** 可以消除疲勞的薰衣草香、松葉香泡澡劑。 **017** 男士預防掉髮並可以保養頭皮洗髮精。 **018** 日本之旅的人氣購物商品—疲痛貼布，藥效極佳。 **019** 消除腿部疲憊的按摩貼布。 **020** 漂亮的蘋果造型水果刀。 **021** Tiger Copenhagen商店裡販售很多外型美觀的實用廚房用品，廚房計時器。 **022** 各種造型筆。 **023** 有創意的五色螢光筆。 **024** 浴室用沐浴乳容器。 **025** 每個家庭必備的馬鈴薯刀。 **026** ROHTO 涼感眼藥水。 **027** 房屋造型迴紋針。 **028** 詼諧設計的玻璃杯。

030 奶油餅乾 (Tiger Copenhagen Butter Cookie) ¥500〜

031 記事本 (Notepad) ¥200〜

032 磨起司器 (Cheese Grater) ¥300〜

029 Tiger Copenhagen夾子 (Tiger Copenhagen Clips) ¥200〜

034 筆記本 (Notebook) ¥200〜

035 哇沙比口味餅乾 (Wasabi Snack) ¥284〜

033 小玩具 (Desktop Toy) ¥300〜

036 睫毛膏 (Mascara) ¥1050〜

037 抹茶巧克力 (Green Tea Chocolate) ¥800〜

038 洗面乳 (Cleansing Foam) ¥298〜

039 抹茶巧克力 (Green Tea Chocolate) ¥227〜

040 杯麵 (Cup Noodles) ¥170〜

041 Pocky抹茶餅乾 (Pocky Green Tea Snack) ¥132〜

043 咖哩 (Curry) ¥189〜

042 餅乾 (Snack) ¥284〜

044 口內炎噴劑 ¥498〜

046 牛奶巧克力 (Milk Chocolate) ¥94〜

045 蔬菜餅乾 (Vegetable Snack) ¥94〜

047 凱蒂貓拖鞋 (Hello Kitty Slippers) ¥951〜

048 抹茶 (Matcha) ¥227〜

029 Tiger Copenhagen商品不僅漂亮，種類也很多樣。 030 餅乾盒比餅乾更吸引人的奶油餅乾。 031 俄羅斯布偶記事本。 032 磨起司器。 033 讓人愛不釋手的機器人玩具。 034 讓心情好轉的美麗筆記本。 035 嗆鼻的哇沙比口味餅乾。 036 電眼睫毛膏。 037 日本限量版抹茶巧克力。 038 超人氣泡沫洗面乳。 039 明治人氣綠茶巧克力。 040 湯頭清爽的兵衛系列蕎麥麵。 041 Pocky餅乾。 042 打發無聊時間的照燒口味餅乾棒。 043 日本咖哩，若想品嚐日本傳統的味道時，就可以選擇黃金辣味。 044 小林製藥超有效的口內炎噴劑。 045 懷舊蔬菜餅。 046 鮮奶巧克力。 047 凱蒂貓拖鞋。 048 現在最流行的粉末狀綠茶－抹茶牛奶。

049 痘痘粉刺軟膏 ¥798～

050 快煮壺 (Electric Pot) ¥283～

051 便當盒 (Lunch Box) ¥664～

052 計時器 (Stopwatch) ¥570～

053 廚房磅秤 (Kitchen Scale) ¥2172～

054 洗眼劑 (Eye wash) ¥598～

055 鼻頭貼 (Blackhead Pack) ¥598～

056 卸妝油 (Cleaning Oil) ¥699～

057 迷你刷 (Mini Brush) ¥800～

058 濕紙巾 (Wet wipes) ¥398～

059 眼罩 (Eye Patch) ¥498～

060 薄荷糖 (Mint Candy) ¥68～

061 眼鏡清潔紙巾 (Glasses Cleaner) ¥548～

062 體香劑 (Deodorant) ¥498～

063 面紙 (Face Tissue) ¥100～

064 洗面乳 (Cleansing Foam) ¥198～

065 男性洗面乳 (Cleansing Foam For Man) ¥198～

066 泡麵 (Noodles) ¥396～

067 泡麵 (Noodles) ¥396～

068 防水透氣貼 (Waterproof Bandage) ¥496～

049 痘痘粉刺軟膏。 050 凱蒂貓快煮壺。 051 可愛懶懶熊便當盒。 052 廚房的計時器。 053 料理時所需的廚房磅秤。 054 有效消除疲勞的洗眼劑。 055 有效清除鼻頭粉刺。 056 日本花王卸妝油。 057 凱蒂貓造型迷你刷。 058 漂亮的米老鼠濕紙巾。 059 身體疲憊所需的溫熱睡眠眼罩。 060 攜帶方便的薄荷糖。 061 擦拭髒眼鏡的眼鏡濕紙巾。 062 夏天女性必需的芳體劑。 063 面紙。 064 洗面乳。 065 洗面乳不再是女性的專用品，也有男性專用品。 066 日本國內銷售量排行第一名的正麵（醬油口味）。 067 日本國內銷售量排行第一名的正麵（烏龍口味）。 068 防水透氣貼。

069 襪子 (Socks) ¥100〜

070 男性乳液 (Man Emulsion) ¥560〜

071 餅乾 (Sack) ¥150〜

072 馬鈴薯餅乾 (Potato Snack) ¥79〜

073 護唇膏 (Lip Care) ¥89〜

074 魷魚餅乾 (Squid Snack) 250〜

075 米餅乾 (Rice Snack) ¥105〜

076 抹茶巧克力 (Matcha Chocolate) ¥200〜

077 巧克力餅乾 (Chocolate Snake) ¥210〜

078 蚊蟲貼 ¥598〜

079 乾洗髮 ¥500〜

080 頭髮定型噴霧 (cape) ¥298〜

081 OREO巧克力 (Oreo Chocolate) ¥200〜

082 巧克力餅乾 (Chocolate Snack) ¥210〜

083 巧克力 (Chocolate) ¥250〜

084 巧克力餅乾 (Chocolate Snack) ¥180〜

085 巧克力餅乾 (Chocolate Snack) ¥150〜

086 除粉刺洗面乳 ¥376〜

087 魷魚餅乾 (Squid Snack) ¥180〜

088 UNIQLO米老鼠大型手提包 (Uniqlo Mickey Mouse Tote Bag) ¥1429〜

069 男性襪子。 070 男性乳液。 071 填飽肚子的卡樂比馬鈴薯餅乾。 072 卡樂比馬鈴薯蔬菜餅乾。 073 曼秀雷敦護唇膏。 074 魷魚餅乾。 075 日本米餅。 076 日本抹茶巧克力。 077 巧克力餅乾。 078 麵包超人蚊蟲貼，小朋友的最愛。 079 資生堂乾洗髮，香香的很實用。 080 日本花王cape莉婕一日記憶定型噴霧，可依照不同需求來選擇。 081 OREO巧克力。 082 脆脆的巧克力餅乾。 083 口味特別的日本巧克力。 084 森永巧克力餅乾。 085 巧克力餅乾。 086 最近很夯的去毛孔粉刺洗面乳。 087 炸魷魚。 088 UNIQLO米老鼠大型手提包。

089
大蒜麵包
(Garlic Bread Snack)
¥93～

090
奶酥糖
(Souffle Candy)
¥147～

091
杏仁果巧克力
(Almond White Chocolate)
¥100～

092
濕紙巾
(Wet Wipes)
¥198～

093
卸妝水
(Cleansing Water)
¥1936～

094
曼秀雷敦軟膏
¥599～

095
濕紙巾
(Wet Wipes)
¥349～

096
體香噴霧
(Deodorant Body Spray)
¥570～

097
乳液
(Body Cream)
¥1625～

098
保濕乳液
(Moisture Cream)
¥1512～

099
美白乳液
(Whitening Cream)
¥905～

100
感冒藥
(Cold Medicine)
¥1335～

101
保濕乳液
(Moisture Cream)
¥398～

102
整腸錠
(Paregoric)
¥1625～

103
面膜
(Mask Pack)
¥615～

104
美白牙膏
(Whitening Toothpaste)
¥98～

105
淨白淡斑精華霜
(Whitening Emulsion)
¥820～

106
美白化妝水
(Whitening Lotion)
¥1508～

089 美味的香蒜麵包。 **090** 奶酥糖果。 **091** 杏仁果白巧克力。 **092** 莓果香味的清爽濕紙巾。 **093** FANCL的商品在日本人氣超高，FANCL卸妝水。 **094** 到日本必買的曼秀雷敦軟膏，家庭的常備藥。另外還有多款保濕乳液，也都很受歡迎。 **095** 男性專用特殊冰鎮濕紙巾。 **096** 具有除臭功能的體香噴霧。 **097** 資生堂保濕身體乳液。 **098** 滋潤肌膚的必需品。 **099** 資生堂保濕美白乳液。 **100** 感冒藥。 **101** 凱蒂貓保濕噴霧。 **102** 擺脫腹瀉症狀的有益腸胃健康的整腸錠。 **103** 高絲保濕面膜。 **104** 打造清爽口腔的美白牙膏。 **105** 高絲淨白淡斑精華霜。 **106** 資生堂美白保濕化妝水。

108 馬克杯 (Mug Cup) ¥864～～

109 信封夾 (Envelope) ¥410～

107 手帕 (Handkerchief) ¥100～

110 筆 (Ball Pan) ¥32～

111 手套 (Gloves) ¥1500～

112 記事本 (Notepad) ¥324～

114 筆 (Ball Pen) ¥108～

113 Gouter de Roi 法國麵包脆餅 ¥626～

118 餅乾 (Snack) ¥864～

115 液體壓瓶 (Liquid Soap Bottle) ¥864～

119 焦糖 (Caramel Cream) ¥423～

116 螢光筆 (Highlighter) ¥54～

117 anello包 ¥3200～

123 護手霜 (Hand Cream) ¥390～

121 香蕉麻糬 (Mochi Banana) ¥1080～

122 睫毛增長液 ¥1296～

124 磁鐵 (Magnetic) ¥423～

120 香蕉蛋糕 (Banana Cake) ¥40～

125 記事本 (Notepad) ¥508～

126 草莓麻糬 (Strawberry Mochi) ¥540～

127 磁鐵 (Hello Kitty Magnetic) ¥432～～

128 水果茶 ¥518～

107 知名品牌手帕是必買商品，花色多樣化。 108 日本阿朗基和阿龍佐馬克杯。 109 阿朗基和阿龍佐信封。 110 造型膠囊筆。 111 冬天所需的知名品牌手套，可以利用特惠期間，以便宜價格購入。 112 阿朗基和阿龍佐圖案的A5記事本。 113 在百貨公司地下美食街才買得到的超好吃吐司脆餅！有原味還減糖口味。 114 各種手指造型螢光筆。 115 阿朗基和阿龍佐商店販售的液體壓瓶。 116 款式有趣的針筒螢光筆。 117 最近非常受歡迎的anello包包，有各種款式顏色可挑選。 118 道頓堀巧克力餅乾。 119 超市裡可以購買到的焦糖。 120 不只東京有香蕉蛋糕，大阪也有香蕉蛋糕。 121 大阪香蕉麻糬。 122 The matsuge biyou-eki睫毛增長液，愛美的女生們不能不買。 123 護手霜。 124 日本旅行最佳紀念品的磁鐵。 125 來到大阪時，必買固力果紀念品。 126 大阪草莓麻薯。 127 穿著和服的凱蒂貓磁鐵。 128 蘋果、芒果等各種口味水果茶。

130 護唇膏 (Lip Care) 860〜

132 Rupicia茶 (Rupicia Tea) ¥570〜

134 男性面紙 (Mens Facial Tissue) ¥40〜

129 降低卡路里劑 (Calorie Cutting) ¥1280〜

136 Lush香皂 (Lush soap) ¥650〜

131 手機殼 (Phone Case) ¥1420〜

133 指甲剪 (Nail Clippers) ¥540〜

135 頭皮護理洗髮精 (Sealp Shampoo) ¥797〜

139 打洞機 (Punch) ¥108〜

137 男性頭皮護理洗髮精 (Sealp Shampoo Men) ¥797〜

138 明治膠原蛋白粉 ¥2048

140 剪刀 (Scissors) ¥108〜

142 記事本 (Memo Pad) ¥108〜

144 紙盤 (Paper Plate) ¥108〜

147 米調味料 (Rice Seasoning) ¥108〜

143 廚房計時器 (Kitchen Timer) ¥108〜

145 止痛藥 ¥399〜

141 螢光筆 (Highlighter) ¥108〜

146 Mountain Dew餅乾 (Mountain Dew Snack) ¥108〜

129 將減肥變輕鬆的卡路里降低劑。 **130** 優雅又最佳商品之一的柚子香味唇蜜。 **131** 大阪道頓堀打鼓少年的蘋果手機殼。 **132** 販售各個城市的限量版茶、烏龍茶、黑茶的Rupicia Tea。 **133** 和服造型指甲剪。 **134** 花王男性專用面紙。 **135** 日本受歡迎的頭皮護理洗髮精。 **136** 英國知名品牌Lush是以製造手工有機產品有名。 **137** 日本人氣最高的男性專用頭皮洗髮精。 **138** 已經是旅日必敗的美容品，買補充包才不會佔行李空間！ **139** 打洞機。 **140** 色彩繽紛的剪刀。 **141** 散發水果香氣的四色螢光筆。 **142** 攜帶方便的記事本。 **143** 可愛青蛙造型的廚房計時器。 **144** 適合生日聚會用的免洗盤。 **145** EVE止痛藥，不同顏色包裝代表不同藥效。 **146** Mountain Dew的爽口餅乾。 **147** 製作日式飯糰的食材。

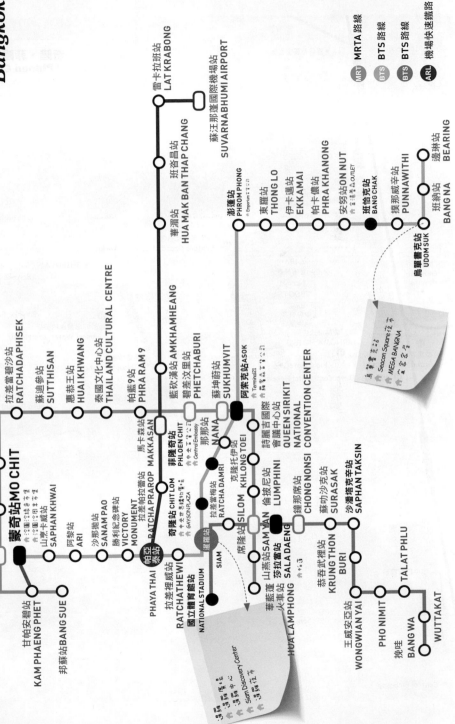

Map of Bangkok

MRT MRTA路線
BTS BTS路線
BTS BTS路線
ARL 機場快速鐵路

雷卡拉班站 LAT KRABONG
班詹昌站 HUA MAK BAN THAP CHANG
蘇汪那蓬國際機場站 SUVARNABHUMI AIRPORT

澎蓬站 PHROM PHONG ⑪ Emporium エンポリ
東羅站 THONG LO
伊卡邁站 EKKAMAI
帕卡儂站 PHRA KHANONG
安努站 ON NUT ⑪生活廣場站OUTLET
班恰克站 BANG CHAK
撲那威芝站 PUNNAWITHI
班納站 BANG NA
邊琳站 BEARING

烏董隆克站 UDOM SUK

席康比克站 克事事站 MEGA BANGNA 盛廣場
Seecon Square 怡卡中
烏事事站

拉差當碧沙站 RATCHADAPHISEK
蘇迪參站 SUTTHISAN
惠恭王站 HUAIKHWANG
泰國文化中心站 THAILAND CULTURAL CENTRE
帕藍9站 PHRA RAM 9
藍欣漢站 AMKHAMHEANG
碧差汶里站 PHETCHABURI
蘇坤蔚站 SUKHUMVIT
阿索克站 ASOK ⑪ Terminal21 ⑪商業中心點 入口

蒙奇站 MO CHIT

洽圖洽公園站 CHATUCHAK PARK
塔宏酒清站 PHAHON YOTHIN
樂拋站 LAT PHRAO
山燕卡威站 SAPHAN KHWAI
阿黎站 ARI
沙那拋站 SANAMPAO
勝利紀念碑站 VICTORY MONUMENT
馬卡森站 MAKKASAN
菲隆奇站 PHLOEN CHIT ⑪中央使館站 Central Embassy
那那站 NANA

詩麗吉國際會議中心站 QUEEN SIRIKIT NATIONAL CONVENTION CENTER

甘帕安碧站 KAM PHAENG PHET
邦蘇站 BANG SUE

奇隆站 CHIT LOM ⑪ GAYSON PLAZA
拉差當梅站 RATCHADAMRI
克隆托伊站 KHLONG TOEI
席隆站 SILOM
倫披尼站 LUMPHINI
鐘那席站 CHONG NONSI
蘇叻沙克站 SURASAK
沙潘塔辛站 SAPHAN TAKSIN

帕亞泰 PHAYA THAI
拉差裡威站 RATCHATHEWI
暹羅站 SIAM
國立體育館站 NATIONAL STADIUM
華藍蓬站 火車站 HUA LAMPHONG
山燕站 SAM WAN
莎拉當站 SALA DAENG ⑪てるる

恭吞武裡站 KRUNG THON BURI
王威安站 WONGWIAN YAI
PHO NIMIT
換娃 BANG WA
TALAT PHLU
WUTTAKAT

Siam Discovery Center 暹羅探索中心

23

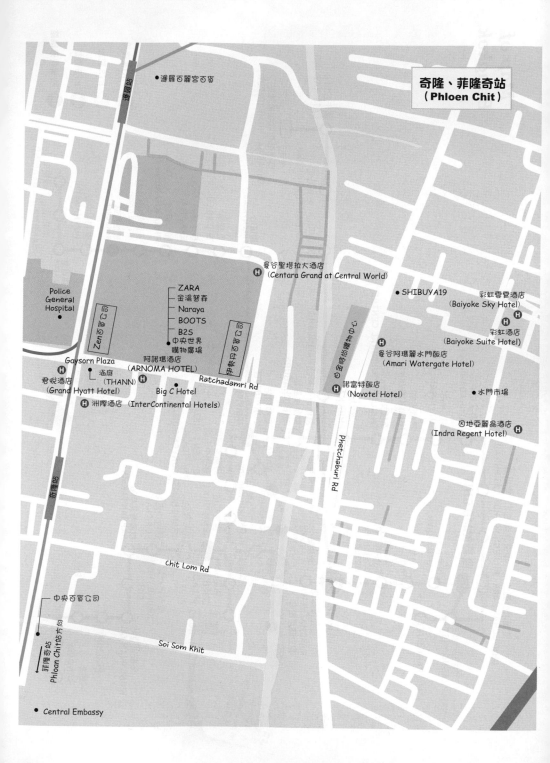

奇隆、菲隆奇站
（**Phloen Chit**）

遷羅百麗宮百貨

暹羅站

Police
General
Hospital

Zen百貨公司

ZARA
金湯臀森
Naraya
BOOTS
B2S
中央世界
購物廣場

伊勢丹百貨公司

金百貨購物中心

暹谷聖塔拉大酒店
(Centara Grand at Central World)

SHIBUYA19

彩虹霄霄酒店
(Baiyoke Sky Hotel)

彩虹酒店
(Baiyoke Suite Hotel)

Gaysorn Plaza

阿諾瑪酒店
(ARNOMA HOTEL)

暹谷阿瑪麗水門飯店
(Amari Watergate Hotel)

漁庭
(THANN)

君悅酒店
(Grand Hyatt Hotel)

Big C Hotel

Ratchadamri Rd

諾富特飯店
(Novotel Hotel)

水門市場

洲際酒店 (InterContinental Hotels)

因地亞麗晶酒店
(Indra Regent Hotel)

Phetchaburi Rd

奇隆站

Chit Lom Rd

中央百貨公司

Soi Som Khit

菲隆奇站
Phloan Chit站方向

Central Embassy

曼谷
Bangkok
BEST SHOPPING ITEMS
204

003
虎標鎮痛藥布
(Tiger Balm Plaster)
72泰銖～

001
虎標萬金油
(Original
Tiger Balm)
70泰銖～

002
虎標虎油
(Tiger Balm
Liniment)
110泰銖～

004
虎標迷你萬金油
(Tiger Balm
Mini)
16泰銖～

005
防蚊液
(Mosquito
Repellent)
150泰銖～

007
草藥鼻塞通
(Herbal Inhalant)
135泰銖～

008
凡士林
(Vaseline Jelly)
68泰銖～

006
防蚊液
(Mosquito
Repellent)
290泰銖～

009
乳液
(Body Lotion)
159泰銖

001 虎標是萬金油品牌中的原創始祖。 **002** 以萬金油有名的虎標液狀塗抹藥劑，在疼痛部位上，塗抹少量的藥劑，可以舒緩症狀。 **003** 有效舒緩腰部疼痛症狀的酸痛貼布。 **004** 攜帶方便的可愛迷你虎標萬金油。 **005** 戶外活動時的必備物品防蚊液。 **006** 售價雖然較貴，但卻是效果滿分的防蚊液。 **007** 鼻塞或頭疼痛時使用的鼻塞通。 **008** 保濕力強的攜帶型凡士林。 **009** 身體乳液，味道佳、保濕力強。

010 防曬乳液 (Sun Cream) 395泰銖～

011 沐浴精 (Body Wash) 205泰銖～

012 化妝水 (Toner) 250泰銖～

013 萊雅防曬乳液 (L'OREAL UV Sunscreen) 2988泰銖～

014 長途飛行用襪 (Flight Socks) 300泰銖～

015 消化藥 (Digestive Medicine) 65泰銖～

016 美甲組合 (Nail Set) 750泰銖～

017 護髮膜 (Hair Pack) 130泰銖～

018 體香劑 (Deodorant) 45泰銖～

019 身體磨砂膏 (Body Scrub) 395泰銖～

020 滴露洗手乳 (Dettol Hand wash) 84泰銖～

021 沐浴精 (Body Wash) 200泰銖～

022 沐浴精 (Body Wash) 200泰銖～

023 身體磨砂膏 (Body Scrub) 425泰銖～

024 身體滋養霜 (Body Butter) 300泰銖～

025 洗面乳 (Face Form) 788泰銖～

026 沐浴精 (Body Wash) 54泰銖～

010 香蕉船系列防曬乳，抵抗泰國熱情的陽光。 **011** 椰子沐浴精味道香、保濕力強。 **012** 萊雅化妝水。 **013** 法國中低價位萊雅品牌的防曬乳。特惠活動時，能以較便宜的價格購得。 **014** 搭乘長途飛機時，防止腳腫脹的長途飛行用襪。 **015** 消化不良時，加點水來喝，可馬上消除脹氣的ENO消化劑，有分袋包裝也有零售。 **016** BOOTS販售的減價50%的五彩繽紛美甲組合。 **017** 打造飄逸秀髮的各種護髮膜。 **018** 曼谷超市或藥妝店販售的各種夏天必備體香劑。 **019** Soap&Glory身體磨砂膏。 **020** 有效殺菌的滴露洗手乳。 **021** BOOTS販售的各種沐浴乳。 **022** 味道佳、保濕力強的沐浴乳。 **023** 英系藥妝店販售的Soap&Glory身體磨砂膏。 **024** BOOTS販售的身體滋養霜，適合作為禮物。試用各種產品後，再選擇自己喜歡的。 **025** SMOOTHIE洗面乳，便利商店也販售攜帶型產品。 **026** 純植物性產品，散發出淡淡的幽香，且香味能持久。

028
旅行盒
（Travel Case）
79泰銖～

030
宜家家居調味瓶
（IKEA Cruet）
590泰銖～

027
宜家家居立式壓汁機
（IKEA Juicer）
380泰銖～

029
毛巾
（Towel）
380泰銖～

031
掛架
（Hanger）
279泰銖～

034
宜家家居午餐餐盒
（IKEA Lunch Box）
59泰銖～

033
宜家家居香燭組
（IKEA Candle Set）
199泰銖～

032
宜家家居
絲巾掛架
（IKEA Scarf
Hanger）
279泰銖～

036
宜家家居相框
（IKEA Frame）
68泰銖～

037
宜家家居製冰盒
（IKEA Ice Case）
49泰銖～

035
宜家家居保鮮盒
（IKEA Plastic
Container）
249泰銖～

039
宜家家居冰棒
結冰器
（IKEA Ice Bar
Case）
69泰銖～

040
宜家家居濾茶器
（IKEA Tea
Strainer）
59泰銖～

038
宜家家居保溫杯
（IKEA Thermos）
380泰銖～

027 宜家家居的立式壓汁機。　**028** 旅行時適合用來裝化妝水、乳液、洗髮精等的容器。　**029** 毛巾。　**030** 掛在廚房方便使用的醬料瓶。　**031** 收納物品的掛架。　**032** 用來整理衣櫃裡亂成一團的絲巾掛架。　**033** 消除雜味的美麗香燭。　**034** 可以放入餅乾或簡單食物的可愛造型餐盒。　**035** 塑料材質保鮮盒。　**036** 保留回憶的相框。　**037** 魚、花等各種形狀的製冰盒。　**038** 黃色保溫瓶。　**039** 夏天製作冰棒時所需的冰棒結冰器。　**040** 美麗的花造型濾茶器。

27

041
椰奶
(Coconut Milk)
23泰銖～

042
辣椒醬
(Chili Paste)
41.5泰銖～

043
豬肉乾
(Pork Snack)
99泰銖～

044
果醬
(Fruit Jam)
42泰銖～

045
棉花糖
(Marshmallow)
15泰銖～

046
萊佳哈斯餅
(Loacker)
19泰銖～

047
菲力奶油乳酪
(Philadelpia
Cheese)
145泰銖～

048
威士忌
(Whisky)
135泰銖～

049
有機餅乾
(Oganic Snack)
40泰銖～

050
蜂蜜
(Honey)
69泰銖～

051
黑巧克力
(Dark Chocolate)
65泰銖～

052
水果布丁
(Fruit Pudding)
30泰銖～

053
鱈魚香絲
(Fish Jerky)
19.5泰銖～

054
牙周適
(Parodontax
Toothpaste)
119泰銖～

055
炒麵
(Pad Thai Package)
45泰銖～

056
夏威夷豆
(Macadamia Nut)
85泰銖～

057
魚露
(Fish Sauce)
42泰銖～

058
Doitung咖啡
(Doitung Coffee)
320 泰銖～

059
芝麻醬
(Sesame Jam)
120泰銖～

060
蠔油
(Oyster Sauce)
22泰銖～

061
象牌啤酒
(Chang Beer)
25泰銖～

041 添加在泰國料理中的椰奶。 **042** 添加在辣味泰國料理中的辣椒醬。 **043** 適合作為下酒菜的肉乾。 **044** 鳳梨、草莓等各種果醬。 **045** 各種棉花糖。 **046** 榛果、巧克力等各種口味的美味萊佳哈斯餅。 **047** 草莓、蜂蜜堅果等各種口味的菲力奶油乳酪。 **048** 泰國SangSom威士忌，可將這種酒和可樂、碳酸飲料調製成雞尾酒。 **049** 有益健康的有機餅乾。 **050** 方便使用的蜂蜜。 **051** 黑巧克力。 **052** 荔枝、柳橙、草莓布丁等水果口味布丁。 **053** 鱈魚香絲。 **054** 增進牙齦、牙齒健康的牙膏。 **055** 簡單製作的泰國炒麵。 **056** 泰北高山族品牌Doitung夏威夷豆。 **057** 東南亞料理中常用的調味料之一。 **058** 清邁北部販售的Doitung咖啡。 **059** 芝麻醬。 **060** 料理時可以增添美味的蠔油。 **061** 泰國啤酒很有名，記得品嚐一下象牌啤酒。

063
沙嗲烤肉醬
(Satay Sauce)
18泰銖～

064
椰子油洗髮乳
(Coconut Oil Shampoo)
350泰銖～

066
泰式酸辣拉麵
(Tomyum Ramen)
8泰銖～

062
椰子油
(Coconut Oil)
480泰銖～

065
杯麵
(Cup Ramen)
12.5泰銖～

070
Roi Thai咖哩調味包
(Roi Thai Sauce)
27泰銖～

067
蜂蜜
(Honey)
210泰銖～

068
蜂蜜
(Honey)
190泰銖～

072
醬汁
(Sauce)
16泰銖～

069
能多益榛果可可醬
(Nutella)
89泰銖～

074
紅咖哩醬
(Red Curry)
35泰銖～

071
泰式酸辣湯
(Tomyum Kung)
65泰銖～

073
炸香蕉
(Banana Fritter)
22泰銖～

078
榴槤脆片
(Durian Chip)
219泰銖～

076
蜂蜜
(Honey)
290泰銖～

077
草藥球
(Herbal Ball)
150泰銖～

081
芒果乾
(Dried Mango)
16.5泰銖～

075
爽身粉
(Body Powder)
55.7泰銖～

080
水果脆片
(Dried Fruit Chip)
90泰銖～

082
麵條
(Noodles)
11泰銖～

079
眼罩
(Eye Patch)
525泰銖～

062 BOOTS販售的100%純椰子油。　063 馬拉西亞烤肉醬，在肉上塗抹醬汁後再燒烤，味道更佳。　064 可安心使用的椰子油洗髮乳。　065 可簡單品嚐到泰式拉麵。　066 泰式酸辣湯口味拉麵。　067 泰國最佳採購商品排行榜第一名的泰國蜂蜜，售價低廉。 068 有各式各樣的蜂蜜，其中也有含有蜜蠟的蜂蜜。　069 有惡魔果醬別名的能多益榛果可可醬。　070 可以製作出南洋風味的各種醬汁。　071 泰式酸辣湯。　072 可以輕鬆做出泰國國家常菜打拋豬肉的醬汁。　073 泰國風味的炸香蕉。　074 只要有這一包，紅咖哩料理就可以在幾分鐘內完成，紅咖哩醬。　075 各種容量的爽身粉，味道佳、品質佳。　076 新羅百麗宮裡的OTOP架上的蜂蜜。　077 按摩店裡使用的藥草球，散發出淡淡的幽香。　078 無臭味的香酥榴槤脆片。　079 散發淡淡香草味的眼罩。　080 芒果是在泰國吃過的熱帶水果中，最令我回味無窮的水果。　081 可以作為零食的芒果乾。　082 這是作為泰國前菜料理的細麵。

083 糖果（Candy）45泰銖～

084 泰國海苔（Laver Snack）19泰銖～

085 舊街場白咖啡（Oldtown Coffee）96泰銖～

086 唐寧茶（Twinings Tea）215泰銖～

087 美祿（Milo Cocoa）60泰銖～

088 Pretz 打拋豬口味 13泰銖～

089 舒酸定牙膏（Sensodine Toothpaste）119泰銖～

090 沐浴鹽（Bath Salt）69泰銖～

091 山竹果乾（Dried Mangosteen）82泰銖～

092 南瓜籽（Pumpkin Seed）17泰銖～

093 奶油糖（Butter Candy）35泰銖～

094 沐浴球（Body Sponge）180泰銖～

095 公仔（Figure）69泰銖～

096 耳環（Earrigns）89泰銖～

097 磁鐵（Magnetic）60泰銖～

098 鈴鐺（Bell）200泰銖～

099 蜂蜜軟管（Tube Honey）29泰銖～

100 T恤（T-shirts）250泰銖～ 褲子（Pants）250泰銖～

101 椰子脆片（Coconut Chip）140泰銖～

102 香皂（Soap）350泰銖～

083 特別的粉蒸肉味道糖果。 **084** 令人回味無窮的海苔。 **085** 馬來西亞舊街場白咖啡。 **086** 著名的英系品牌茶。 **087** 巧克力胚芽口味美祿。 **088** 泰國才有的打拋豬口味。 **089** 舒酸定牙膏。 **090** 陳列在暹羅百麗宮OTOP陳列架上，香氣迷人的沐浴鹽。 **091** 風味芒果乾。 **092** 南瓜籽。 **093** 奶油糖。 **094** 天然材質製造成的沐浴球，可愛造型沐浴球可以營造浴室氣氛。 **095** 泰國餅乾品牌的公仔。 **096** 風格活潑的可愛造型耳環。 **097** 大象磁鐵，可作為紀念品。 **098** 大象圖案鈴鐺。 **099** 攜帶型蜂蜜軟管，使用起來方便。 **100** 可愛大象造型兒童T恤和褲子。 **101** 只要品嚐過椰子脆片的人，就知道為什麼必買，可以在河邊夜市購買到。 **102** 特殊的石頭造型香皂。

103 沐浴乳 (Shower Gel) 710泰銖～

104 沐浴劑 (Bath Preparation) 50泰銖～

105 香水組合 (Perfume Set) 1600泰銖～

106 美甲組 (Manicure) 900泰銖～

107 沐浴組 (Bath Set) 1290泰銖～

108 香米 (Jasmine Rice) 60泰銖～

109 水果乾 (Dride Fruit) 840泰銖～

110 茶 (Tea) 150泰銖～

111 醬汁 (Sauce) 50泰銖～

112 咖哩醬 (Curry Paste) 120泰銖～

113 禾本乳霜 (Erb Serume) 2290泰銖～

114 身體磨砂膏 (Body Scrub) 1450泰銖～

115 按摩精油 (Essence Oil) 950泰銖～

116 洗髮精 (Shampoo) 490泰銖～

117 香燭 (Fragrant Grass) 690泰銖～

118 精油空氣噴霧 (Aroma Air Freshener) 590泰銖～

119 按摩油 (Massage Oil) 950泰銖～

103 法國化妝品品牌絲芙蘭沐浴乳。 104 在澡缸裡放入一片沐浴劑泡澡，可有效消除疲勞。 105 絲芙蘭限量版Benefit香水系列。 106 美甲組合。 107 絲芙蘭沐浴組。 108 因出現在間諜電影中而聲名大噪的藍象餐廳，為這種米取名為香米。 109 藍象餐廳製作的水果乾，因包裝精美，很適合作為伴手禮。 110 販售各種口味的茶。 111 藍象餐廳的料理醬汁，有多種選擇。 112 藍象餐廳的咖哩醬。 113 以品質決勝負的禾本，不僅在百貨公司設有專櫃，也在其他國家設立分店。 114 進入最佳購物商品排行榜的禾本身體磨砂膏。 115 涵庭按摩精油。 116 涵庭洗髮精是以優質精油製成的。 117 以淡淡的香味消除疲勞的涵庭香燭。 118 隨時都可以改變衣櫃裡的味道。Bath & Bloom的衣櫃專用精油空氣噴霧。 119 消除疲勞的按摩油。

120 護手霜組
(Hand Cream Set)
199泰銖～

121 拖鞋
(Slippers)
120泰銖～

122 香皂
(Soap)
50泰銖～

123 湯匙
(Spoon)
120泰銖～

124 香皂
(Soap)
150泰銖～

125 鉛筆盒
(Pencil Case)
100泰銖～

126 精油噴霧
(Aroma Spray)
120泰銖～

127 裝飾燈
(Glow)
100泰銖～

128 五彩搪瓷器
(Benjarong)
600泰銖～

132 鑰匙圈
(Key Chain)
159泰銖～

130 手作鑰匙圈
(Handmade Holder)
100泰銖～

131 蘋果平板套
(Iphone Case)
890泰銖～

129 T恤
(T-shirts)
100泰銖～

135 香皂
(Soap)
280泰銖～

134 香氛劑
(Diffuser)
100泰銖～

137 枕頭
(Pillow)
100泰銖～

133 手機殼
(Phone Case)
200泰銖～

136 泰式風格墊子
(Thai Style Cushion)
900泰銖～

120 逛洽圖洽市場時會常常看到販售精油製品的商店。其中包裝漂亮、品質也好的護手霜。 **121** 泰國才有的可愛大象拖鞋。 **122** 保濕力強的椰子香皂。 **123** 貝殼花湯匙。 **124** 水果造型香皂，可以作為禮物。 **125** 魚造型筆盒。 **126** 精油噴霧。 **127** 閃閃發亮的裝飾燈。 **128** 泰國高級五彩搪瓷器。 **129** 洽圖洽周末市集的T恤。 **130** 老闆手工製作的皮製鑰匙圈。 **131** 平板套。 **132** 皮製鑰匙圈。 **133** 皮製手機殼。 **134** 香氛劑。 **135** 護膚品牌的香皂很適合作為送禮用。 **136** 泰式風格墊子。 **137** 泰式枕頭。

139
手提包
(Bag)
2900泰銖～

141
耳環
(Earrings)
150泰銖～

138
抱枕套
(Cushion Cover)
150泰銖～

140
香皂
(Soap)
65泰銖～

142
菸灰缸
(Ashtray)
240泰銖～

144
微乳精油
(Aroma Essence)
150泰銖～

143
手提包
(Bag)
1260泰銖～

148
瓶子
(Bottle)
690泰銖～

145
咖啡
(Coffee)
25泰銖～

146
絲巾
(Scarf)
80泰銖～

147
調味瓶組
(Cruet Set)
320泰銖～

149
泰絲箱
(Thai Silk Box)
650泰銖～

152
泰絲箱
(Thai Silk Box)
450泰銖～

151
奶油刀
(Butter Knife)
120泰銖～

150
托特包
(Tote shopper Bag)
890泰銖～

153
手提包
(Bag)
450泰銖～

154
戒指
(Ring)
120泰銖～

155
拖鞋
(Slippers)
79泰銖～

138 亮晶晶的枕頭套。 139 以涼爽材質製成的愛馬仕風格手提包。 140 誤以為是冰淇淋的造型香皂。 141 可愛造型耳環。 142 可愛造型的煙灰缸。 143 手提包。 144 天然微乳精油。 145 泰國北部栽培的著名咖啡。 146 棉絲巾，穿搭造型必備。 147 可愛造型調味瓶。 148 送禮自用皆適宜的酒瓶或水瓶。 149 在專賣店裡可以批發價購得。 150 重量輕的實用性棉布包。 151 高雅的奶油刀。 152 可以作為禮物包裝盒、飾品盒等各種用途的泰絲箱。 153 泰國北部高山族手作手提包。 154 用珍珠、貝殼製成的各種花樣戒指。 155 泰國風拖鞋。

157
內衣
(Brassiere)
3800泰銖～

156
內衣
(Brassiere)
920泰銖～

158
胸罩(Brassiere)
750泰銖～
內褲(Panty)
240泰銖～

159
杯子
(Cup)
275泰銖～

161
貼紙
(Sticker)
35泰銖～

160
內衣背扣
(Brassiere
line)
90泰銖

162
濾茶器
(Tea Filter
Bag Strainer)
990泰銖～

165
牙籤筒
(Tooth Pick Case)
280泰銖～

163
濾茶器
(Tea Strainer)
575泰銖～

164
貼紙
(Sticker)
600泰銖～

166
牙刷架
(Toothbrush
Case)
235泰銖～

167
剪刀
(Scissors)
250泰銖～

168
領帶
(Necktie)
790泰銖～

169
杯子
(Cup)
425泰銖～

170
T恤(T-skirts)
2950泰銖～
褲子(Pants)
2450泰銖～

156 泰國必買商品之一──華歌爾內衣。 **157** 有各種品牌，挑選起來時十分有趣。 **158** 舒適的內衣。 **159** 有個性的獨特杯子。 **160** 胸罩背扣。 **161** 可披在服飾外的各種絲巾。 **162** 散發出草莓香味的濾茶器。 **163** 茶先生（Mr.Tea）的濾茶器產品。 **164** 裝飾用壁紙貼紙。 **165** 可愛造型牙籤筒。 **166** 黃色小鴨（B.Duck）牙刷架，香港或新加坡都有販售各種黃色小鴨商品。 **167** 適合送給兒童的米奇圖案剪刀。 **168** 金湯普森領帶。 **169** 有趣款式杯子。 **170** 泰國本土品牌FlynowIII的T恤和褲子。

171
星巴克馬克杯
(Starbucks Mug Cup)
420泰銖～

172
星巴克保溫杯
（Starbucks
Tumbler）
480泰銖～

173
糖果
（Candy）
80泰銖～

176
手提包
（Bag）
5900泰銖～

174
錢包
（Pouch）
39泰銖～

175
手工藝品
（Tohotchk）
200泰銖～

179
娃娃
（Doll）
160泰銖～

177
袋子
（Bag）
100泰銖～

178
泰絲娃娃
（Silk Doll）
580泰銖～

181
鑰匙圈
（Key Holder）
165泰銖～

182
手提包
（Bag）
290 泰銖～

180
手機殼
（Phone Case）
150泰銖～

183
手提包
（Bag）
370泰銖～

185
TWG茶
（TWG Tea）
1660泰銖～

186
青草藥膏
（Herbal Balm）
80泰銖～

184
按摩油
（Massage Oil）
100泰銖～

187
TWG茶
（TWG Tea）
690泰銖～

171 每個國家、每個城市所出的星巴克馬克杯款式不同，值得收藏。 **172** 保護環境的實用型星巴克保溫杯。 **173** 在手作糖果專賣店 Made In Candy裡，不僅可以買到美麗的糖果，還可以參觀製糖過程。 **174** 在安帕瓦水上市場可以購買到其他曼谷地區沒有的獨特 款式商品。 **175** 漂亮的手工藝品。 **176** Wonder Anatomie手提包。 **177** 適合作為購物用的帆布袋，先帶著大象布偶上街，需要時 就可以將這個布偶變成一個帆布袋。 **178** 泰國絲網，以金湯普森的絲網最有名，大象絲網布偶。 **179** 以清邁品質佳的布料製成的 Nandakwang猴子布偶。 **180** 各種人物造型圖案的手機殼。 **181** Nandakwang的人物造型鑰匙圈。 **182** 泰國代表性品牌Naraya的手 提包。 **183** Naraya手提包。 **184** 臥佛寺前攤位販售的精油。 **185** 新加坡代表性茶品牌TWG，在曼谷百貨公司裡設有分店。 **186** 泰 國按摩店裡使用的草藥膏，塗抹在肌膚上，會發熱增進按摩效果。 **187** TWG茶包。

188 鼻塞通 (Herbal Inhalant) 10泰銖～

191 拖鞋 (Slippers) 150泰銖～

190 雨傘 (Umbrella) 150泰銖～

189 香皂 (Soap) 35泰銖～

195 浴袍 (Bathrobe) 500泰銖～

193 筆筒 (Pencil Vase) 2200泰銖～

194 杯子 (Cup) 620泰銖～

192 時鐘 (Clock) 580泰銖～

197 頸枕 (Neck Pillow) 390泰銖～

198 香皂 (Soap) 90泰銖～

199 手提包 (Bag) 100泰銖～

200 洗髮精 (Shampoo) 180泰銖～

196 削鉛筆刀 (Pencil Sharpener) 650泰銖～

202 褲子 (Pants) 250泰銖～

203 T恤 (T-shirts) 100泰銖～

204 點心 (Snack) 30泰銖～

201 磁鐵 (Magnetic) 248泰銖～

188 臥佛寺前賣的的鼻塞通。 **189** 香皂。 **190** 雨傘。 **191** 選擇自己喜愛的拖鞋顏色。 **192** 荷包蛋專用平底鍋。 **193** 可以收納各式各樣的筆具。 **194** 特殊圖案杯子。 **195** 100%泰國棉製成的浴袍。 **196** 鼻子逐漸變短的皮諾丘造型削鉛筆機。 **197** 旅行途中必備的頸枕。 **198** 位於暹羅廣場的珠寶專賣店Miss Pretty，販售的天然蜂蜜手工香皂。 **199** 在背包客之路的高山路上，販售的最新流行手提包。 **200** 品質佳的Miss Pretty洗髮精。 **201** 適合作為泰國紀念品的磁鐵。 **202** 曼谷高山路上賣的燈籠褲。 **203** 舒適、便宜的高山路風格T恤。 **204** 泰國的傳統食物。

杜夢

Gun Beach

關島日航飯店
(Hotel Nikko Guam) H

Pacific Place

奧特瑞格關島海灘度假村
(Outrigger Guam Beach Resort) H

Tumon Bay

Bottega Veneta
CUCCI
Bally
GAP
ABC Store

The Plaza

JP SUPER STORE

關島DFS GALLERIA
Tory Burch
Cucci
Estée Lauder
LOUIS VUITTON
Prada
Hermès、Tiffany & Co.
Chanel

MICRONESIA MALL

MACY'S
GAP
Toys RU
Papaya
STILETTO
CITY COLLECTIONS
維世命世界
BEAUTY BAR
Polo Ralph Lauren

COST U LESS

關島國際機場

Pale San Vitores Rd

關島喜悅酒店
(Hyatt Regency Guam) H

TUMON
SANDS PLAZA

Paul Smith
Lacoste
Marimekko
ANTEPRIMA
Hubert de Givenchy
Balenciaga

K MART

關島希爾頓飯店
(Hilton Guam Resort & Spa) H

關島皇家蘭花飯店
(Royal Orchid Guam Hotel) H

Chalan San Ave

Gov Carlos G Camacha Rd

關島皇家蘭花飯店
(Royal Orchid Guam Hotel)

GUAM PREMIER OUTLET

Ross
ABC Store
Neutralizer
Nine West
IZOD
Tommy Bahama
Calvin Klein
BCBG
Tommy Hilfige

S Marine Corps Dr

37

WEEKEND

關島
Guam
BEST SHOPPING ITEMS
201

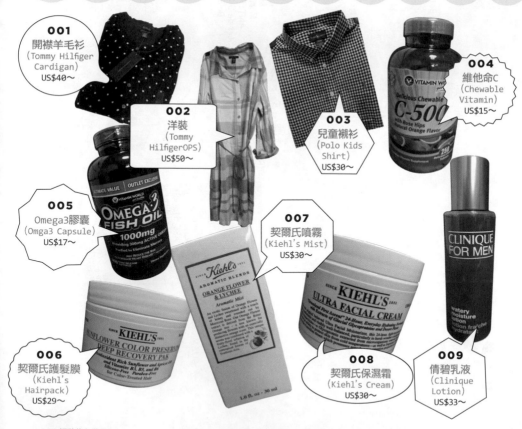

001
開襟羊毛衫
(Tommy Hilfiger Cardigan)
US$40～

002
洋裝
(Tommy HilfigerOPS)
US$50～

003
兒童襯衫
(Polo Kids Shirt)
US$30～

004
維他命C
(Chewable Vitamin)
US$15～

005
Omega3膠囊
(Omga3 Capsule)
US$17～

006
契爾氏護髮膜
(Kiehl's Hairpack)
US$29～

007
契爾氏噴霧
(Kiehl's Mist)
US$30～

008
契爾氏保濕霜
(Kiehl's Cream)
US$30～

009
倩碧乳液
(Clinique Lotion)
US$33～

001 初秋的必備品之一，女性點出開襟羊毛衫。 **002** 散發春天氣息的格紋洋裝。 **003** Polo Kids兒童襯衫。 **004** 維他命世界的維他命C。 **005** 預防各種疾病的Omega3脂肪酸膠囊，1000毫克、400顆。 **006** 讓髮絲不打結的契爾氏護髮膜。 **007** 契爾氏柳橙芳香噴霧劑。 **008** 契爾氏冰河醣蛋白保濕霜。 **009** 男士們也需要的保濕護膚產品，倩碧水感乳液。

010 倩碧男士化妝水 (Clinique Soother) US$25~

011 雅斯蘭黛夜間修護液 (Estee Lauder Night Repair) US$100~

012 雅斯蘭黛晚霜 (Estee Lauder Night Cream) US$99~

013 Furla手提包 (Furla Bag) US$319~

014 凱蒂貓造型剪刀 (Hello Kitty Scissors) US$5.99~

015 扶桑花女孩夾子 (Hula Girl Tweezer) US$4.99~

016 關島修指甲器 (Guam Nail Polisher) US$9.99~

017 美國前總統歐巴馬紀念品 (Obama Figure) US$9.99~

018 海灘男孩造型筆 (Beach Boy Pen set) US$13~

019 木碗 (Wooden Bowl) US$18~

020 廚房手套 (Kitchen Gloves) US$7.99~

021 扶桑花女孩保溫杯 (Hula Girl Tumbler) US$5.99~

022 扶桑花女孩杯 (Hula Girl Cup) US$9.99

023 關島鑰匙圈 (Guam Key Ring) 12Pcs Set US$14

024 椰子殼蠟燭 (Coconut Candle) US$16~

025 手工蠟燭 (Hand made Candle) US$11~

026 關島6枝筆組 (Guam Pen 6Pcs) US$7.99~

027 關島開罐器 (Guam Opener) US$5.99~

028 花朵髮夾 (Flower Haipin) US$3.99~

010 倩碧男士化妝水。 011 雅斯蘭黛的超人氣商品，特潤修護肌透精華露。 012 維持肌膚緊緻的保濕晚霜。 013 義大利芙拉品牌女士手提包。 014 可隨身攜帶的凱蒂貓造型剪刀。 015 充滿休閒氛圍的扶桑花夾子。 016 散發關島氣息的造型修指甲器。 017 美國前總統歐巴馬人物造型的紀念品。 018 海灘男孩筆組。 019 散發關島原始氣息的木雕。 020 充滿關島、塞班等海島氛圍的廚房手套組。 021 活潑的扶桑花女孩保溫杯。 022 攜帶方便的扶桑花女孩透明杯。 023 可愛拖鞋造型的關島鑰匙圈。 024 椰子殼蠟燭。 025 手作大豆精油蠟燭。 026 可作為禮物的六枝筆組。 027 造型性感的開罐器。 028 可夾在髮梢上的美麗熱帶花朵髮夾。

029 護髮乳 (John Masters Organics) US$19～

030 小蜜蜂爺爺神奇紫草霜 (Burt's Bees Res Q Ointment) US$7.99～

033 噴霧 John Masters Organics US$20～

031 小蜜蜂爺爺護手霜 (Burt's Bees Hand Cream) US$24～

032 榛果樹油 John Masters Organics US$45～

038 香皂 John Masters Organics US$19～

034 香皂 John Masters Organics US$9.9～

037 護髮油 John Masters Organics US$30～

035 小蜜蜂爺爺護唇膏 (Burt's Bees Lip Balm) US$4.9～

036 護唇膏 (John Masters Organics) US$7.99～

040 美能體香劑 (Speed Stick Deodorant) US$2.49～

041 品克洋芋片 (Pringles) US$1.99～

039 Lotrimin足癬軟膏 (Lotrimin Athlete's Foot Ointment) US$2.99～

042 吉列沐浴乳 (Gillette Body Wash) US$3.99～

043 草帽 (Fedora) US$6.99～

044 Godiva咖啡 (Godiva Coffee) US$11.99

045 關島咖啡 (Guam Coffee) US$5.49～

047 夏威夷豆 (Macadamia Nuts) US$13.99～

048 關島夏威夷豆巧克力 (Guam Macadamia Nuts Chocolate) US$5.59～

046 香草夏威夷咖啡豆 (Vanilla Macadamia Coffee) US$7.99

029 採未受污染的有機植物製成的John Masters Organics護髮乳。 **030** 被蟲咬時，可有效消腫的小蜜蜂爺爺神奇紫草霜。 **031** 滋潤雙手的小蜜蜂爺爺護手霜。 **032** 榛果樹實製成的小蜜蜂爺爺榛果油。 **033** 保濕的John Masters Organics薰衣草噴霧。 **034** 有效改善肌膚的柳橙人蔘香皂。 **035** 以蜂蠟製造的各種小蜜蜂爺爺護唇膏。 **036** 品質優良的John Masters Organics護唇膏。 **037** 可預防掉髮的護髮油。 **038** John Masters Organics的有機乾性肌膚專用香皂。 **039** 完全治癒足癬！Lotrimin足癬軟膏。 **040** 美能體香劑。 **041** 洋芋片的代名詞，可以享受多重口味的品客披薩口味洋芋片。 **042** 男士刮鬍刀的代表性品牌吉列沐浴乳。 **043** 男性流行草帽。 **044** 巧克力品牌Godiva所生產的咖啡。 **045** 只要是咖啡嗜好者都想品嚐的關島烘焙咖啡。 **046** 這是以超人氣咖啡產地夏威夷可那（Hawaii Kona），直接栽培的咖啡豆和夏威夷豆混焙成的咖啡。 **047** 澳洲原住民（Australian Aborigine）最愛的夏威夷豆。 **048** 適合送禮的關島夏威夷豆巧克力。

049
Paul Frank
運動護腕
(Paul Frank
Band Set)
US$4.99～

050
關島風格相框
(Guam Frame)
US$12.99～

051
關島磁鐵
(Guam Magnet)
US$2.99～

052
關島木雕
(Guam Wooden
Doll)
US$10～

053
塔巴斯哥口味巧克力
(Tabasco Chocolate)
US$12.99

054
防曬噴霧
(Sunblock
Spray)
US$13

055
海灘毛巾
(Beach Towel)
US$15.99～

056
布朗博士香液皂
(Dr. Bronners's
Soap)
US$6.99～

057
美國葡萄酒
(American Wine)
US$5.99～

058
扶桑花女孩便利貼
(Aloha Girl Post-it)
US$1.99～

059
凱蒂貓便利貼
(Hello Kitty Post-it)
US$1.99～

060
夏威夷果
(Macadamia
Nuts)
US$14～

061
歐巴馬造型
薄荷糖
(Obama Mint
Candy)
US$3.39～

062
歐巴馬造型
開罐器
(Obama
Opener)
US$6.99～

063
塔巴斯哥口味
巧克力
(Tabasco
Chocolate)
US$3.79～

064
關島泰迪熊
(Guam Teddy
Bear)
US$9.99～

065
都樂芒果乾
(Dole Dried Mango)
3Pcs US$8～

066
Coco-jo's餅乾
(Coco-jo's
Cookies)
US$3.99～

049 可愛的保羅法蘭克運動護腕。 050 各種關島風格的相框。 051 我愛關島冰箱磁鐵。 052 關島紀念品，傳統木雕像。 053 巧克力的無限變化，塔巴斯哥醬口味。 054 到關島必備的防曬噴霧。 055 色彩鮮豔的漂亮海灘毛巾。 056 擁有156年歷史傳統的美國有機品牌布朗博士香液皂。 057 受到世界認可的美國葡萄酒。 058 帶來喜悅心情的便利貼，扶桑花女孩便利貼。 059 可愛凱蒂貓造型與關島風情便利貼。 060 無聊時來一顆夏威夷豆。 061 歐巴馬薄荷糖。 062 美國總統人物造型產品，歐巴馬開罐器。 063 塔巴斯哥醬製成的特殊口味巧克力。 064 ABC STORE販售的我愛關島泰迪熊。 065 芒果的誘惑，芒果乾三包組。 066 鳳梨可樂達口味餅乾。

067 海邊手提包 (Beach Bag) US$14〜

069 露得清防曬乳 (Neutrogena Sun Screen) US$11〜

070 夏威夷防曬乳液 (Hawaiian Tropic Sun Lotion) US$9.99〜

068 阿囉哈襯衫 (Aloha Shirts) US$20〜

073 蘆薈膠 (Aloe Gel) US$4.99〜

075 海灘洋裝 (Beach Dress) US$30〜

072 凡士林護唇霜 (Vaseline Lip Therapy) US$2.35

076 夏威夷護唇膏 (Hawaiian Tropic Lip Balm) US$2.99〜

071 黝黑古銅助曬油 (Tanning Oil) US$11〜

074 海灘裙 (Beach Sarong) US$9.99〜

080 關島巧克力5盒組 (Guam Chocolate 5Box Set) US$28.75〜

077 露得清身體噴霧 (Neutrogena Body Mist) US$11〜

078 Coco Jo's巧克力 (Coco Jo's Chocolate) US$4.99〜

081 巧克力 (Hershey's Chocolate) US$12.95〜

082 士力架巧克力 (Snickers Chocolate) US$12.95〜

079 巧克力脆片&餅乾 (Chocolate Chip & Cookies) US$3.99〜

084 開心果 (Pistachio Nuts Can) US$14.95〜

085 綜合堅果罐 (Mix Nuts Can) US$12.95〜

083 長山核桃和腰果 (Pecan-Cashew Nuts) US$5.99〜

086 瑞斯巧克力 (Reese's Chocolate) US$12.95〜

087 綜合堅果 (Mix Nuts) US$5.99〜

067 海邊必需品，海邊托特包。 068 在海邊穿起來更美的阿囉哈襯衫。 069 海邊必需品露得清防曬乳。 070 夏威夷防曬乳液。 071 變黝黑古銅膚色的助曬油。 072 保濕力強的凡士林護唇霜。 073 蘆薈膠。 074 包覆在泳裝外側的海灘裙。 075 海灘洋裝。 076 保護雙唇的夏威夷護唇膏。 077 露得清身體噴霧。 078 Coco Jo's巧克力。 079 美味的夏威夷巧克力脆片。 080 關島夏威夷巧克力5盒組。 081 更超值的巧克力家庭組。 082 士力架巧克力家庭號包裝。 083 桂皮、蘋果、杏仁、長山核桃等綜合堅果。 084 最佳的下酒菜，開心果綜合罐。 085 綜合堅果罐。 086 入口即融的花生巧克力家庭號包裝。 087 腰果、杏仁、南瓜籽等有益健康的堅果。

088
Post麥片
(Post Cereal)
US$4.99～

089
巧克力糖漿
(Chocolate
Syrup)
US$5.99～

090
濾掛式的咖啡
(Brewed Coffee)
US$9.99～

091
獅王咖啡
(Lion Coffee)
US$16.99～

092
新哈伯咖啡
(New Harbor
Coffee)
US$3.99～

093
蒜味香草鹽
(Garlic Salt)
US$8.99～

094
蒜粉、洋蔥粉
(Garlic, Onion
Powder)
US$8.99～

095
調味料
(Spice)
US$4.99～

096
烤肉調味料
(BBQ Seasoning)
US$ 11.99～

097
杏仁
(Almonds)
US$11.99～

098
熱狗醬
(Hotdog Relish)
US$5.99～

099
鬆餅糖漿
(Pancake Syrup)
US$5.69～

100
沙拉醬
(Salad
Dressing)
US$3.79～

101
蛋糕粉
(Cake Mix)
US$2.59～

088 適合代替早餐的Post早餐麥片家庭號包裝。 089 最佳的甜味巧克力糖漿就在好時。 090 各種品牌都有家庭號包裝，如福爵（Folgers）、麥斯威爾（Maxwell House）等品牌的濾掛式咖啡。 091 獅王夏威夷豆咖啡。 092 新哈伯咖啡豆。 093 蒜味香草鹽等各種口味的鹽。 094 增加料理風味的香草粉和洋蔥粉。 095 各式料理香料。 096 雞肉料理醬汁。 097 有益健康的堅果。 098 熱狗醬。 099 淋在鬆餅上的糖漿。 100 各種口味的蔬菜沙拉醬汁。 101 輕鬆完成蛋糕製作的蛋糕粉。

102 香皂組 (Soap Set) US$8〜

103 Advil止痛藥 (Advil Painkiller) US$14〜

104 奶瓶組 (Baby Bottle Set) US$8.49〜

105 鬆餅機 (Waffle Maker) US$27〜

106 黑巧克力 (Dark Chocolate) US$14〜

107 麥片 (Granola Cereal 2Pack) US$13〜

108 量匙組 (Measuring Spoon Set) US$6.99〜

109 開罐器 (Multi Opener) US$7.99〜

110 杏仁 (Almonds) US$3.59〜

111 艾爾邦尼兒童綜合營養品 (Airborne Kids Multi Vitamin) US$10.5〜

112 樂雷塔定 (Claritin) US$16〜

113 艾爾邦尼綜合維他命 (Airborne Multi Vitamin) US$10.5〜

114 潔手凝露 (Hand Sanitizer) US2.94〜

115 抗過敏藥 (Allergy Relief) US$10.9〜

116 薇維體香劑 (Suave Deodorant) US$4〜

117 薇維洗髮精 (Suave Shampoo) US$2.09〜

118 VO5洗髮精 (VO5 Shampoo) US$1.24〜

119 薇維沐浴乳&洗髮精 (Suave Body Wash & Shampoo) US$2.94〜

102 香味濃烈的香皂組。 103 Advil止痛藥。 104 有嬰兒的媽媽們會感興趣的奶瓶組。 105 可愛米老鼠造型鬆餅機。 106 巴西莓（acai berry）和巧克力。 107 可充當早餐的麥片二包組。 108 量匙組。 109 每個家庭不可缺少的開罐器。 110 啤酒的最佳搭檔BLUE DIAMOND杏仁。 111 艾爾邦尼兒童綜合營養品。 112 可舒緩季節轉換時的過敏症狀的樂雷塔定。 113 成人專用的艾爾邦尼綜合營養品。 114 美國醫院最常用的潔手凝露。 115 K MART購買的抗過敏藥。 116 薇維體香劑，香味可維持24小時。 117 散發出清爽香味的薇維洗髮精。 118 VO5洗髮精。 119 兒童專用沐浴乳、洗髮精。

120 Tresemme 洗髮精 (Tresemme Shampo) US$4.24～

121 NyQuil感冒藥 (NyQuil Cold) US$21.5～

122 Halls喉糖 (Halls Candy) US$4.79～

123 Tums止瀉藥 (Tums) US$13～

124 椰香餅乾 (Coconut Snack) US$2.45～

125 Aleve鎮痛劑 (Aleve Rainkiller) US$11～

126 果乾脆片 (Fruit Cereal) US$3.69

127 星河巧克力 (Milky Way Chocolate) US$3.94～

128 燕麥脆片 (Oatmeal Cereal) US$3.94～

129 好時巧克力 (Hershey's Chocolate) US$4.97～

130 可優蠟水蠟筆 (Crayola Crayons) US$13.5～

131 可優蠟彩色鉛筆 (Crayola Colored Pencils) US$15～

132 來舒除臭噴霧 (Lysol Spray) US$159～

133 拳王健康智慧烤爐 (George Forman Grill) US$29.5～

134 蛋糕粉 (Cake Crust) US$2.89～

135 來舒清潔劑 (Lysol Cleaner) US$3.89～

136 烤麵包機 (Toaster) US$14～

137 制酸劑 (Acid Reducer) US$12.5～

138 善存營養補充品 (Centrum Tonic) US$25.5～

139 馬桶清潔劑 (Toilet Dro-ins) US$12～

120 美容院推薦的Tresemme洗髮精。 121 美國超人氣NyQuil感冒藥。 122 讓喉嚨和鼻子變舒爽的喉糖。 123 有效改善腹瀉、消化不良的胃腸藥。 124 菲律賓產的椰子製成的椰子脆片。 125 Aleve鎮痛劑。 126 美味的熱帶水果乾香脆片。 127 星河巧克力。128 早餐吃的燕麥脆片。 129 好時巧克力迷你包裝組。 130 兒童喜歡的可優蠟水蠟筆120色、152色組。 131 可優蠟彩色鉛筆組。132 來舒除臭噴霧。 133 每個家庭都想要擁有一個的拳王健康智慧烤爐。 134 可輕鬆製作起司蛋糕的蛋糕粉。 135 輕鬆打掃廁所的來舒清潔劑。 136 烤麵包機。 137 舒緩胃痛的K MART制酸劑。 138 善存男士營養補充劑。 139 馬桶清潔劑。

140 綜合維他命 (Multi Vitamin) US$17.2～

141 綜合維他命 (Multi Vitamin) US$13～

142 葡萄糖胺 (Glucosamine) US$19.5～

143 褪黑激素 (Melatonin) US$13～

144 葡萄糖胺 (Glucosamine) US$38.99～

145 葉酸 (Folic Acid) US$6.29～

146 Omega-3 脂肪酸 (Omega-3) US$17.1～

147 保濕乳液 (Olay Cream) US$20～

148 夏威夷豆 (Macadamia Nuts) US$20.3～

149 薇維沐浴乳 (Suave Body Wash) US$2.44～

150 蛋糕粉 (Cake Mix) US$1.79～

151 芒果乾 (Dried Mango) US$1.99～

152 果醬餡餅 (Pop Tarts) US$3.24～

153 醬汁 (Dressing) US$3.59～

154 牛排 (Beef Steak) US$5.39

155 蘋果傑克麥片 (Apple Jacks Cereal) US$3.79～

156 香蕉脆片 (Banana Chips) US$4.99～

157 鳳梨乾 (Dried Pineapple) US$2.09～

158 關島咖啡 (Guam Coffee) US$7.44～

159 蜂蜜烘培花生 (Honey Roasted Peanuts) US$2.89～

160 衣物柔軟精 (Fabric Softener) US$2.89～

140 K MART SMART SENSE製造的綜合維他命。 **141** 人氣與善存並駕齊驅的One A Day綜合維他命。 **142** K MART SMART SENSE製造的葡萄糖胺130顆裝。 **143** 改善失眠症狀的褪黑激素。 **144** 有益健康的Move Free葡萄糖胺軟糖。 **145** 維持孕婦健康的必需品—葉酸。 **146** 預防心血管疾病的Omega-3脂肪酸。 **147** 預防皺紋生成的保濕乳液。 **148** 夏威夷豆3種口味3罐裝。 **149** 散發椰子香氣的薇維沐浴乳。 **150** 絲絨蛋糕粉。 **151** 菲律賓產的芒果乾。 **152** 美國最營養的點心果醬餡餅。 **153** 各種口味的醬汁，可依個人的喜好挑選適合的產品，Wish Bone醬汁。 **154** 肉質鮮嫩的牛排（但禁止攜帶入境台灣）。 **155** 蘋果和肉桂口味人氣麥片。 **156** 適合作為零食的香蕉脆片。 **157** Dole鳳梨乾。 **158** Planters蜂蜜烘培花生。 **159** 只有在關島才買得到的愛爾蘭黃金咖啡。 **160** Downy衣物柔軟精。

161
衣物柔軟精
(Fabric Softener)
US$2.89～

164
Marianas咖啡
(Marianas Coffee)
US$12.3～

162
衣物柔軟精
(Fabric Softener)
US$6.79～

163
扶桑花女孩留言板
(Hula Girl Memo Pad)
US$5.99～

165
芳香劑
(Freshner)
US$1.19～

166
扶桑花女孩夾子
(Hula Girl Clip)
US$5.99～

167
關島堅果
(Guam Nuts)
US$3.49～

168
扶桑花女孩
手機殼
(Hula Girl Iphone Case)
US$20

169
狗狗餅乾
(Dog's Cookie)
US$2.84～

170
蠟燭
(Candle)
US$1.99～

171
水果餅乾
(Fruits Snack)
US$2.29～

172
挑戰序列
桌上遊戲
(Sequence Board Game)
US$15.3～

173
保濕乳液
(Moisture Lotion)
US$9.99～

174
巧克力
(Chocolate)
US$8.59～

175
關島巧克力
(Guam Chocolate)
US$2.99～

176
舒特膚乳液
(Cetaphi l Lotion)
US$17.5～

177
香蕉餅乾
(Banana Snack)
US$3.59～

178
鬆餅粉
(Pan Cake Mix)
US$4.29～

179
浴廁清潔劑
(Toilet Cleaner)
US$3.39～

180
千島醬
(Thousand Island Dressing)
US$3.99～

181
蛋糕粉
(Cake Mix)
US$3.39～

182
男士綜合維他命
(Multi Vitamin Men)
US$12.9～

161 K MART的PB品牌SMART SENSE衣物柔軟精。 162 美國主婦們喜好排行榜第一名的Bounce衣物柔軟精。 163 留言板。 164 關島生產的Marianas咖啡。 165 充滿花香的芳香劑。 166 日常生活用超大型夾子。 167 關島製造的夏威夷豆巧克力。 168 美麗的扶桑花女孩手機殼。 169 狗狗餅乾。 170 散發蘋果和肉桂香味的蘋果肉桂香燭。 171 熱帶水果餅乾。 172 挑戰序列桌上遊戲。 173 保濕力強的K MART保濕乳液。 174 瑞士雀巢巧克力。 175 關島堅果巧克力。 176 保濕力強的舒特膚乳液。 177 嬰兒吃的香蕉味脆片。 178 Bisquick鬆餅粉。 179 超強的洗淨力的浴廁專用清潔劑。 180 美國家庭人氣排行第一名的千島醬。 181 在家中可輕鬆製作出鬆餅的Pillsbury鬆餅粉。 182 售價較台灣便宜，可依據服用者的年齡、性別選擇適合的產品。善存男性用120顆。

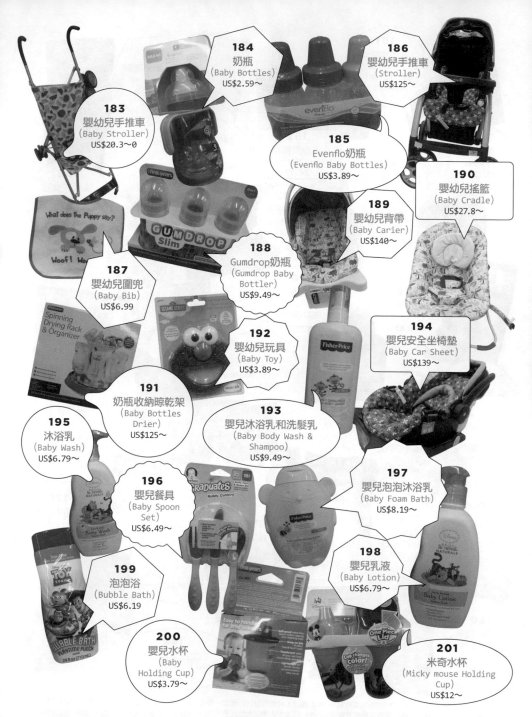

183
嬰幼兒手推車
(Baby Stroller)
US$20.3～0

184
奶瓶
(Baby Bottles)
US$2.59～

185
Evenflo奶瓶
(Evenflo Baby Bottles)
US$3.89～

186
嬰幼兒手推車
(Stroller)
US$125～

187
嬰幼兒圍兜
(Baby Bib)
US$6.99

188
Gumdrop奶瓶
(Gumdrop Baby Bottler)
US$9.49～

189
嬰幼兒背帶
(Baby Carier)
US$140～

190
嬰幼兒搖籃
(Baby Cradle)
US$27.8～

191
奶瓶收納晾乾架
(Baby Bottles Drier)
US$125～

192
嬰幼兒玩具
(Baby Toy)
US$3.89～

193
嬰兒沐浴乳和洗髮乳
(Baby Body Wash & Shampoo)
US$9.49～

194
嬰兒安全坐椅墊
(Baby Car Sheet)
US$139～

195
沐浴乳
(Baby Wash)
US$6.79～

196
嬰兒餐具
(Baby Spoon Set)
US$6.49～

197
嬰兒泡泡沐浴乳
(Baby Foam Bath)
US$8.19～

198
嬰兒乳液
(Baby Lotion)
US$6.79～

199
泡泡浴
(Bubble Bath)
US$6.19

200
嬰兒水杯
(Baby Holding Cup)
US$3.79～

201
米奇水杯
(Micky mouse Holding Cup)
US$12～

183 攜帶型嬰兒手推車。 184 握把式奶瓶。 185 Evenflo奶瓶。 186 嬰兒車。 187 可愛卡通造型的嬰兒圍兜。 188 Gumdrop奶瓶。 189 嬰兒背帶。 190 嬰兒搖籃。 191 奶瓶收納晾乾架。 192 芝麻街人物造型嬰兒玩具。 193 Fisher Price嬰兒沐浴乳和洗髮乳。 194 嬰幼兒汽車安全坐椅。 195 維尼熊嬰兒沐浴乳。 196 嬰兒用餐具。 197 可愛包裝罐的Fisher Price嬰兒泡泡沐浴乳。 198 迪士尼維尼熊嬰兒乳液。 199 玩具總動員兒童專用泡泡浴。 200 嬰幼兒所需的握把水杯。 201 米奇握把水杯。

週五下班就訂機票，說走就走血拼去！
一本書就能輕鬆暢遊四大國家！
想去香港？日本？曼谷？關島？
四個國家必買必敗好物～看這本書就GO！

隨書附贈

必買 **700** 個人氣小物＋地鐵圖超值別冊

輕鬆血拼去！

★本書必買理由★

● **不用再爬文做功課，就能買對吃好又省荷包！**
──只要請個一兩天的假，觀光、渡假、購物一次到位！

● **最詳盡的快閃購物攻略，跟著購物達人一起血拼！**
──買到手軟腿酸行李箱炸開，還是會笑著繼續買！